Christian Immler

W0012414

Dein Samsung Galaxy S7 und S7 edge

Einfach alles können

ISBN 978-3-95982-053-0

© 2016 by Markt+Technik Verlag GmbH
        Espenpark 1a
        90559 Burgthann

Produktmanagement Christian Braun, Burkhardt Lühr
Lektorat, Herstellung Jutta Brunemann, j.brunemann@mut.de
Covergestaltung David Haberkamp
Coverfoto © Samsung Electronics GmbH
Satz inpunkt[w]o, Haiger (www.inpunktwo.de)
Druck Media-Print, Paderborn
Printed in Germany

Inhaltsverzeichnis

Inhaltsverzeichnis

6. Unterwegs mit dem Samsung Galaxy S7 201

7. Fotos und Multimedia 213

Kapitel 1

Samsung Galaxy S7 – ein Android-Smartphone der Extraklasse

Sie haben sich für ein Samsung Galaxy S7 entschieden, eines der angesagtesten und technisch fortschrittlichsten Smartphones, das zurzeit verfügbar ist – eine gute Wahl! Das US-amerikanische Verbrauchermagazin »Consumer Reports«, vergleichbar mit der deutschen »Stiftung Warentest« hat das Samsung Galaxy S7 zum derzeit besten Smartphone gekürt und bezeichnet es sogar als das »möglicherweise« beste Smartphone aller Zeiten.

Das Samsung Galaxy S7 ist weit mehr als nur ein Handy. Aktuelle Smartphones sind Computer, die man wirklich immer bei sich haben kann, und aus dem Alltag vieler Menschen kaum noch wegzudenken. Sie werden schon lange nicht mehr im Wesentlichen zum Telefonieren verwendet. Wer heute im Rahmen eines auslaufenden Handyvertrags über neue Hardware nachdenkt, wird fast immer ein Smartphone wählen. In den meisten Fällen läuft dieses mit dem beliebten Android-Betriebssystem, das auch das Galaxy S7verwendet. Klassische Handys gibt es so gut wie gar nicht mehr.

Samsung Galaxy S7 edge und Samsung Galaxy S7 (Foto: Samsung).

Daten und Fakten zum S7 und S7 edge

Das Samsung Galaxy S7 ist in zwei unterschiedlichen Varianten erschienen. Das »normale« Samsung Galaxy S7 (SM-G930F) in der Bauform eines klassischen Samsung-Smartphones unterscheidet sich optisch von seinem Vorgänger auf den ersten Blick nur durch die leicht abgerundeten Kanten an der Rückseite. Die Frontscheibe des Samsung Galaxy S7 edge (SM-G935F) ist auf beiden Längsseiten nach hinten gewölbt, wie auch schon beim Samsung Galaxy S6 edge. Das sieht nicht nur gut aus, sondern bietet auch interessante Zusatzfunktionen, die gegenüber dem Vorgängermodell noch erweitert wurden. Die Seitenbildschirme sind auch sichtbar, wenn das Gerät mit der Bildschirmseite auf dem Tisch liegt, und sie zeigen in auffälligen Farben an, wenn eine als VIP gespeicherte Person anruft, sind aber auch für andere Anzeigen nutzbar.

Samsung Galaxy S7 und Samsung Galaxy S7 edge (Foto: Samsung).

Beide Modelle gehören zur Topklasse aktueller Smartphones. Die technischen Daten – Bildschirm von 5,1 Zoll (12,9 cm) beim S7 bzw. 5,5 Zoll (14,0 cm) beim S7 edge, beide mit Quad-HD-Auflösung von 1.440 x 2.560 Pixeln, 64-Bit-Octa-Core-Exynos-8890-Prozessor, 32 GByte Flash-Speicher – liegen am oberen Rand dessen, was Smartphones zurzeit bieten können.

Mit (theoretisch) bis zu 450 MBit/s Download im LTE-Netz sowie HSDPA, UMTS, EDGE und GPRS werden alle Mobilfunkstandards für Internet in schnellster Übertragungsrate unterstützt. Für den Zugang zu Hause oder in öffentlichen

WLANs bieten die Geräte neben den bekannten Standards 802.11a, b, g, n auch den neusten über 6 GBit/s schnellen Standard 802.11ac. Beide WLAN-Bänder – 2,4 GHz und 5 GHz – werden unterstützt. Auch bei der drahtlosen Datenübertragung unabhängig vom Internet setzt das Samsung Galaxy S7 gegenüber anderen Smartphones Maßstäbe mit DLNA, NFC und dem aktuellen Bluetooth 4.2.

AnTuTu-Benchmark

Im bekannten AnTuTu-Benchmark erreicht das Samsung Galaxy S7 edge in der Werbung über 134.000 Punkte, unser Testgerät schaffte immerhin 128.681 Punkte. Zum Vergleich: Das Samsung Galaxy S7 schafft 128.000 Punkte, das Vorgängermodell Samsung Galaxy S6 edge erreichte 81.087 Punkte, das Samsung Galaxy S6 67.125 Punkte, das Samsung Galaxy S5 schaffte nur 35.827 Punkte und das Samsung Galaxy S4 sogar nur 29.090 Punkte.

Der Fingerabdruckscanner soll die Sicherheit verbessern, dient aber wie auch der Herzfrequenzmesser auf der Rückseite eher dem Marketing, als dass er wirklich nützlich wäre. Wesentlich innovativer und unter Umständen sogar lebensrettend ist der Notfallmodus, mit dem das Samsung Galaxy S7 wie auch schon sein Vorgänger in kritischen Situationen lange einsatzbereit bleibt.

Dieses Buch zeigt, was das Samsung Galaxy S7 bietet, und liefert auch nützliche Tipps zu zusätzlichen Apps, um sich den Smartphone-Alltag noch weiter zu erleichtern und natürlich auch Spaß damit zu haben.

Die wichtigsten Neuheiten im Überblick

Die nachfolgend aufgelisteten Eigenschaften sind gegenüber dem Vorgängermodell Samsung Galaxy S6 neu oder wurden erheblich verbessert. Einige beim Samsung Galaxy S6 vermisste Merkmale des Samsung Galaxy S5 wurden beim Samsung Galaxy S7 wieder mit aufgenommen, etwa der Speicherkartensteckplatz und das wasserdichte Gehäuse. Der Akku ist zwar weiterhin fest eingebaut, wurde aber deutlich vergrößert. Mit 3.000 mAh beim S7 und 3.600 mAh beim S7 edge sollten sich die Akkuprobleme der Vorgängergeräte nicht gleich wiederholen.

- Verbesserte Kamera
- Always-On-Bildschirm
- Neuer Prozessor 64 Bit Octa-Core Exynos 8890
- Neuer Grafikprozessor ARM Mali T880MP12
- Steckplatz für MicroSD-Speicherkarten (wie Samsung Galaxy S5)
- LTE Cat 9 bis zu 450 MBit/s Download und bis zu 50 MBit/s Upload

- Bluetooth 4.2 LowEnergy
- Wechselbarer (wie Samsung Galaxy S5) und stärkerer Akku
- Wasserdicht nach IP68 (wie Samsung Galaxy S5)

IP68-Zertifizierung

Die internationale Zertifizierung IP68 steht für Schutz gegen Staub und dauerndes Untertauchen in Wasser. Dabei bezieht sich IP68 ausdrücklich nur auf klares, kaltes Wasser. Das Samsung Galaxy S7 sollte also nicht in säurehaltige Flüssigkeiten wie Cola oder Kaffee, in Waschlauge, heißes Wasser, Alkohol und auch nicht in Meerwasser getaucht werden. Das Gehäuse ist außerdem nicht druckfest gegen Tauchen in größeren Tiefen.

Weitere neue Funktionen kommen durch die neue Android-Version 6 Marshmallow sowie die neue Version von Samsungs TouchWiz-Oberfläche hinzu.

Das fehlt gegenüber dem Samsung Galaxy S6

Neue Geräte bringen nicht immer nur neue Funktionen mit. Gegenüber den Vorgängern fällt auch immer mal wieder etwas weg – was natürlich in der Werbung verschwiegen wird. Folgende technische Merkmale des Samsung Galaxy S6 sind beim Samsung Galaxy S7 nicht mehr vorhanden:

- Interner Speicher nur 32 GByte (Gerätemodelle mit höheren Ausbaustufen fallen wegen des wieder eingeführten MicroSD-Steckplatzes weg).
- Grün als Gehäusefarbe fällt weg.
- Infrarotsender zur Steuerung von Unterhaltungsgeräten fällt weg.

Android – was ist das?

Vor mehr als acht Jahren, am 5. November 2007, präsentierte Google erstmals eines seiner für die Zukunft wichtigsten Produkte: Android. Im Laufe dieser relativ kurzen Geschichte ist Android zum bekanntesten Betriebssystem für Smartphones und andere mobile Geräte geworden. Android läuft nicht nur auf Smartphones und Tablets, sondern auch auf Armbanduhren, Fernsehern und Bordcomputern in Autos.

Nach einer Studie des Marktforschungsunternehmens Gartner aus dem November 2015 hält Android mit einem Marktanteil von 84,7 % die Spitze unter den Smartphone-Betriebssystemen weltweit – Tendenz steigend. Apple mit iOS und Microsoft mit Windows Phone, das in der aktuellen Version Windows 10

Mobile heißt, teilen sich den Rest. BlackBerry sowie Nokias Symbian-Plattform, ehemaliger Marktführer, sind komplett verschwunden, seit Nokia auf Windows Phone umgestiegen ist.

INFO: Jeden Tag werden etwa 3.000.000 neue Android-Handys auf der Welt aktiviert – fast achtmal so viel, wie an einem Tag Menschen auf der Welt geboren werden. Im Jahr 2014 wurden erstmals weltweit über eine Milliarde Android-Geräte verkauft. Mit Android 6 Marshmallow werden jetzt 74 Sprachen unterstützt. Neu hinzugekommen sind Albanisch, Aserbaidschanisch, Gujarati (Muttersprache im indischen Bundesstaat Gujarat), Kasachisch, Urdu und Usbekisch.

Was macht Android so besonders?

Android ist mehr als nur eine elegante Oberfläche für Touchscreen-Smartphones, sondern ein echtes Betriebssystem wie auf einem PC, mit dem man das Handy für noch viel mehr als nur zum Telefonieren nutzen kann. Google gibt Softwareentwicklern wie auch Geräteherstellern viele Freiheiten – deutlich mehr als die Hersteller der anderen Plattformen, sodass in kurzer Zeit jede Menge Apps entstanden sind, der größte Teil davon für den Nutzer kostenlos.

Die Samsung-Benutzeroberfläche TouchWiz auf dem Samsung Galaxy S7.

Samsung hat an der Benutzeroberfläche von Android einige Anpassungen vorgenommen, um die Bedienung noch leichter und intuitiver zu gestalten. Alle Screenshots und Tipps in diesem Buch beziehen sich auf Samsungs Touch-Wiz-Oberfläche in der aktuellen Version, die auf dem Samsung Galaxy S7 vorinstalliert ist. Auf anderen Android-Handys sehen die meisten Systemfunktionen und Apps anders aus. Besonders im Bereich der Einstellungen wurden auch gegenüber den Vorgängermodellen deutliche Veränderungen vorgenommen.

Was ist neu in Android 6 Marshmallow?

Die neue, auf dem Samsung Galaxy S7 vorinstallierte Android-Version 6 Marshmallow bringt diverse Neuheiten, die eher technischer Natur sind und auf den ersten Blick an der Oberfläche gar nicht so auffallen. Da Samsung die hauseigene Oberfläche ebenfalls erneuert hat, treten die Neuerungen des Betriebssystems noch weiter in den Hintergrund. Hier die wichtigsten Änderungen gegenüber Android 5 Lollipop:

- Nochmals verbessertes Benachrichtigungssystem, das deutlich mehr Möglichkeiten bietet, selbst zu entscheiden, wann und von wem man unterbrochen werden möchte.

- Erweiterte Energiesparfunktionen.

- Erweiterte Funktionen zum Aktivieren und Deaktivieren von Berechtigungen für alle installierten Apps.

- Direct Share: schnelle und einfache Methode zum direkten Teilen von Inhalten mit wichtigen Personen.

Die seit Android 6 Marshmallow mögliche Nutzung von SD-Karten als erweiterter Gerätespeicher wurde von Samsung auf dem Galaxy S7 leider nicht umgesetzt. Hier kann die SD-Karte weiterhin nur als zusätzliches Speicherlaufwerk verwendet werden.

KAPITEL 2

Alltag mit dem Samsung Galaxy S7

In diesem Kapitel werden die wichtigsten Grundlagen der Bedienung des Samsung Galaxy S7 erklärt, die Sie in den folgenden Kapiteln sicher gebrauchen werden. Selbst wer schon einige Zeit mit einem Android-Smartphone herumgespielt hat, wird noch das ein oder andere Interessante finden, besonders was die Samsung-eigene Benutzeroberfläche TouchWiz betrifft, die in der neusten Version nochmals überarbeitet wurde.

Die wichtigsten Fingergesten zur Touchscreen-Steuerung

Um den Touchscreen fehlerfrei zu bedienen, noch ein wenig technischer Hintergrund: Fast alle Android-Smartphones verwenden kapazitive Touchscreens, die auf das Energiefeld der Hand reagieren und nicht auf mechanischen Druck wie ältere Handys. Ein moderner Touchscreen lässt sich ausschließlich mit dem Finger bedienen, Stifte oder andere mechanische Hilfsmittel sowie auch Handschuhe sind wirkungslos. Wassertropfen auf dem Bildschirm beeinträchtigen ebenfalls die Funktion.

Berühren Sie den Touchscreen am besten nur mit einem Finger. Die anderen Finger der Hand können, selbst wenn sie das Glas nicht direkt berühren, schon eine ungewollte Reaktion auslösen. Nur ganz wenige Gesten, etwa das Zoomen sowie Spezialgesten bei Google Earth, benötigen zwei Finger.

Die grundlegenden Fingergesten auf dem Bildschirm werden im Buch mit Handsymbolen in den jeweiligen Abbildungen erklärt, sodass Sie sofort sehen, wohin Sie tippen oder von wo nach wo Sie mit dem Finger über den Bildschirm streichen, um eine bestimmte Aktion auszulösen.

Einfaches Antippen – Tippen Sie mit einem Finger kurz auf die angegebene Stelle auf dem Bildschirm.

Halten/Langes Antippen – Halten Sie einen Finger länger auf die angegebene Stelle auf dem Bildschirm. Das angetippte Bildschirmelement zeigt eine Reaktion, z. B. leuchtet auf oder lässt sich auf dem Bildschirm verschieben. Beim Loslassen erscheint oft ein Auswahlmenü.

Fingerstrich – Streichen Sie mit dem Finger über den Bildschirm – in die Richtung, die der Pfeil angibt. Das bedeutet: Berühren Sie den Bildschirm am Fußpunkt des Pfeils und streichen Sie mit dem Finger, ohne loszulassen, zur Spitze des Pfeils, erst dort lassen Sie los.

Wischen – Beim Wischen oder Scrollen streichen Sie mit dem Finger vertikal oder horizontal über den Bildschirm, ohne eine genaue Position beachten zu müssen. Damit verschieben Sie den gesamten Bildschirminhalt nach oben oder unten bzw. nach links oder rechts. Fotos, Landkarten und auch einige Webseiten lassen sich auch in andere Richtungen über den Bildschirm verschieben.

Benachrichtigungsleiste nach unten ziehen – Erscheinen Benachrichtigungen über neue E-Mails, entgangene Anrufe oder heruntergeladene Apps in der Benachrichtigungsleiste am oberen Bildschirmrand, können Sie diese anzeigen lassen, indem Sie die Benachrichtigungsleiste nach unten ziehen. Tippen Sie dazu an den oberen Bildschirmrand und streichen Sie mit dem Finger, ohne loszulassen, bis zum unteren Rand.

Zoom – Berühren Sie den Bildschirm mit zwei Fingern dicht nebeneinander und spreizen Sie dann die Finger, ohne den Bildschirm loszulassen, auseinander. Damit zoomen Sie in ein Foto, eine Landkarte oder eine Webseite hinein. Die umgekehrte Bewegung zoomt wieder zurück. Die genaue Position, an der Sie dazu den Bildschirm berühren, spielt keine Rolle.

Drehen – Berühren Sie den Bildschirm mit zwei Fingern und führen Sie dann, ohne den Bildschirm loszulassen, eine bogenförmige Bewegung aus. Damit drehen Sie ein Foto oder eine Landkarte. Die genaue Position, an der Sie dazu den Bildschirm berühren, spielt keine Rolle.

Die Ersteinrichtung des Samsung Galaxy S7

Zuerst müssen Sie die SIM-Karte und bei Bedarf noch eine MicroSD-Karte in das Samsung Galaxy S7 einbauen. Aufgrund internationaler Sicherheitsvorschriften dürfen Akkus im Gerät nicht in vollgeladenem Zustand verschickt werden. Der Akku fabrikneuer Smartphones ist bei Auslieferung nur zu etwa 50 % aufgeladen, was aber ausreicht, um das Gerät sofort in Betrieb nehmen und einrichten zu können. Im Gegensatz zu vielen anderen Samsung-Smartphones kann der Akku des Samsung Galaxy S7 wie schon beim Samsung Galaxy S6 nicht herausgenommen werden.

Akku laden

Das Samsung Galaxy S7 verwendet wie die meisten aktuellen Android-Smartphones ein Micro-USB-Ladegerät. Diese sind beliebig zwischen den Handys austauschbar. Wer mehrere Geräte nutzt, braucht nicht immer verschiedene Ladegeräte mit sich herumzutragen. Seit der Vereinheitlichung der Ladegeräte für alle Smartphones außer dem iPhone kann man bequem ein Ladegerät fest am Schreibtisch oder in der Küche deponieren, ein weiteres am Arbeitsplatz etc.

Zum Aufladen des Samsung Galaxy S7 sollte nach Möglichkeit trotzdem das mitgelieferte Ladegerät verwendet werden, da dieses die Schnellladefunktion unterstützt. Alternativ können Sie auch ein Quick-Charge-2.0-kompatibles Ladegerät verwenden. Bereits nach zehn Minuten ist ein zuvor komplett leerer Akku so weit aufgeladen, dass sich das Smartphone einige Stunden lang nutzen lässt. Nach etwa 1:30 Stunden ist der Akku dann komplett geladen.

Das alte Gerücht, ein Akku sollte vor jedem Aufladen erst komplett leer sein, gilt bei modernen Akkus nicht mehr. Sorgen Sie im Gegenteil lieber dafür, dass der Akku nie ganz leer ist, sondern laden Sie ihn schon spätestens bei 30 % Kapazität wieder auf. Kurze Ladevorgänge – über den Tag verteilt – verlängern die Lebensdauer des Akkus. Im Gegensatz dazu schadet es dem Akku, wenn er regelmäßig komplett entladen wird oder das Gerät längere Zeit mit vollgeladenem Akku am Ladegerät hängt.

Akku kabellos aufladen

Das Samsung Galaxy S7 unterstützt das kabellose Aufladen mit einem speziellen induktiven Ladegerät. Das Smartphone muss mit dem Bildschirm nach oben auf das Ladegerät gelegt werden. Eine ungültige Ladeposition erkennt man daran, dass die LED des Ladegerätes blinkt. Durch die schräge Position lässt es sich während des Ladens weiterhin verwenden.

Die induktive Ladestation für das Samsung Galaxy S7 (Foto: Samsung).

ACHTUNG: Das kabellose Ladegerät erzeugt ein induktives Feld, das magnetische Datenträger wie z. B. Kreditkarten beschädigen kann. Legen Sie diese also nicht auf oder direkt neben das Ladegerät. Weiterhin beeinträchtigt dieses Feld den Mobilfunkempfang. Wenn Sie sich an einem Ort aufhalten, an dem die Mobilfunknetzqualität ohnehin schwach ist, kann der Empfang während des kabellosen Aufladens ganz ausfallen.

SIM-Karte und MicroSD-Karte einstecken

Das Samsung Galaxy S7 verwendet Nano-SIM-Karten und nicht, wie derzeit noch die meisten Android-Smartphones, die typischen Micro-SIM-Karten. Wer sein Samsung Galaxy S7 nicht direkt mit einem Mobilfunkvertrag kauft, muss also darauf achten, von seinem Provider eine Nano-SIM-Karte zu bekommen. Viele Netzbetreiber und Mobilfunkdiscounter bieten inzwischen sogenannte Kombi-SIM-Karten an: Mehrere Stanzlinien ermöglichen es, den SIM-Chip in unterschiedlichen SIM-Kartenformen aus dem Kartenträger herauszudrücken. Die Nano-SIM-Karten sind einfach nur kleiner, die Kontakte aber gleich angeordnet und elektronisch voll kompatibel zu Mini-SIM- und Micro-SIM-Karten.

Kombi-SIM-Karte mit Bedienungsanleitung (Foto: netzclub SIM-Karte).

Netzclub

Netzclub (*www.netzclub.net*) ist ein Mobilfunkdiscounter im O2-Netz, bei dem man jeden Monat 100 MByte Datenvolumen geschenkt bekommt, wenn man zustimmt, Werbung per E-Mail und SMS zu erhalten. Die Werbung hält sich in vertretbaren Grenzen, alle paar Tage kommt mal eine E-Mail oder SMS. Guthaben für Gespräche oder größere Datenpakete lässt sich bequem per Prepaid ohne Vertragspflichten aufladen. Dieser Tarif ist ideal für alle, die ihr Smartphone im Wesentlichen im WLAN nutzen und nur sehr wenig damit telefonieren.

Der Steckplatz für die SIM-Karte ist beim Samsung Galaxy S7 von außen zugänglich. Im Gegensatz zu vielen anderen Smartphones braucht man nicht den Akku herauszunehmen, was beim Samsung Galaxy S7 auch gar nicht geht. Beim Samsung Galaxy S7 edge befindet sich der SIM-Kartensteckplatz an der oberen Seite.

1. Drücken Sie das mitgelieferte Werkzeug vorsichtig in das runde Loch des SIM-Kartenträgers. Dieser springt dann automatisch heraus.

2. Legen Sie die Nano-SIM-Karte mit den Kontaktflächen nach unten in den SIM-Kartenträger.

3. Legen Sie bei Bedarf auch noch eine MicroSD-Karte in das dafür vorgesehene Fach des SIM-Kartenträgers.

4. Schieben Sie dann den SIM-Kartenträger in das Smartphone zurück.

Micro-SIM und Nano-SIM selbst basteln

Obwohl dies offiziell nicht empfohlen wird, findet man im Internet Anleitungen und Schneidevorlagen, um normale Mini-SIM-Karten auf die Größe einer Micro-SIM oder Nano-SIM zurechtzustutzen. Der eigentliche Chip in den SIM-Karten liegt genau unter der Kontaktfläche und kann, sofern man mit einem scharfen Messer sauber schneidet und die SIM-Karte dabei nicht zerspringt, nicht beschädigt werden. Also am besten einmal mit einer abgelaufenen oder einer kostenlosen Promo-SIM-Karte üben, bevor man das Messer an der echten SIM-Karte ansetzt. Für weniger Mutige gibt es im Zubehörhandel einfache Stanzmaschinen für unter 10 Euro (z. B. *amzn.to/1M1hSjR*), mit denen man kaum etwas falsch machen kann.

Samsung Galaxy S7 erstmals einschalten

Das Samsung Galaxy S7 zeigt beim ersten Start wie alle Android-Smartphones einen Einrichtungsassistenten, der die Ersteinrichtung des Gerätes in wenigen Schritten erledigt. Samsung hat diese Ersteinrichtung gegenüber dem Standard-Android noch um einige Schritte ergänzt.

1. Drücken Sie zum Erststart länger (etwa eine Sekunde) auf den Einschalter. Der Bildschirm wird leicht heller, und nach kurzer Zeit erscheinen ein Samsung- sowie ein Android-Logo.

2. Nach dem Einschalten müssen Sie als Erstes wie bei jedem Handy die PIN Ihrer SIM-Karte eingeben. Ist die PIN-Abfrage auf der SIM-Karte deaktiviert, entfällt dieser Schritt natürlich.

3. Die meisten Funktionen von Android-Smartphones lassen sich im WLAN auch ohne SIM-Karte nutzen. Ist keine SIM-Karte eingelegt, wird die PIN-Eingabe übersprungen. Anhand der SIM-Karte wird bei der Ersteinrichtung automatisch auch ein Internetzugang über diese SIM-Karte eingerichtet, der allein durch Hintergrunddienste schon Kosten verursachen kann. Wenn Sie keinen Internettarif auf Ihrer SIM-Karte haben oder sich nicht sicher sind, führen Sie die Erstinstallation am besten per WLAN durch und stecken dazu keine SIM-Karte in das Gerät.

4. Wählen Sie im nächsten Schritt als Sprache *Deutsch* aus. So bekommen Sie sämtliche Menüs und Systemdialoge in deutscher Sprache angezeigt.

5. Tippen Sie nach der Sprachauswahl auf das Symbol *Starten*, um Ihr WLAN auszuwählen.

> ACHTUNG: Immer wieder behaupten besonders schlaue Nutzer in Internetforen, moderne Elektronik ließe sich nur auf Englisch richtig bedienen und manche Funktionen blieben in der deutschen Oberfläche verborgen. Das ist natürlich völliger Quatsch und galt vielleicht vor 20 Jahren. Heute ist der deutsche Markt einer der wichtigsten Märkte für Elektronikhersteller weltweit. Das Galaxy S7 ist in allen verfügbaren Sprachen gleichermaßen nutzbar.

WLAN als schneller Internetzugang zu Hause

Zu Hause bietet das eigene WLAN eine schnelle, zuverlässige Internetverbindung auch für Smartphones. Hinzu kommt, dass dieser Internetzugang kostenlos ist, das übertragene Datenvolumen also nicht auf das wertvolle Datenvolumen der Mobilfunkflatrate angerechnet wird.

Aus diesen Gründen bietet das Samsung Galaxy S7 gleich bei der Ersteinrichtung – noch vor der datenintensiven Synchronisation mit dem Google-Konto – an, eine WLAN-Verbindung einzurichten.

> **INFO:** Wi-Fi ist die englische Bezeichnung für WLAN. Der in Deutschland gebräuchliche Begriff WLAN (**W**ireless **L**ocal **A**rea **N**etwork) für drahtloses Netzwerk ist nur ein deutscher Anglizismus und wird von englischen oder amerikanischen Muttersprachlern nie verwendet. Diese sprechen immer von Wi-Fi.

1. Automatisch erscheint ein Bildschirm für die WLAN-Einstellungen. Wählen Sie in der Liste das Netzwerk aus, mit dem Sie sich verbinden möchten. Ist dieses WLAN verschlüsselt, wird es in der Liste mit einem Schloss-Symbol dargestellt und Sie müssen bei der ersten Verbindung den Schlüssel eingeben.

2. Android unterstützt alle gängigen Verschlüsselungsverfahren: WEP, WPA und WPA2. Klicken Sie anschließend auf *Verbinden*. Danach wird diese Verbindung gespeichert, es ist keine weitere Schlüsseleingabe mehr nötig.

WPS statt WLAN-Schlüssel

Haben Sie einen Router mit einer WPS-Taste, können Sie die Verbindung mit einem Knopfdruck einrichten. Drücken Sie dann einfach, wenn auf dem Smartphone die entsprechende Meldung erscheint, die WPS-Taste auf dem Router.

WPS-Taste (Foto: devolo AG).

3. Zur Verbindung mit einem WLAN, das nur bestimmte Geräte zulässt, wird die eigene MAC-Adresse des Smartphones angezeigt.

4. Eine aktive WLAN-Verbindung wird mit einem Symbol in der Benachrichtigungsleiste am oberen Bildschirmrand angezeigt. Dieses zeigt auch die ungefähre Signalstärke.

5. Nachdem die Verbindung erfolgreich hergestellt wurde, tippen Sie auf *Weiter*, um mit der Ersteinrichtung des Smartphones fortzufahren. Jetzt müssen Sie noch den Lizenzvertrag von Google bestätigen.

WLAN bei der Ersteinrichtung des Samsung Galaxy S7 einrichten.

Daten per NFC von einem anderen Smartphone übertragen.

Haben Sie bereits ein NFC-fähiges Android-Smartphone, können Sie die dort installierten Google-Konten und gesicherten Apps direkt auf das neue Samsung Galaxy S7 übertragen. Halten Sie dazu die beiden Geräte einfach mit der Rückseite aneinander, bis Sie einen kurzen Signalton hören. Folgen Sie dann den Anweisungen auf dem Bildschirm. Um das Samsung Galaxy S7 neu einzurichten, überspringen Sie den Bildschirm *Per NFC übertragen* einfach.

Im nächsten Schritt möchte das Samsung Galaxy S7 wie alle Android-Smartphones ein Google-Konto einrichten.

Das Google-Konto

Wer seine Adressen, E-Mails und andere Daten online speichert, kann sie mit jedem neuen Computer, Smartphone oder Tablet synchronisieren, ohne Adressbücher zu importieren oder gar Daten abzutippen.

Google bietet dazu jedem Anwender kostenlos ein persönliches Google-Konto an, in dem man seine Daten speichern kann. Diese Daten stehen dann auf jedem internetfähigen Gerät, das mit Google-Diensten synchronisiert werden kann, zur Verfügung. Welche Daten man bei Google ablegt, bleibt jedem selbst überlassen. Besonders beliebt ist es, seinen Kalender, das Adressbuch sowie die persönliche Lesezeichensammlung bei Google abzulegen, um sie automatisch auf jedem PC, Smartphone oder Tablet zur Verfügung zu haben.

Android-Smartphones sind sehr eng mit Google-Konten verbunden, viele Funktionen können aber auch ohne diese – mit Einschränkungen – verwendet werden. Zur Nutzung von Google Play (früher: Android Market) ist ein Google-Konto allerdings zwingend nötig.

Wer bereits ein Google-Konto hat, wird dieses natürlich auch auf dem Smartphone weiternutzen. Wer noch kein Google-Konto besitzt, kann jetzt eines anlegen. Es ist auch möglich, ein Android-Smartphone mit mehreren Google-Konten zu synchronisieren.

1. Wählen Sie im ersten Schritt des Assistenten, ob Sie ein neues Google-Konto auf dem Smartphone anlegen oder sich mit einem vorhandenen Google-Konto anmelden möchten.

2. Wenn Sie bereits ein Google-Konto haben, geben Sie Ihre E-Mail-Adresse und das Passwort ein.

3. Die folgende Option *Google-Dienste* sollten Sie auf jeden Fall eingeschaltet lassen. So werden Ihre Apps und Einstellungen im Google-Konto gesichert und lassen sich im Notfall oder bei einem Hard-Reset leicht wiederherstellen. Mit dieser Einstellung können Sie auch Daten von früheren Android-

Smartphones, die im Google-Konto gesichert wurden, auf dem neuen Smartphone wiederherstellen.

Die ersten Schritte bei der Anmeldung mit einem vorhandenen Google-Konto auf dem Samsung Galaxy S7.

4. Weiter unten müssen Sie noch zustimmen, dass Google anonyme Standortdaten Ihres Gerätes nutzen darf. Viele Apps werden erst dadurch sinnvoll, dass Informationen aus der näheren Umgebung angezeigt werden können. Wer sich unbedingt verstecken möchte und dafür bereit ist, diverse Einschränkungen bei Apps in Kauf zu nehmen, kann die Standorterfassung hier abschalten. Die Einstellung kann später jederzeit wieder geändert werden.

5. Android 6 Marshmallow bietet die Möglichkeit, direkt bei der Ersteinrichtung eine weitere E-Mail-Adresse anzugeben – zum Beispiel eine IMAP- oder POP3-Adresse eines der großen E-Mail-Anbieter oder eine geschäftlich genutzte E-Mail-Adresse auf einem Exchange-Server. Diese werden dann ebenfalls über die vorinstallierte Gmail-App genutzt.

6. Haben Sie die Option *Wiederherstellung* eingeschaltet, werden jetzt automatisch die auf Ihrem bisherigen Smartphone installierten Apps auf dem neuen Gerät installiert, was einige Zeit dauern kann. Auch Kontakte und Termine stehen möglicherweise erst nach ein paar Minuten zur Verfügung. Haben Sie mehrere Smartphones mit dem demselben Google-Konto verknüpft, können Sie auswählen, von welchem frühere Daten übernommen werden sollen.

7. Nach der Einrichtung des Google-Kontos folgen weitere Schritte, um die Google-Dienste einzurichten.

Neues Google-Konto anlegen

Haben Sie noch kein Google-Konto, können Sie es direkt auf dem Smartphone auch ohne PC einrichten, wie es im Folgenden beschrieben wird. Alternativ können Sie das Google-Konto auf dem PC anlegen. Klicken Sie dazu auf einer beliebigen Google-Seite oben rechts auf *Anmelden*. Auf der Anmeldeseite finden Sie den Link *Erstellen Sie ein kostenloses Konto*. Dieses können Sie dann sofort auch auf dem Samsung Galaxy S7 verwenden.

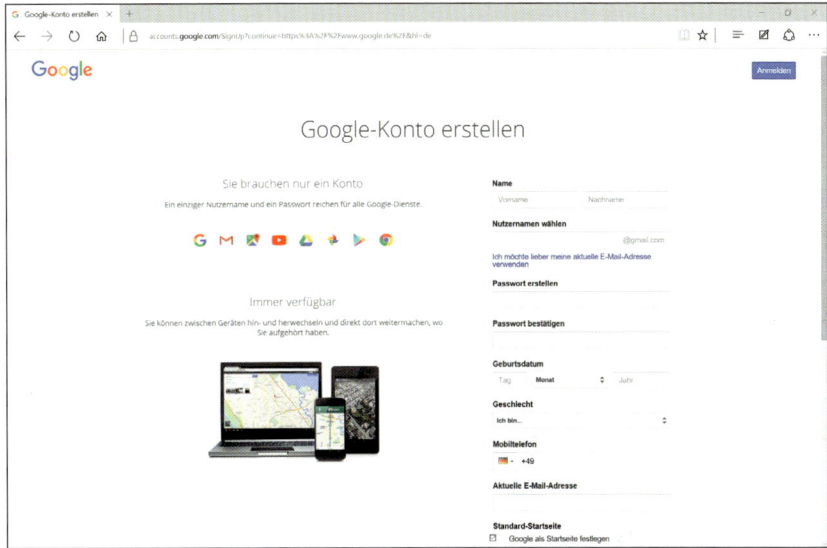

Google-Konto auf dem PC erstellen.

1. Wenn Sie im ersten Schritt des Assistenten auf dem Samsung Galaxy S7 die Option auswählen, ein neues Google-Konto zu erstellen, erscheinen weitere Bildschirmseiten, auf denen Sie zuerst Ihren Namen und danach die gewünschte E-Mail-Adresse für das neue Google-Konto angeben müssen.

> **INFO:** Bei gängigen Namen wird die E-Mail-Adresse *vorname.nachname@gmail.com* möglicherweise nicht mehr verfügbar sein. Bei Google sind weltweit etwa 1 Milliarde Nutzer regelmäßig aktiv, registriert sind noch mehr. Sollte die Adresse bereits vergeben sein, werden automatisch Alternativvorschläge angezeigt. Hier können Sie einen auswählen oder sich auch eine ganz andere E-Mail-Adresse ausdenken.

Die ersten Schritte beim Anlegen eines neuen Google-Kontos.

2. Legen Sie im nächsten Schritt ein Passwort fest. Um sicherzustellen, dass Sie sich nicht vertippt haben, muss dieses Passwort ein zweites Mal eingegeben werden. Ein integrierter Passwortprüfer prüft nach verschiedenen Kriterien (z. B. ob Ziffern enthalten sind oder das Passwort einem gängigen Begriff entspricht) die Passwortqualität.

3. Sollten Sie Ihr Passwort vergessen, können Sie es wiedererlangen, indem Sie sich an eine Mobilfunknummer einen Wiederherstellungscode schicken lassen. Geben Sie dazu die entsprechenden Daten an. Die Telefonnummer der SIM-Karte im Smartphone wird automatisch vorgeschlagen.

4. Zur endgültigen Einrichtung des Google-Kontos müssen Sie noch die Nutzungsbedingungen und die Datenschutzerklärung bestätigen.

5. Damit Sie auf dem Smartphone im Google Play Store Apps, E-Books oder Musik kaufen können, müssen im Google-Konto Kreditkartendaten hinterlegt werden. Alternativ können Sie auch die Abrechnung über Ihre Mobilfunkrechnung einrichten, wenn Ihr Netzbetreiber das unterstützt, ein PayPal-Konto hinterlegen oder den Code einer Google-Play-Guthabenkarte einlösen. Diesen Schritt können Sie zunächst am einfachsten überspringen, wenn Sie in nächster Zeit nicht planen, bei Google Play einzukaufen. Kostenlose Apps können auch ohne Angabe einer Kreditkartennummer bei Google Play heruntergeladen werden. Bei der ersten kostenpflichtigen App ist immer noch Gelegenheit, Zahlungsinformationen anzugeben.

Telefonnummer zum Wiederherstellen eines vergessenen Passworts eingeben und Einrichtung des Google-Kontos abschließen.

Zahlungsdetails und Synchronisation in einem neuen Google-Konto einrichten.

6. Viele Nutzer von Google-Konten verwenden diese zwar für Mail und Kalender, aber noch nicht für diverse weitere Google-Dienste. Bei der Einrichtung auf dem Smartphone erscheint jetzt eine Liste mit Elementen, die mit dem Google-Konto automatisch synchronisiert werden können. Lassen Sie am besten alles eingeschaltet.

7. Im nächsten Schritt wird Google Now eingerichtet. Dieser Google-Dienst zeigt auf der Google-Suchseite das aktuelle Wetter sowie ortsabhängige Verkehrsinformationen und wichtige Nachrichten passend zu Ihrem Suchverlauf bei Google an. Die notwendigen Einstellungen im Google-Konto können in einem Schritt automatisch vorgenommen werden. Welche Informationen Google Now tatsächlich im Alltagsbetrieb anzeigen soll, können Sie später noch festlegen.

 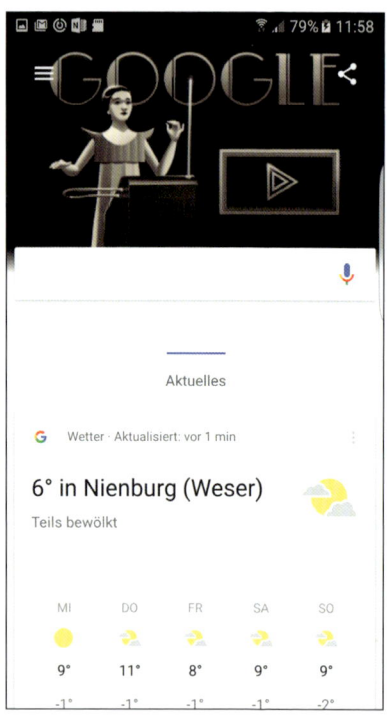

Google Now einrichten.

8. Zum Abschluss meldet sich das neue Google-Konto auf dem Smartphone an. Jetzt dauert es nur noch wenige Sekunden, dann ist das Samsung Galaxy S7 mit dem neuen Google-Konto einsatzbereit.

Google-Konto auf dem PC nutzen

Mit denselben Kontodaten können Sie sich auch auf dem PC bei Google anmelden, um Gmail, Google-Kalender, Google-Fotoalben (ehemals Picasa), persönliche Webeinstellungen oder ein eigenes YouTube-Profil zu nutzen. Klicken Sie dazu auf einer beliebigen Google-Seite oben rechts auf *Anmelden*.

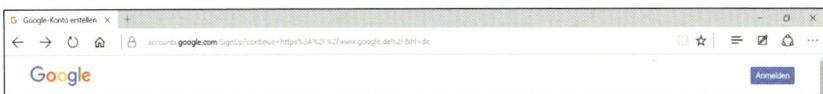

Anmelden auf einer Google-Seite.

Hier erscheint ein Anmeldeformular, in dem Sie Ihre Gmail-Adresse und das Passwort eingeben müssen.

In den Kontoeinstellungen des Google-Kontos auf dem PC können Sie jederzeit das Passwort und die Wiederherstellungsoptionen ändern. Hier lassen sich auch weitere mit dem Konto verknüpfte E-Mail- sowie Datenschutzeinstellungen festlegen.

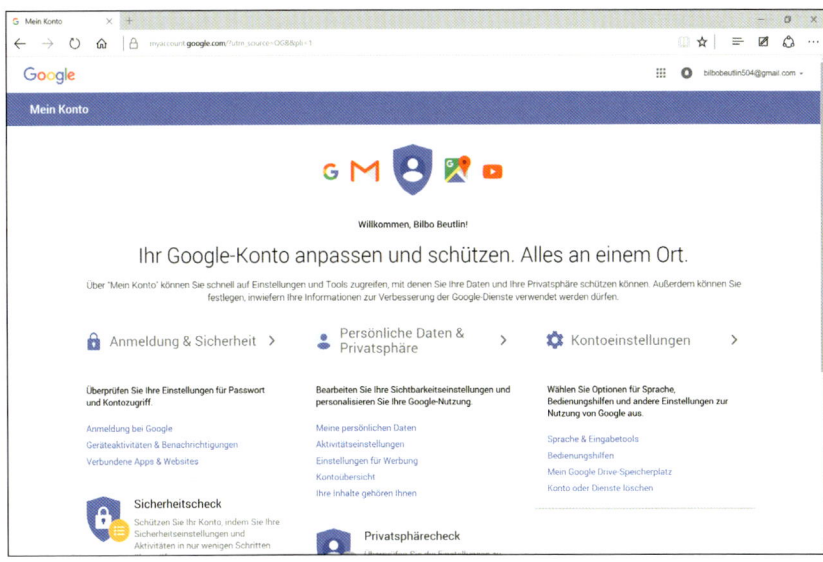

Kontoeinstellungen des eigenen Google-Kontos.

Geänderte Einstellungen werden automatisch auch auf dem Smartphone übernommen. Wenn Sie das Passwort des Google-Kontos am PC ändern, müssen Sie dieses natürlich auf dem Smartphone neu eingeben.

Sicherheitssperre einrichten

Der Sperrbildschirm dient nicht nur als Schutz vor versehentlichem Berühren, er kann auch als Zugangssperre eingesetzt werden, um Fremden die Nutzung des Smartphones zu verweigern. Der Einrichtungsassistent fragt nach der Einrichtung des Google-Kontos, ob Sie eine Sicherheitssperre einrichten möchten. Dieser Schritt kann natürlich auch übersprungen werden.

Unterschiedliche Sicherheitssperren auswählen.

Bei jeder Sicherheitseinstellung erscheint danach noch eine Frage, ob Sie Benachrichtigungen über Anrufe und neue E-Mails auf dem Sperrbildschirm sehen möchten, ohne die PIN oder das Sperrmuster eingeben zu müssen. Möchten Sie später wieder auf eine andere Methode der Bildschirmsperre umschalten, muss aus Sicherheitsgründen die festgelegte PIN oder das Sperrmuster noch einmal eingegeben werden.

PIN oder Passwort

Wer es vom PC gewohnt ist, bei jedem Einschalten ein Passwort oder eine PIN einzugeben, kann dies auch auf dem Smartphone tun.

Beim Festlegen der PIN oder des Passworts muss diese/dieses zweimal eingegeben werden, um Tippfehler zu vermeiden. Auf dem Sperrbildschirm erscheint nach dem gewohnten Wischen nach oben ein Eingabefeld für die PIN.

> **INFO:** Eine PIN (persönliche Identifikationsnummer) ist eine Zahlenkombination, ein Passwort kann aus beliebigen Zeichen bestehen. Android unterscheidet diese beiden Verfahren, um bei einer PIN-Eingabe eine Zifferntastatur mit deutlich größeren Tasten einzublenden, als sie die Buchstabentastatur für die Passworteingabe hat.

Sperrmuster

Viel eleganter und einfacher als die Eingabe eines Passworts ist ein grafisches Sperrmuster. Hier muss man Rasterpunkte auf dem Bildschirm mit einer Linie verbinden. Um Fehler zu vermeiden, muss auch dieses Muster beim Einrichten zweimal gezeichnet werden.

Auf dem Sperrbildschirm erscheint dann ein Punktraster, auf dem man das zuvor definierte Muster zeichnen muss, um die Bildschirmsperre zu lösen.

Muster als Bildschirmsperre.

Fingerabdruck als Sicherheitsmerkmal

Das Samsung Galaxy S7 kann auch einen Fingerabdruck zum Entsperren verwenden. In die Home-Taste ist dazu ein Fingerabdruckscanner eingebaut. Der Fingerabdruck kann zusätzlich auch zur Anmeldung beim Samsung-Konto genutzt werden.

Direkt im Einrichtungsassistenten haben Sie die Möglichkeit, Ihren Fingerabdruck zu registrieren. Legen Sie dann den Finger, den Sie zum Entsperren verwenden möchten, auf die Home-Taste und heben ihn wieder an. Dieses Verfahren müssen Sie so oft durchführen, wie die Fingerabdruckerkennung Sie dazu auffordert, bis der Fingerabdruck erkannt wurde. Wichtig ist natürlich, dass Sie immer denselben Finger verwenden. Danach legen Sie noch ein alternatives Sicherungspasswort fest, mit dem Sie das Smartphone entsperren können, wenn die Erkennung des Fingerabdrucks versagt.

Legen Sie den Finger auf die Home-Taste, heben Sie ihn wieder an und wiederholen Sie den Vorgang. Bewegen Sie zwischen den Versuchen den Finger leicht nach oben/unten.

28%

Legen Sie den Finger auf die Home-Taste und heben Sie ihn wieder an.

Fingerabdruck hinzufügen.

Jetzt können Sie die Fingerabdrucksperre aktivieren. Auf dem Sperrbildschirm erscheint unten oberhalb der Home-Taste eine Meldung, die den Benutzer darauf hinweist, seinen Fingerabdruck zu scannen. Danach wird das Smartphone entsperrt. Alternativ kann man auch das Sicherungspasswort eingeben. Bei mehreren Fehlversuchen mit dem Fingerabdruckscanner erscheint die Passwortabfrage automatisch. Die Fingerabdrucksperre funktioniert nur, wenn zusätzlich ein Muster, PIN oder Passwort eingerichtet ist. Wird der Sperrbildschirm einfach durch eine Streichgeste entsperrt, ist kein Fingerabdruck nötig.

Fingerabdrucksperre einrichten und Anzeige auf dem Startbildschirm mit eingeschalteten Benachrichtigungen.

Das Samsung-Konto

Nach der Einrichtung des Google-Kontos fordert Sie das Samsung Galaxy S7 – wie alle Samsung-Smartphones – auf, bei der Ersteinrichtung ein Samsung-Konto einzurichten.

Samsung bietet einige spezielle Dienste an, unter anderem eine Onlinedatensicherung sowie die Möglichkeit, ein verlorenes oder gestohlenes Handy zu orten. Dafür ist ein Samsung-Konto erforderlich. Außerdem gibt es von Zeit zu Zeit speziell für Nutzer von Galaxy-Smartphones Apps kostenlos, die im Google Play Store kostenpflichtig sind.

1. Wenn Sie bereits ein Samsung-Konto haben, weil Sie früher schon ein Samsung-Smartphone genutzt haben, tippen Sie auf *Anmelden* und geben Ihre Benutzerdaten ein.

2. Haben Sie noch kein Samsung-Konto, tippen Sie auf *Konto erstellen*. Danach sind einige persönliche Daten einzugeben. Alternativ können Sie sich auch mit Ihrer Google-ID registrieren. Sie müssen dann nur noch ein eigenes Passwort für das Samsung-Konto festlegen.

Samsung-Konto einrichten.

3. Sollten Sie Daten eines früheren Samsung-Smartphones im Samsung-Konto gespeichert haben, können Sie diese auf dem Samsung Galaxy S7 auf dem nächsten Einrichtungsbildschirm wiederherstellen. Wählen Sie dazu das alte Gerät und die wiederherzustellenden Sicherungsdaten aus.

4. Außerdem können Sie gleich an dieser Stelle die automatische Onlinesicherung des neuen Gerätes aktivieren. Schalten Sie dazu den Schalter *Sichern und Synchronisieren* ein. Bedenken Sie dabei, dass hier ein erhebliches Datenvolumen entstehen kann. Sie können diese Sicherung auch später noch jederzeit aktivieren.

5. Alternativ können Sie auch Daten aus einem alten Gerät über eine USB-Kabelverbindung wiederherstellen. Samsung liefert dazu mit dem Samsung Galaxy S7 einen speziellen Adapter mit, mit dem sich das Ladekabel als Verbindungskabel zwischen zwei Smartphones verwenden lässt. Samsung verspricht, ältere Smartphones ab Android 4.3 für diese Art der

Datenübertragung zu unterstützen – in unseren Praxistests funktionierte dies aber leider längst nicht mit jedem Smartphone, selbst wenn diese neuere Android-Versionen verwendeten.

Daten aus dem Samsung-Konto oder über ein USB-Kabel von einem alten Smartphone übertragen.

6. Die nächsten Schritte des Einrichtungsassistenten, *Einfacher Modus* und *Knox*, können Sie zunächst überspringen. Je nach persönlichem Nutzerverhalten empfiehlt es sich, diese Einstellungen später noch vorzunehmen oder auch nicht.

7. Danach erscheint der Startbildschirm und Sie können Ihr neu eingerichtes Smartphone nutzen. Die Benachrichtigungen diverser Apps, die beim Erststart ebenfalls auftauchen, können Sie zunächst mal ignorieren.

Die Benutzeroberfläche des Samsung Galaxy S7

Nachdem Sie den letzten Schritt der Ersteinrichtung durchlaufen haben, zeigt das Samsung Galaxy S7 seinen Startbildschirm, der in Zukunft die alltägliche Oberfläche Ihres neuen Smartphones sein wird. Samsung hat diesen Startbildschirm gegenüber dem Standard-Android und auch gegenüber früheren

Samsung-Smartphone-Modellen erweitert und mit zusätzlichen Funktionen ausgestattet, die in den folgenden Abschnitten beschrieben werden.

Die Benutzeroberfläche von Android-Smartphones wird über den Touchscreen bedient und zeigt für jede Funktion wie auch für jede App klare Symbole an, sodass Sie sich nicht wie auf dem PC unter Windows durch verschachtelte Menüs klicken müssen. Samsung verwendet eine eigene Android-Oberfläche mit dem Namen TouchWiz auf allen aktuellen Smartphones der Galaxy-Serie. Diese wurde auf dem Samsung Galaxy S7 weiter »entschlackt« und moderner gestaltet. Selten genutzte Funktionen wurden weiter in den Hintergrund verschoben oder ganz entfernt. Die neue Oberfläche bietet aber auch neue Funktionen, beispielsweise die Rastergröße und damit die Anzahl gleichzeitig darstellbarer App-Symbole auf dem Startbildschirm zu ändern oder Bildschirmthemen auszuwählen.

Startbildschirm und Apps-Liste auf dem Samsung Galaxy S7 im Auslieferungszustand.

Samsung hat sich mit der neuen TouchWiz-Version – bis auf das Hintergrundbild und die App-Symbole – dem sogenannten Material Design von Android 6 Marshmallow angenähert. Dieses setzt auf klare Farben und gute Kontraste ohne verspielte Farbverläufe und Transparenzeffekte, die besonders Samsung früher gern genutzt hat.

Automatisches Update beim ersten Start

Bereits direkt nach dem Start meldet das Samsung Galaxy S7, dass Updates zur Verfügung stehen. Dabei handelt es sich um einige Google-Apps, die inzwischen in einer neueren Version angeboten werden als der, mit der die Geräte im Herstellerwerk vorkonfiguriert wurden. Die Meldung brauchen Sie nicht weiter zu beachten, da diese Updates automatisch installiert werden.

Startbildschirm und Apps

In der Grundeinstellung zeigt der Startbildschirm das Wetter, ein Google-Suchfeld und ein paar vordefinierte App-Symbole an. Als Benutzer kann man seine wichtigsten Apps und Widgets auf dem Startbildschirm zum schnellen Zugriff ablegen.

 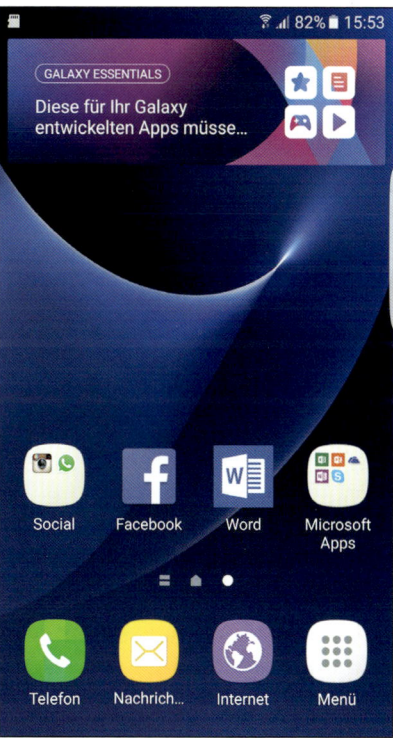

Eine horizontale Wischgeste schaltet zwischen den Bildschirmseiten um.

Der Startbildschirm auf dem Samsung Galaxy S7 besteht standardmäßig aus insgesamt drei Bildschirmseiten, die persönlich konfigurierbar sind. Zwischen diesen können Sie mit einer horizontalen Fingerbewegung auf dem Touchscreen hin- und herschalten. Auf welchem der Bildschirme man sich gerade

befindet, zeigt der leuchtende Punkt in der Reihe im unteren Bildschirmbereich. Das kleine Haussymbol bezeichnet den Standard-Startbildschirm.

Samsungs TouchWiz-Oberfläche zeigt am unteren Bildschirmrand des Startbildschirms vier feststehende Symbole, die auf jeder Startbildschirmseite zu
sehen sind. Das *Menü*-Symbol mit dem Punktraster ganz rechts öffnet eine
Liste aller installierten Apps. Von hier aus lässt sich jede App durch Antippen
ihres Symbols starten.

 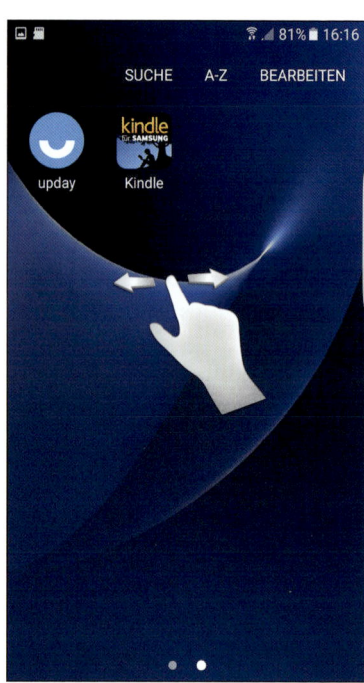

Die Apps-Liste auf dem Samsung Galaxy S7.

Füllt die Liste mehr als einen Bildschirm, kann man wie auf dem Startbildschirm mit einer horizontalen Fingerbewegung zwischen mehreren Seiten
wechseln.

Apps, die Sie häufig benötigen, können Sie direkt auf dem Startbildschirm ablegen. Halten Sie dazu den Finger länger auf einer App in der Liste. Auf dem
Startbildschirm erscheint ein Punktraster zur Anordnung der Apps. Schieben
Sie das App-Symbol an die gewünschte Position und lassen Sie es dort wieder
los. Schon ist die App auf dem Startbildschirm.

Genauso einfach können Sie Apps auf eine andere Position oder eine andere
Bildschirmseite auf dem Startbildschirm ziehen. Tippen Sie länger auf die zu
verschiebende App, bis das Raster auf dem Startbildschirm erscheint. Schieben Sie jetzt die App an die neue Position und lassen Sie wieder los.

App auf dem Startbildschirm ablegen.

App vom Startbildschirm entfernen.

Am rechten Bildschirmrand erscheint der angedeutete Rand einer weiteren Startbildschirmseite. Schieben Sie ein App-Symbol über den Rand hinaus, wird eine neue Startbildschirmseite angelegt, auf der Sie dieses Symbol platzieren können.

Um eine App vom Startbildschirm wieder zu entfernen, ziehen Sie sie an den oberen Bildschirmrand auf das *Entfernen*-Symbol. Beim Loslassen wird sie vom Startbildschirm gelöscht, aber nicht deinstalliert. In der Liste der Apps bleibt sie weiterhin verfügbar und kann auch jederzeit wieder auf den Startbildschirm geholt werden.

Startbildschirmseiten anordnen

Die Seiten des Startbildschirms lassen sich frei anordnen. Halten Sie den Finger länger auf eine freie Stelle auf dem Startbildschirm, um in den Bearbeitungsmodus zu gelangen. Hier können Sie die Seiten in die gewünschte Reihenfolge ziehen.

Startbildschirmseiten verschieben und neu anlegen.

Um eine Startbildschirmseite zu löschen, ziehen Sie sie auf das Papierkorbsymbol am oberen Bildschirmrand. Um eine neue Seite anzulegen, tippen Sie auf das Vorschaubild der Seite ganz rechts außen mit dem Pluszeichen.

Tippen Sie in einer Seitenvorschau oben auf das Haussymbol, um diese Seite als Startseite festzulegen, die aufgerufen wird, wenn Sie die Home-Taste drücken.

Ordner für Apps

Bei vielen installierten Apps verliert man schnell die Übersicht auf dem Start-bildschirm. Ordner für Apps bringen Ordnung auf den Startbildschirm und in die Apps-Liste. Diese Ordner sind Symbole mit den automatisch darin gestapel-ten Symbolen der Apps, die in dem Ordner liegen. Ein Ordner mit Google-Apps ist auf dem Samsung Galaxy S7 – wie auf den meisten Android-6-Smartphones – bereits auf dem Startbildschirm vorinstalliert. In der Apps-Liste befinden sich weitere vorinstallierte Ordner mit Samsung-Apps, Microsoft-Apps sowie ein Ordner *Social*, in dem Instagram und WhatsApp mitgeliefert werden.

Ordner können mehr Apps aufnehmen, als auf eine Bildschirmseite passen. Weitere Apps erreichen Sie mit einer senkrechten Wischbewegung im Ordner. Die Anordnung der Apps im Ordner lässt sich durch Ziehen der App-Symbole verändern.

Neue App in einen Ordner ziehen.

1. Ziehen Sie zunächst eine App auf den Startbildschirm.

2. Ziehen Sie eine zweite App aus der Apps-Liste auf ein vorhandenes App-Symbol, wird automatisch ein Ordner erstellt.

3. Tippen Sie auf einen Ordner, werden die darin enthaltenen Apps angezeigt und können durch Antippen gestartet werden.

4. Weitere Apps können einfach auf das Ordnersymbol gezogen und dann im Ordner an eine beliebige Position geschoben werden.

5. Tippen Sie bei einem neuen Ordner auf die Bezeichnung *Unbenannter Ordner* und geben Sie dem Ordner einen Namen.

6. Tippen Sie auf die Farbpalette oben rechts neben dem Ordnernamen, um dem Ordnersymbol eine Hintergrundfarbe zuzuweisen.

Um den Ordner vom Startbildschirm zu entfernen, ziehen Sie den Ordner an den oberen Bildschirmrand auf die mit *Entfernen* gekennzeichnete Fläche. Beim Loslassen wird der Ordner dann entfernt. Die Apps bleiben installiert. Auf die gleiche Weise können Sie auch einzelne Apps aus einem Ordner herausnehmen.

Die Schnellstartleiste für wichtige Apps

Drei oder vier besonders wichtige Apps sind in der sogenannten Schnellstartleiste auf jeder Seite des Startbildschirms am unteren Rand immer zu sehen. In der Grundeinstellung sind das nur die drei Apps *Telefon*, *Nachrichten* (SMS) und *Internet* (Browser) sowie das *Menü*-Symbol.

Die vorinstallierte Schnellstartleiste mit drei wichtigen Apps.

Auf den vorhandenen Positionen außer dem *Menü*-Symbol können Sie statt der vorgegebenen Apps auch andere platzieren, die Sie häufig benötigen.

1. Tippen Sie länger auf eine nicht mehr benötigte App in der Schnellstartleiste und ziehen Sie diese auf eine freie Stelle auf dem Startbildschirm oder auf das *Entfernen*-Symbol oben.

2. Ziehen Sie jetzt die gewünschte App vom Startbildschirm oder aus der Apps-Liste auf die freie Position in der Schnellstartleiste.

3. Eine vierte App können Sie einfach zwischen zwei Symbole ziehen. Die vorhandenen Symbole werden automatisch etwas kleiner und geben Platz frei. So lassen sich vier Apps und das *Menü*-Symbol in der Schnell-startleiste anzeigen.

App in die Schnellstartleiste ziehen und Schnellstartleiste mit ausgetauschten Apps.

Die Tasten auf dem Samsung Galaxy S7

Außer dem Einschalter und den Lautstärketasten verfügt das Samsung Galaxy S7 nur über eine einzige wirkliche Taste in der Mitte unterhalb des Bild-schirms, die sogenannte Home-Taste. Dazu kommen noch zwei Sensortasten für *App-Übersicht* und *Zurück*, die aufleuchten, wenn man den Bereich unter-halb des Bildschirms berührt. Alle drei Tasten haben jeweils zwei Funktionen, je nachdem, ob man sie kurz drückt oder etwas länger gedrückt hält.

Die Tasten auf dem Samsung Galaxy S7.

Home-Taste

Die Home-Taste führt immer zurück zum Startbildschirm, egal, in welcher Anwendung man gerade ist. Diese Taste kann auch zum Einschalten des Handys genutzt werden, wenn es sich im Ruhezustand befindet. Ist das Galaxy S7 tatsächlich ausgeschaltet, lässt es sich nur mit dem Einschalter wieder einschalten.

Drückt man länger auf die Home-Taste, erscheint Google Now, eine neuartige Google-Suche, die viele Informationen anhand des persönlichen Verhaltens findet, ohne dass man bewusst danach suchen muss. Unterhalb des Google-Suchfeldes erscheint der aktuelle Wetterbericht für den eigenen Standort. Je nach persönlichem Nutzerverhalten erscheinen weitere Karten mit Google-Now-Informationen. Über das Symbol mit den drei Punkten rechts oberhalb jeder Karte legen Sie fest, ob diese Karte in Zukunft weiterhin erscheinen soll. Einige Karten bieten noch zusätzliche Einstellungen.

 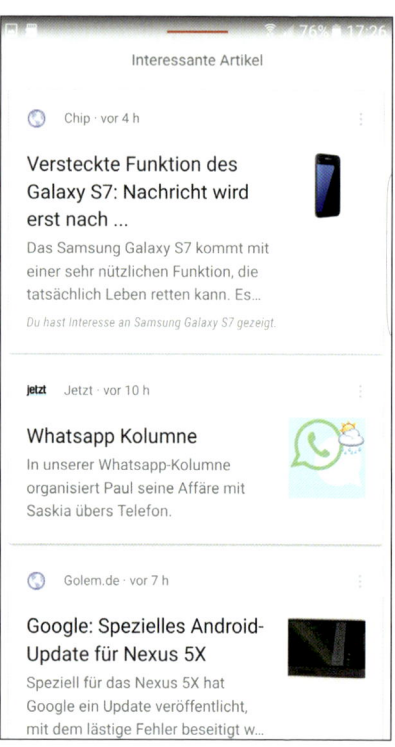

Google Now erscheint bei langem Druck auf die Home-Taste.

Home-Taste doppelt drücken

Drücken Sie die Home-Taste zweimal kurz hintereinander, wird die Kamera gestartet.

App-Übersicht-Taste (links)

Die Taste unten links hat auf dem Samsung Galaxy S7 die Funktion *App-Übersicht*. Hier wird eine Liste der zuletzt verwendeten Apps eingeblendet. Auf diesem Weg können Sie schnell zu einer der angezeigten Apps wechseln, indem Sie durch die Liste scrollen. Der 3D-Effekt zeigt die zuletzt verwendeten Apps ganz oben auf dem Stapel. Tippen Sie auf das *x*-Symbol im Titelbalken einer der angezeigten Apps, wird diese aus der Liste entfernt.

Die Liste aktuell verwendeter Apps (kurzes Drücken) und Bildschirmteilung (langes Drücken).

Langes Drücken dieser Taste ermöglicht es, den Bildschirm zu teilen und zwei Apps gleichzeitig anzuzeigen. Dies funktioniert nicht mit allen Apps. Befinden Sie sich in einer App, die diese Funktion unterstützt, reduziert sie sich auf die obere Bildschirmhälfte. In der unteren Hälfte können Sie dann eine weitere App auswählen.

Zurück-Taste (rechts)

Mit der Zurück-Taste geht man immer einen Schritt zurück. Die meisten Apps unterstützen diese Taste auf eigene Weise. So gelangt man zum Beispiel im Browser zur zuletzt angezeigten Webseite zurück. In einigen Dateimanagern kommt man damit eine Ordnerebene nach oben. Langes Drücken der Zurück-Taste kann ebenfalls von jeder App anders genutzt werden. Das entscheiden die App-Entwickler, hier gibt es keinen Standard.

Wetter auf dem Startbildschirm

Beim ersten Start des Samsung Galaxy S7 ist auf dem Startbildschirm links oben ein Wettersymbol zu sehen, das aber keine Daten anzeigt. Tippen Sie einmal darauf und bestätigen Sie die Standortabfrage. Dann zeigt dieses Symbol in Zukunft das aktuelle Wetter an Ihrem aktuellen Standort an.

Wetter-Symbol auf dem Startbildschirm.

Detaillierte Wettervorhersage beim Antippen des Wetter-Widgets auf dem Startbildschirm.

Wenn das Symbol das Wetter anzeigt, können Sie darauf tippen und eine detaillierte Wettervorhersage für den jeweiligen Ort sehen. Das *Hinzufügen-*

Symbol oben in dieser Detailansicht ermöglicht es, neben dem aktuellen Standort auch persönliche Lieblingsorte hinzuzufügen, die dann in der Liste der Wetter-App mit angezeigt werden. Eine senkrechte Wischbewegung auf dem Wettersymbol auf dem Startbildschirm wechselt dort zwischen den voreingestellten Orten.

Die Benachrichtigungsleiste

Kommt eine E-Mail oder eine SMS an oder möchte der Kalender an einen Termin erinnern, geschieht dies über die Benachrichtigungsleiste am oberen Bildschirmrand, ohne dass Meldungen mitten auf dem Bildschirm die Nutzung des Smartphones einschränken. In den meisten Fällen ertönt zusätzlich ein Signalton. Auch wenn eine Datei aus dem Internet heruntergeladen oder eine App aus Google Play installiert wurde, wird dies in der Benachrichtigungsleiste angezeigt. Am oberen Bildschirmrand links erscheinen entsprechende Benachrichtigungssymbole.

Benachrichtigungsleiste nach unten ziehen.

Die Leiste oben bleibt immer eingeblendet, egal, in welcher App man sich gerade befindet. Nur die Kamera und einige Spiele im Vollbildmodus blenden diese Leiste aus. Tippen Sie auf den oberen Bildschirmrand und ziehen Sie die

Benachrichtigungsleiste nach unten, um die einzelnen Benachrichtigungen zu sehen. Eine umgekehrte Wischbewegung nach oben klappt die Benachrichtigungsleiste wieder zu.

Jetzt können Sie einzelne Benachrichtigungen direkt antippen, um zum Beispiel eine E-Mail zu lesen oder eine heruntergeladene Datei zu öffnen. Möchten Sie einzelne Benachrichtigungen entfernen, ohne die entsprechende App zu öffnen, halten Sie den Finger darauf und ziehen die Benachrichtigung nach links oder rechts aus dem Bildschirm heraus.

Die Schnelleinstellungen

Die Statusleiste, der rechte Teil der Benachrichtigungsleiste am oberen Bildschirmrand, zeigt Informationen zur WLAN- und Mobilfunk-Signalstärke, den Akkuladestand sowie die aktuelle Uhrzeit an. In den *Einstellungen* auf dem Samsung Galaxy S7 können Sie diverse Systemparameter nach persönlichen Nutzergewohnheiten anpassen. Allerdings sind es nur wenige Einstellungen, die man im Alltag regelmäßig braucht. Diese sind auf dem Samsung Galaxy S7 besonders schnell erreichbar.

Ziehen Sie die Benachrichtigungsleiste nach unten, erscheint ganz oben eine Symbolleiste, in der Sie wichtige Systemkomponenten wie *WLAN*, *GPS*, *Ton*, *Bildschirm drehen* oder den Energiesparmodus einfach ein- und ausschalten können. Ist ein Symbol nur blassgrau dargestellt, ist die jeweilige Funktion ausgeschaltet. Auf diese Weise können Sie die größten Stromfresser des Smartphones, WLAN und GPS, wenn Sie diese nicht benötigen, einfach abschalten.

Schieben Sie die Symbolleiste nach links, erscheinen rechts weitere Symbole für wichtige Systemkomponenten. Halten Sie den Finger länger auf einem Symbol, kommen Sie zu den jeweiligen Einstellungen dieser Komponente.

Systemkomponenten über die Schnelleinstellungen in der heruntergezogenen Benachrichtigungsleiste ein- und ausschalten.

Samsung hat das Design und auch die Funktionalität dieser Schnelleinstellungen gegenüber dem Standard-Android erheblich verändert.

Die Bildschirmhelligkeit kann mit einem Schieberegler stufenlos eingestellt werden. In dunklen Räumen reicht die geringste Stufe fast immer aus, im Freien bei Tageslicht braucht man häufig die höchste Stufe, die allerdings auch den meisten Strom verbraucht. Der Schalter *Auto* regelt die Bildschirmhelligkeit automatisch anhand der Umgebungshelligkeit.

WLAN
default

Das *WLAN*-Symbol zeigt den Namen des verbundenen WLANs. Tippen Sie einfach auf das Symbol, um das WLAN aus- oder einzuschalten. Auf diese Weise können Sie unterwegs ohne WLAN deutlich Strom sparen. Halten Sie den Finger länger darauf, kommen Sie zu den WLAN-Einstellungen, über die Sie ein anderes WLAN auswählen oder einen Schlüssel eingeben können.

GPS

Das Symbol *GPS* schaltet GPS und die Standortdienste ein oder aus. Viele Apps können erst dann sinnvoll genutzt werden, wenn sie wissen, wo Sie sich aktuell aufhalten. Dies gilt nicht nur für Navigationssysteme, auch die Suche ist mit Standortangabe deutlich hilfreicher, wenn es z. B. darum geht, Läden, Restaurants, Haltestellen oder Geldautomaten zu finden. Foto-Apps können den Standort in Bilder eintragen, um diese in Onlinegalerien auf Landkarten zu positionieren.

Allerdings verbrauchen die Standortdienste, die im Hintergrund GPS- und WLAN-Daten auswerten, auch einiges an Strom und können, wenn sie nicht genutzt werden, ausgeschaltet werden. Halten Sie den Finger länger auf diesem Symbol, können Sie festlegen, welche Dienste zur Standortermittlung genutzt werden sollen.

> **TIPP:** Überlegen Sie sich genau, ob Sie die Standortdaten wirklich ausschalten. Sie helfen nämlich auch dabei, ein verlorenes oder gestohlenes Handy zu orten und eventuell wiederzufinden. Nähere Informationen dazu finden Sie in Kapitel 10.

Ton

Das Symbol *Ton* schaltet auf Vibrationsalarm oder komplett lautlos. Die Lautstärke lässt sich mit den Lautstärketasten an der linken Geräteseite einstellen. Halten Sie den Finger länger auf diesem Symbol, kommen Sie in den *Einstellungen*-Bildschirm zur Auswahl von Klingeltönen, Benachrichtigungen und Soundeffekten.

Bluetooth

Da Bluetooth extrem viel Strom verbraucht, sollten Sie es nur einschalten, wenn Sie es wirklich benötigen. Halten Sie den Finger länger auf diesem Symbol, erscheint bei eingeschaltetem Bluetooth die Liste der sichtbaren Bluetooth-Geräte in der Umgebung. Hier können Sie ein Gerät zur Verbindung auswählen.

Über das Symbol *Mobile Daten* lässt sich die Datenübertragung per Mobilfunkverbindung abschalten, wenn Sie zum Beispiel im Ausland teure Roamingkosten vermeiden möchten oder um zu verhindern, dass zu Hause, wo das Smartphone normalerweise WLAN-Empfang haben sollte, versehentlich große Datenmengen über Mobilfunk übertragen werden.

Mobile Daten

Das Symbol *Offline-Modus* schaltet alle Funkverbindungen aus, WLAN, Bluetooth, NFC und natürlich auch das Mobilfunknetz. In diesem Modus, auch als Flugmodus bezeichnet, kann das Smartphone im Flugzeug oder an anderen Orten verwendet werden, an denen keine Funksignale zulässig sind, wie z. B. auch in einigen wissenschaftlichen Labors oder Intensivstationen von Krankenhäusern. Im Alltag empfiehlt sich der Flugmodus, um Strom zu sparen, wenn man unterwegs in schnell fahrenden Zügen, in Kellern oder abgelegenen Regionen ohnehin keine Internetverbindung hat.

Offline-Modus

Verschiedene Hersteller bieten Apps an, die die Fotoleuchte ein- und ausschalten, um das Smartphone als Taschenlampe zu verwenden. Die meisten dieser Apps scheinen im Wesentlichen dazu zu dienen, das Smartphone regelmäßig mit Werbung zu überfluten. Einige sind sogar schon in puncto Datenschutz in die Kritik geraten, da sie im Hintergrund Benutzerdaten sammeln. Samsung löst dieses Problem sehr elegant, indem in den Schnelleinstellungen ein Schalter angeboten wird, mit dem man jederzeit die Fotoleuchte ein- und wieder ausschalten kann.

Taschen-lampe

Schnelleinstellungen anpassen

Tippen Sie auf das Pfeilsymbol ganz oben rechts in den Schnelleinstellungen, erscheint eine Palette mit weiteren Schnelleinstellungssymbolen, die Sie hier sofort verwenden können.

Benötigen Sie bestimmte Schnelleinstellungen häufiger, haben Sie die Möglichkeit, die Symbole, die beim Herunterziehen der Benachrichtigungsleiste erscheinen, auszutauschen. Tippen Sie oben rechts auf *BEARBEITEN* und ziehen Sie durch längeres Antippen Symbole aus dem unteren Bereich nach oben in den etwas dunkleren Bereich. Dort können Sie per Drag-and-drop auch die Reihenfolge verändern. Tippen Sie zum Schluss auf *FERTIG*, um diesen Bildschirm zu verlassen und die Änderungen zu speichern.

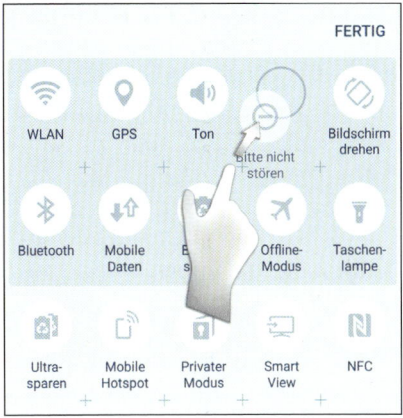

Symbolleiste der Schnelleinstellungen anpassen.

Alle Einstellungen schnell zugänglich

Android enthält seit der ersten Version eine System-App, in der Sie alle Einstellungen des Smartphones finden. Auf dem Samsung Galaxy S7 brauchen Sie diese App nicht aus der Apps-Liste zu starten – tippen Sie einfach auf das *Einstellun-gen*-Symbol ganz oben in den Schnelleinstellungen.

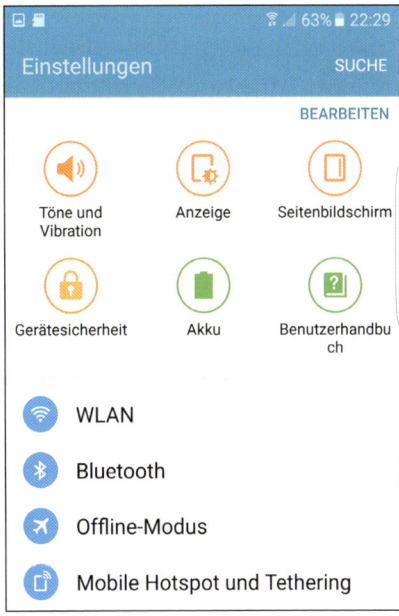

Einstellungen über das Schnelleinstellungen-Symbol aufrufen.

Datum und Uhrzeit richtig einstellen

Prüfen Sie bei dieser Gelegenheit gleich, ob Datum und Uhrzeit auf dem Smartphone richtig eingestellt sind. Eine falsch gehende Uhr ist nicht nur lästig, sondern kann auch zu Fehlern mit Zeitstempeln bei internationalen Onlinediensten und beim E-Mail-Versand führen.

1. Wischen Sie in den *Einstellungen* nach unten in den Bereich der grünen Symbole und tippen Sie dort auf *Datum und Uhrzeit*.

2. Das Samsung Galaxy S7 ist so vorkonfiguriert, dass es Datum, Uhrzeit und Zeitzone aus dem Netzwerk bezieht. Leider kommt es immer wieder vor, dass Netzbetreiber hier falsche oder gar keine Informationen übertragen.

Datum und Uhrzeit in den Einstellungen.

3. Sollte die angezeigte Zeit oder das Datum falsch sein, tippen Sie oben auf *Automatisch Datum und Uhrzeit*, um die Automatik auszuschalten. Tippen Sie dann auf die Zeile *Uhrzeit einstellen*. In der unteren Bildschirmhälfte können Sie die Stunden und Minuten richtig einstellen.

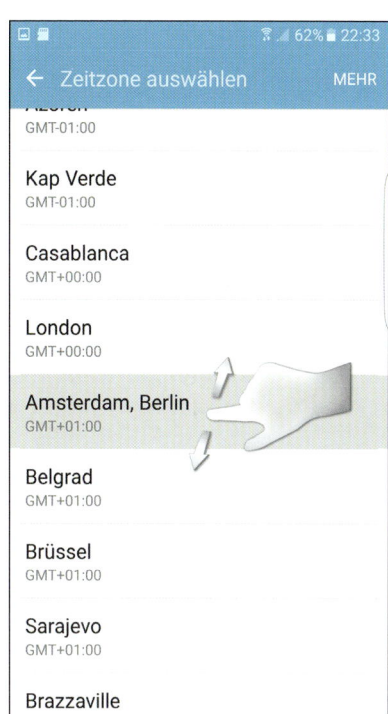

Uhrzeit und Zeitzone auf dem Samsung Galaxy S7 einstellen.

4. Auf die gleiche Weise legen Sie auch das Datum fest, wenn es nicht automatisch richtig übernommen wurde.

5. Wählen Sie in jedem Fall auch die richtige Zeitzone *Amsterdam, Berlin* aus. Im Winter gilt hier die Zeit *GMT+01:00*, im Sommer *GMT+02:00*.

6. Legen Sie an dieser Stelle auch das 24-Stunden-Format zur Anzeige der Uhrzeit fest, sonst würde z. B. *16:00* als *04:00* angezeigt. Diese Einstellungen gelten überall auf dem Smartphone, wo Datum und Uhrzeit angezeigt werden.

Der Sperrbildschirm

Um ein versehentliches Aktivieren durch Berührung zu verhindern, wird beim Drücken der Einschalttaste im gesperrten Zustand zunächst der Sperrbildschirm eingeblendet. Dieser zeigt Uhrzeit, Datum, Wetter und Akkuladestand sowie eventuelle Benachrichtigungen über eingegangene E-Mails und andere Nachrichten an.

Sperrbildschirm freigeben oder Telefon starten.

Um den Bildschirm freizugeben und das Smartphone normal benutzen zu können, wischen Sie auf dem Sperrbildschirm mit dem Finger. Wischen Sie auf dem Sperrbildschirm von links unten nach rechts, öffnet sich die Telefon-App. Wischen Sie von rechts unten nach links, öffnet sich die Kamera.

Der neue Always-On-Bildschirm

Das Samsung Galaxy S7 zeigt im Ruhezustand, wenn andere Smartphones einen schwarzen Bildschirm zeigen, die Uhrzeit oder einen Kalender sowie den aktuellen Ladestand des Akkus an. Der Bildschirm wird dazu in einen extrem stromsparenden Modus versetzt und reagiert auch nicht auf Berührung.

In den *Einstellungen* unter *Anzeige/Always On Display* wählen Sie aus, was angezeigt werden soll. Dabei werden für Uhr und Kalender unterschiedliche Darstellungsstile angeboten.

Einstellungen für das Always On Display.

Die Benachrichtigungen

Kommt ein Anruf oder eine Nachricht an oder hat eine App etwas Wichtiges zu melden, erscheinen Benachrichtigungen, wenn man die Benachrichtigungsleiste herunterzieht. Benachrichtigungen können sogar auf dem Sperrbildschirm eingeblendet werden.

Benachrichtigungen beantworten

In der heruntergezogenen Benachrichtigungsleiste können Sie einfach auf eine Benachrichtigung tippen, um sie zu öffnen und bei Bedarf darauf zu antworten. Auf dem Sperrbildschirm müssen Sie die Benachrichtigung ein Stück nach unten ziehen, um sie zu öffnen.

In den *Einstellungen* unter *Gerätesicherheit/Nachrichten auf dem Sperrbildschirm* legen Sie fest, ob Benachrichtigungen auch auf dem Sperrbildschirm erscheinen sollen und ob diese auch die Inhalte der Benachrichtigungen oder nur die Überschriften anzeigen sollen. In der Liste können Sie bestimmte Apps ausschalten, die auf dem Sperrbildschirm keine Benachrichtigungen anzeigen sollen, zum Beispiel Apps, die über sinnlose Benachrichtigungen nur auf sich aufmerksam machen wollen.

Benachrichtigungen auf dem Sperrbildschirm und bei heruntergezogener Benachrichtigungsleiste.

Einstellungen für Benachrichtigungen auf dem Sperrbildschirm.

App-Benachrichtigungen einstellen

Unter *App-Benachrichtigungen* können Sie für jede App einzeln festlegen, ob diese App generell Benachrichtigungen ausgeben darf oder nicht. Auf diese Weise können Sie lästige Werbebenachrichtigungen von Spielen oder anderen Freeware-Apps unterbinden.

 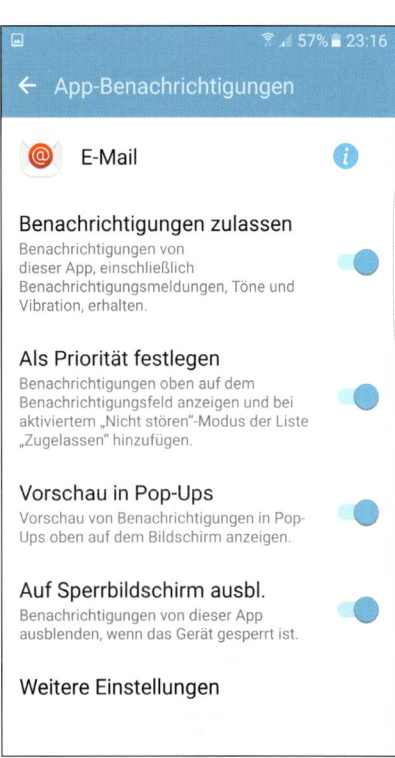

Benachrichtigungen und erweiterte Benachrichtigungseinstellungen für einzelne Apps festlegen.

Im Modus *Erweitert* können Sie Apps mit Priorität festlegen, die auch im Nicht-stören-Modus Benachrichtigungen ausgeben dürfen. Außerdem stellen Sie hier detailliert ein, ob die Apps auf dem Sperrbildschirm Benachrichtigungen zeigen und ob in den Benachrichtigungen Vorschauen auf den Inhalt enthalten sein sollen.

Ruhe vor dem Handy – Bitte nicht stören

Benachrichtigungen auf dem Smartphone können interessant, aber auch lästig sein. Nicht immer möchte man ständig durch Nachrichten unterbrochen werden. Nachts oder auch beim Betrachten eines Films oder beim Spielen sollen nur wirklich wichtige Unterbrechungen erscheinen.

Über das Symbol *Bitte nicht stören* in den Schnelleinstellungen lässt sich das Samsung Galaxy S7 in einen Ruhemodus versetzen, in dem nur noch wichtige oder auch gar keine Benachrichtigungen mehr auf dem Display erscheinen. Halten Sie den Finger länger auf dieses Symbol, kommen Sie zu den Einstellungen für den Nicht-stören-Modus.

Bitte nicht stören

Zur Erinnerung, dass der Nicht-stören-Modus aktiv ist, befindet sich in der Symbolleiste am oberen Bildschirmrand ein Nicht-stören-Symbol und es erscheint eine Benachrichtigung, in der sich dieser Modus jederzeit wieder deaktivieren lässt.

Einstellungen für den Nicht-stören-Modus.

Der Nicht-stören-Modus kann manuell oder auch automatisch zeitgesteuert aktiviert werden. Diese Einstellungen erreichen Sie durch längeres Halten des Nicht-stören-Symbols. Legen Sie einen Zeitplan fest, an welchen Wochentagen und zu welchen Zeiten das Handy nicht stören soll.

Im Nicht-stören-Modus können Sie Ausnahmen festlegen, dass zum Beispiel Anrufe und Alarme weiterhin klingeln dürfen, die zahlreichen Benachrichtigungen von Apps und E-Mails aber wegfallen. Bei Anrufen und Nachrichten haben Sie die Wahl, ob alle Anrufe von Kontakten im Adressbuch oder nur von den mit einem Sternchen als wichtig markierten Kontakten Unterbrechungen anzeigen dürfen.

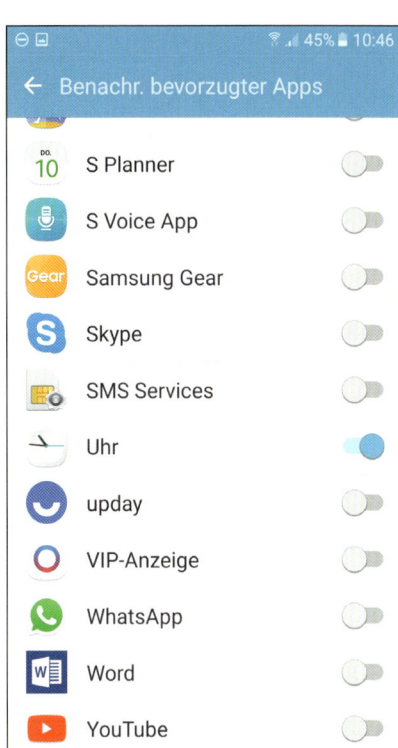

Ausnahmen für den Nicht-stören-Modus festlegen.

Ruhig schlafen und Wecker hören

Im Gegensatz zum Standard-Android gelten Alarme des Weckers auf dem Samsung Galaxy S7 nicht automatisch als Ausnahme. Es gibt jetzt aber auf der Seite *Ausnahmen zulassen* einen eigenen Schalter, um Wecker-Alarme im Nicht-stören-Modus zuzulassen. Dann können Sie in der Nacht den Nicht-stören-Modus aktivieren und alle Benachrichtigungen abschalten, aber trotzdem morgens den Wecker hören. Auch ein persönlicher Weckruf der Freundin ist möglich. Schalten Sie dazu unter *Anrufe von* auf die Option *Nur bevorzugte Kontakte*. Wenn Sie jetzt im Adressbuch nur eine einzige Person als Favoriten markieren, kann niemand anderes Sie morgens aus dem Schlaf reißen.

Tipps zur Bildschirmtastatur

Das Samsung Galaxy S7 hat wie die meisten Android-Smartphones keine wirkliche Tastatur. Beim Antippen eines Texteingabefeldes erscheint dafür automatisch eine Bildschirmtastatur, auf der Buchstaben, Ziffern und auch Sonderzeichen eingegeben werden können.

Bildschirmtastatur für Klein- und Großbuchstaben.

Ein angetippter Buchstabe wird vor dem Loslassen deutlich hervorgehoben, um Tippfehler zu vermeiden. Oberhalb der Tastatur werden beim Tippen Wortvorschläge gemacht, die Sie antippen und damit übernehmen können. Hat man sich an diese Vorschläge einmal gewöhnt, schreibt es sich deutlich schneller, da längst nicht mehr jedes Wort vollständig eingegeben werden muss.

Zur Eingabe von Großbuchstaben muss zuerst die ⬆-Taste links unten angetippt werden, die die Bildschirmtastatur für den nächsten Buchstaben auf Großbuchstaben umschaltet. Tippt man zweimal auf die ⬆-Taste, wird diese farbig hervorgehoben und die Großschreibung wird festgestellt, bis man sie mit einem weiteren Antippen wieder löst. Auf dem PC bezeichnet man die gleiche Funktion als Feststelltaste oder Caps Lock.

Zur Eingabe von Umlauten oder Buchstaben mit Akzent halten Sie den Finger länger auf dem jeweiligen Buchstaben. Es erscheint ein Zusatzfeld mit einer Auswahl von Varianten dieses Buchstabens. Auf diese Weise finden Sie auch das ß auf der Taste ⓢ. Bei einer Auswahl mehrerer Zeichen wird das eingegeben, auf dem Sie den Finger vom Bildschirm loslassen.

Umlaute und Sonderzeichen auf der Bildschirmtastatur eingeben.

Die Taste [Sym] schaltet auf ein Tastaturlayout zur Eingabe mathematischer und grafischer Sonderzeichen um. Dort bietet die Taste [1/2] eine weitere Sonderzeichentastatur mit selteneren Zeichen an. Von der Sonderzeichentastatur kommt man mit der Taste [ABC] links unten wieder zurück zur normalen Buchstabentastatur.

Bildschirmtastatur für Sonderzeichen.

Tippt man auf eine Stelle auf dem Bildschirm, an der keine Texteingabe möglich ist, verschwindet die Bildschirmtastatur automatisch wieder. Sie können diese auch jederzeit mit einem Druck auf das Zurück-Symbol ausblenden, wenn sie wichtige Bildschirmteile verdeckt.

Hoch- und Querformat

Beim Betrachten von Fotos oder Videos, in der Kamera-App und bei bestimmten Spielen ist der Querformatmodus nützlich. Halten Sie das Smartphone quer, schalten die meisten Apps auf eine Querformatdarstellung um. Einige Apps zeigen im Querformat andere Inhalte oder verwenden ein anderes Layout. So zeigt zum Beispiel der Taschenrechner im Querformat eine wissenschaftliche Tastatur. Andere Apps oder auch der Startbildschirm unterstützen die Umschaltung auf das Querformat dagegen nicht.

Zum flüssigen Schreiben von Texten ist die Bildschirmtastatur sehr klein. Hinzu kommt, dass man im Hochformat kaum mit zwei Fingern gleichzeitig auf dem Smartphone tippen kann. Halten Sie das Smartphone beim Schreiben quer, dreht sich der Bildschirminhalt automatisch und die Tastatur füllt die gesamte Bildschirmbreite, dafür verdeckt sie aber noch größere Teile des Bildschirms.

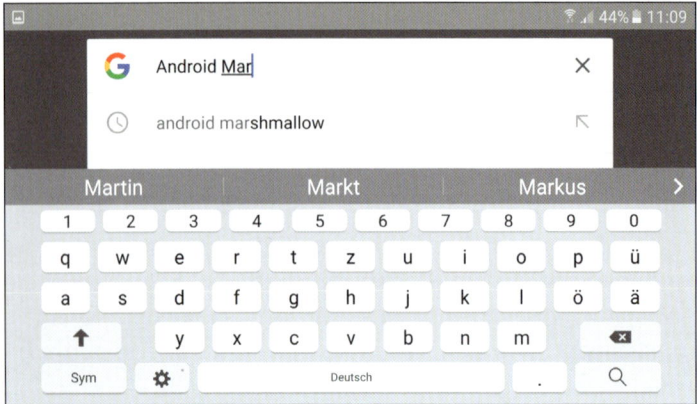

Die Bildschirmtastatur im Querformat .

Wenn Sie das automatische Drehen des Bildschirms beim Halten des Smartphones – z. B. beim Lesen im Bett – stört, tippen Sie auf das Symbol *Bildschirm drehen* und schalten damit die Bildschirmdrehung aus.

Bildschirm drehen

Telefonieren mit dem Samsung Galaxy S7

Wundern Sie sich nicht, dass erst an dieser Stelle im Buch erwähnt wird, dass man mit dem Samsung Galaxy S7 auch telefonieren kann. Telefonieren ist längst nicht mehr die wichtigste Funktion eines Smartphones, das heute als persönlicher, jederzeit verfügbarer Begleiter auch noch ganz andere Aufgaben erfüllt.

Die klassische grüne und rote Taste, die man von früheren Handys zum Telefonieren kennt, sind auf aktuellen Smartphones längst verschwunden. Der Startbildschirm zeigt – solange vom Benutzer nicht verändert – unten links ein Telefonsymbol an, das die Telefonfunktion des Samsung Galaxy S7 aufruft.

Jetzt können Sie über eine Zifferntastatur auf dem Touchscreen wählen. Nach dem Tippen einiger Ziffern wird eine Liste mit Kontakten aus dem Adressbuch angezeigt, deren Telefonnummer die eingegebene Ziffernfolge enthält.

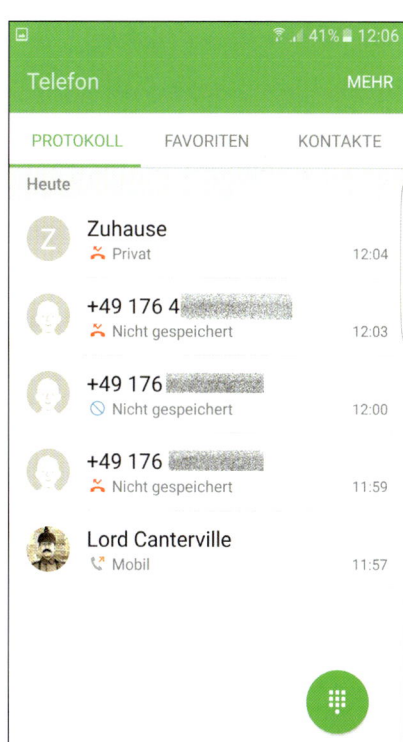

Die Telefonfunktion auf dem Samsung Galaxy S7 beim Wählen und die Anrufliste.

> **TIPP:** Kennen Sie die Telefonnummer einer Person nicht auswendig, verwenden Sie die Buchstaben auf der Zifferntastatur und tippen damit den Namen ein. Auch hier werden sofort passende Kontakte angezeigt.

Haben Sie mit der Person, die Sie anrufen möchten, schon einmal gesprochen, können Sie die Anrufliste auf dem Smartphone verwenden. Tippen Sie dazu oben in der Telefon-App auf *Protokoll*. Dann erscheint eine Liste der zuletzt gewählten Nummern und der eingegangenen Anrufe, in der Sie einfach nur auf einen Anruf zu tippen brauchen, um die betreffende Person wieder anzurufen.

Tippen Sie anschließend auf das Telefonsymbol, um die Verbindung aufzubauen. Noch einfacher geht es, wenn Sie mit dem Finger von links nach rechts über einen Eintrag im Anrufprotokoll streifen. Damit rufen Sie die Person an, ohne noch eine weitere Taste drücken zu müssen.

Statt eine Nummer zu wählen, können Sie auch über das Symbol *Kontakte* rechts oben in der Telefon-App eine Person im Adressbuch suchen und anrufen.

Kurzwahl mit Bildern

Bei den meisten Menschen beschränkt sich die alltägliche Kommunikation auf weniger als zehn Personen, obwohl im Adressbuch des Telefons Hunderte gespeichert sind. Der Kurzwahlbildschirm *Favoriten* in der Telefon-App macht sich diese Tatsache zunutze und zeigt wichtige Kontaktpersonen übersichtlich auf dem Bildschirm an. Tippen Sie auf eines der Bilder, um die jeweilige Person anzurufen.

Links: der Kurzwahlbildschirm, rechts: Kontakt in der Kontakte-App markieren.

Möchten Sie eine neue Person auf den Kurzwahlbildschirm legen, tippen Sie oben auf *Hinzufügen* und suchen dort die gewünschte Person. Stattdessen können Sie auch in der Kontakte-App auf das Sternchen oben rechts im Kontaktbild der Person tippen. Jetzt erscheint diese Person automatisch auf dem Kurzwahlbildschirm. Im unteren Bereich des Bildschirms werden häufig kontaktierte Personen automatisch aufgelistet.

Tippen Sie länger auf ein Bild, können Sie einzelne Bilder vom Kurzwahlbildschirm entfernen. Die entfernten Personen bleiben aber weiterhin im Adressbuch eingetragen.

Das Telefon klingelt

Klingelt das Telefon, weil jemand anruft, erscheinen automatisch Kontaktbild und Name der Person, soweit diese im Adressbuch gespeichert sind, sowie die Telefonnummer auf dem Bildschirm.

Ziehen Sie das grüne Telefonsymbol in Richtung Mitte des Bildschirms, um das Gespräch anzunehmen, oder ziehen Sie das rote Telefonsymbol in die Mitte, um das Gespräch abzulehnen.

 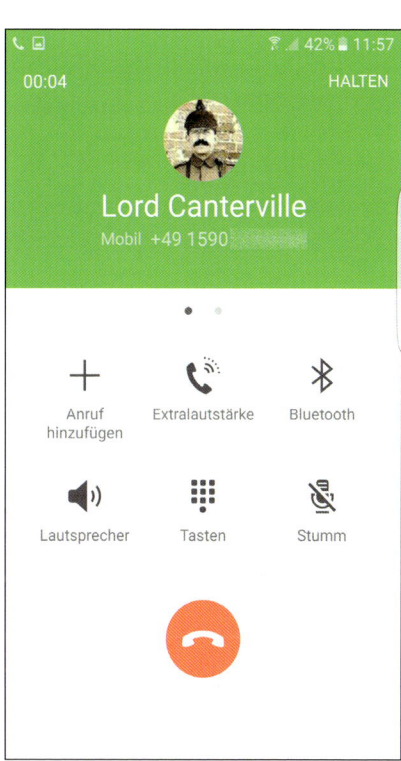

Eingehender Anruf und Bildschirm während eines Anrufs.

Funktionen während des Gesprächs

Während des Gesprächs werden Telefonnummer und Gesprächsdauer angezeigt. Ist zu der angerufenen Person ein Foto im Adressbuch hinterlegt, erscheint dieses ebenfalls auf dem Bildschirm. Tippen Sie nach dem Gespräch auf das rote Symbol unten, um die Verbindung zu trennen, »den Hörer aufzulegen«, wie es früher hieß.

65

INFO: Das Samsung Galaxy S7 verfügt über einen Annäherungssensor, der den Bildschirm automatisch ausschaltet, sobald man das Gerät ans Ohr hält. Dies spart nicht nur Strom, sondern verhindert auch, dass man versehentlich durch Berührung mit dem Ohr eine Aktion auf dem Touchscreen auslöst. Nehmen Sie das Smartphone vom Ohr, wird der Bildschirm wieder benutzbar.

Die Symbole auf dem Anrufbildschirm stellen einige nützliche Funktionen während eines Telefongesprächs zur Verfügung.

Lautsprecher – schaltet den Lautsprecher ein, dann kann man das Smartphone auf den Tisch legen und frei sprechen, auch mit mehreren Personen im Raum.

Lautsprecher

Extralautstärke – schaltet das Telefon extra laut, um den Gesprächspartner auch in lauter Umgebung zu verstehen.

Extralautstärke

Stumm – schaltet das Mikrofon stumm, um Rückfragen zu stellen, die der Gesprächspartner nicht hört.

Stumm

Tasten – blendet eine Zifferntastatur ein, um zum Beispiel Sprachcomputer oder Mailboxen per Tonwahl zu steuern oder um bei Callthrough-Anbietern während des Gesprächs eine weitere Telefonnummer zu wählen.

Tasten

Anruf hinzufügen – startet eine Telefonkonferenz. Jetzt können Sie weitere Personen zum Gespräch hinzufügen.

Anruf hinzufügen

Bluetooth – verbindet mit einem Bluetooth-Headset.

Bluetooth

Schieben Sie den Anrufbildschirm nach links, erscheint rechts daneben eine zweite Bildschirmseite, auf der Sie schnellen Zugriff auf Apps haben, die man während des Gesprächs gebrauchen kann: E-Mail, SMS, Internetbrowser, Kontakte, Kalender und Memo.

Nach dem Gespräch erscheint ein Bildschirm, der ebenfalls Symbole wichtiger Apps zeigt, die man häufig nach einem Telefongespräch braucht.

Links: Apps während des Gesprächs starten, rechts: Bildschirm nach dem Gespräch.

Entgangene Anrufe

Haben Sie einen Anruf auf dem Smartphone verpasst, wird dies in der Benachrichtigungsleiste und auch auf dem Sperrbildschirm angezeigt. So sehen Sie sofort, ob und wann jemand in Abwesenheit angerufen hat.

Entgangene Anrufe auf dem Sperrbildschirm und in der Benachrichtigungsleiste.

Wenn oben links ein Symbol für entgangene Anrufe erscheint, ziehen Sie die Benachrichtigungsleiste herunter. In der Benachrichtigung können Sie direkt zurückrufen oder dem Anrufer eine SMS schreiben.

Das Symbol der Telefon-App zeigt verpasste Anrufe auffällig an.

Klingelton auswählen

Klingeltöne auf dem Handy sind für viele etwas ganz Persönliches und müssen je nach Tagesstimmung geändert werden. Anderen kommt es eher darauf an, einen im Alltag deutlich hörbaren Klingelton zu verwenden, oder einen, mit dem nicht 100 andere Handys in der Umgebung klingeln. Früher gab es sogar Leute – und nicht gerade wenige –, die für Klingeltöne Geld ausgegeben haben. Das Samsung Galaxy S7 liefert diverse Klingeltöne mit.

Tippen Sie in den *Einstellungen* oben auf das Schnelleinstellungssymbol *Töne und Vibration*. Wählen Sie auf dem nächsten Bildschirm *Klingeltöne und Sounds*. Tippen Sie auf *Klingelton*, um einen Klingelton auszuwählen.

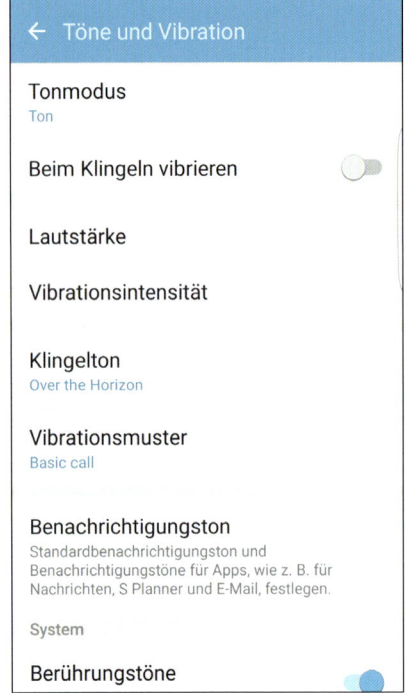

Klingelton aussuchen.

Auf der gleichen Seite wählen Sie auch die Töne für Benachrichtigungen, SMS und Termine. Hier legen Sie zudem fest, ob beim Eintippen von Telefonnummern Tastentöne zu hören sein sollen und ob das Telefon zusätzlich zum Klingeln auch vibrieren soll.

Die Klingeltonlautstärke stellen Sie mit den Lautstärketasten an der Seite des Smartphones ein. Dazu müssen Sie sich in der Telefon-App oder auf dem Startbildschirm befinden, da Android zwischen Klingeltonlautstärke und Medienlautstärke unterscheidet. Im Musikplayer oder in einem Spiel regeln diese Tasten die Medienlautstärke.

Beim Drücken einer Lautstärketaste wird oben ein Schieberegler eingeblendet, der die aktuelle Lautstärke anzeigt. Tippen Sie ganz links auf den Lautsprecher, wird das Klingeln ausgeschaltet und auf Vibrationsalarm umgeschaltet. Tippen Sie rechts auf das Pfeilsymbol, erscheinen getrennte Schieberegler für Klingelton, Medienlautstärke, Benachrichtigungen und Systemtöne.

 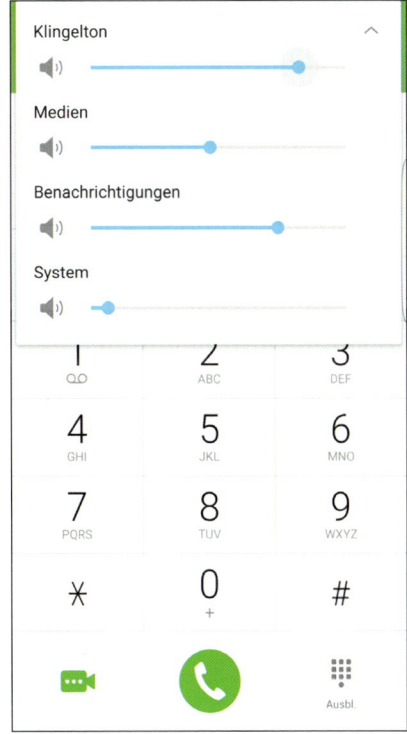

Lautstärke über die Lautstärketasten regeln.

Automatische SMS bei unpassenden Anrufen

Das Smartphone klingelt oft in unpassenden Momenten. Wenn man gerade in einer Konferenz ist oder beim Essen sitzt, möchte man zwar nicht gestört werden, den Anrufer aber auch nicht einfach »wegdrücken«. Das Samsung Galaxy S7 bietet hier Kurzantworten an, die mit einem Fingerstrich per SMS an einen Anrufer geschickt werden können. Allerdings sollten Sie diese Funktion nur bei Anrufen von Handys nutzen. SMS-Antworten an Festnetztelefone werden von den meisten Anrufern nicht verstanden.

Tippen Sie in der Telefon-App auf *Mehr* und wählen Sie im Menü nacheinander die Menüpunkte *Einstellungen/Anrufsperrung/Nachr. z. Anrufe ablehnen*. Hier sind einige Kurzantworten vordefiniert, die Sie ändern und ergänzen können.

Links: Kurzantworten bearbeiten, rechts: eingehenden Anruf mit Kurzantwort beantworten.

Wenn das Telefon klingelt, erscheint auf dem Bildschirm die Nummer oder der Name des Anrufers. Mit einer Wischgeste vom unteren Bildschirmrand nach oben erscheint eine Liste der vordefinierten Kurzantworten. Wählen Sie eine Kurzantwort aus, wird diese automatisch per SMS an den Anrufer geschickt. Über den Punkt *Neue Nachricht verfassen* können Sie selbst eine kurze SMS an den Anrufer tippen.

Rufumleitungen einrichten

Die von einfachen Handys bekannten Einstellungen zur Rufweiterleitung auf die Mailbox finden Sie über den Menüpunkt *Einstellungen* in der Telefon-App. Wählen Sie hier *Weitere Einstellungen/Rufumleitung/Sprachanruf*.

Einstellungen zur automatischen Rufumleitung.

Jetzt können Sie für *besetzt*, *keine Antwort* oder *nicht erreichbar* unterschiedliche Rufumleitungen festlegen. Bei den meisten SIM-Karten sind standardmäßig Umleitungen auf die Mailbox voreingestellt.

> **ACHTUNG:** Für Rufumleitungen können je nach Mobilfunkvertrag teilweise erhebliche Kosten entstehen. Viele Anbieter schließen umgeleitete Gespräche von der Flatrate aus, sodass die Weiterleitungen im teuren Minutentakt bezahlt werden müssen, obwohl Sie selbst gar nicht telefonieren.
>
> Die Rufumleitung wird direkt im Mobilfunknetz eingerichtet und ist nicht nur eine Einstellung auf dem Smartphone selbst. Das bedeutet, zur Einrichtung muss ausreichender Empfang vorhanden sein und der eigene Handyvertrag muss Rufumleitungen zulassen.

Unbekannte Anrufer identifizieren

Ruft eine Person an, die nicht in den Kontakten gespeichert ist, wird nur die Telefonnummer angezeigt. Samsung stellt auf dem Samsung Galaxy S7 einen eigenen Dienst zur Verfügung, der versucht, Anrufer anhand ihrer Telefonnummer zu identifizieren und dann den Namen anzuzeigen. Leider werden in Deutschland nur sehr wenige Telefonnummern gefunden, aber zumindest die Stadt und das Land des Anrufers werden angezeigt, was in vielen Fällen auch schon weiterhilft.

Um diesen Dienst nutzen zu können, tippen Sie auf *Identifizieren nicht gespeicherter Anrufer* und bestätigen die Datenschutzerklärung. Außerdem muss dem Dienst *SmartCallProvider* Zugriff auf die Kontakte gewährt werden, da er sonst nicht wissen kann, welche Kontakte gespeichert sind, und alle Anrufer nur noch mit ihrer Telefonnummer anzeigen würde.

Unbekannte Anrufer automatisch identifizieren.

Unerwünschte Anrufer blockieren

Das Samsung Galaxy S7 bietet in der Telefon-App die Möglichkeit, bestimmte Anrufer oder solche, die ihre Nummer nicht übertragen, standardmäßig abzuweisen. Android bietet diese Möglichkeit standardmäßig nicht. Hier hat Samsung die Funktionen erweitert.

Tippen Sie in der Telefon-App auf *Mehr* und wählen Sie im Menü nacheinander die Menüpunkte *Einstellungen/Anrufsperrung/Sperrliste*.

Tragen Sie hier die Telefonnummern ein, die automatisch abgewiesen werden sollen. Sie können die Nummern auch aus dem Anrufprotokoll oder aus der Kontaktliste auswählen. Aktivieren Sie noch den Schalter *Anonyme Anrufe sperren*, um alle Anrufer automatisch abzuweisen, die ihre Rufnummer unterdrücken.

Unerwünschte Anrufer automatisch abweisen.

Rufnummernunterdrückung

In den Telefoneinstellungen können Sie unter *Weitere Einstellungen/Eigene Rufnummer anzeigen* bei Bedarf die Anzeige Ihrer Rufnummer bei der angerufenen Person unterdrücken.

Kein Freibrief für illegale Aktivitäten

Eine ausgeschaltete Rufnummer ist kein Freibrief für kriminelle Aktivitäten am Telefon. Die Rufnummer wird bei jedem Gespräch übertragen, bei abgeschalteter Anrufer-ID wird nur zusätzlich ein spezielles Signal gesendet, das das Telefon des Gesprächspartners anweist, die Nummer nicht zu zeigen. Die Notrufzentralen von Feuerwehr, Rettungsdiensten und Polizei sehen die Nummer trotzdem. Auch in den Anrufprotokollen der Telefongesellschaften taucht die Nummer weiterhin auf. Nach dem *Gesetz zur Bekämpfung unlauterer Telefonwerbung und zur Verbesserung des Verbraucherschutzes* sind Anrufe von Firmen und Geschäftstreibenden mit unterdrückter Rufnummer aus Deutschland nicht mehr zulässig.

Eigene Telefonnummer herausfinden

Seit man alle Telefonnummern nur noch in Kontaktlisten speichert und kaum noch eine Nummer eintippt, wissen viele Anwender nicht einmal mehr ihre eigene Handynummer auswendig. Wer mehrere SIM-Karten und mehrere Handys hat, kommt schnell durcheinander. Früher war es oft der einfachste Weg, mit einem Handy das andere anzurufen, um die Nummer zu erfahren, da die Geräte selbst oft keine Möglichkeit boten, die Telefonnummer der eingesteckten SIM-Karte anzuzeigen. Das Samsung Galaxy S7 zeigt in den *Einstellungen* ganz unten unter *Geräteinformationen/Status/SIM-Kartenstatus* die eigene Telefonnummer an.

Tipps zur Wahl eines Tarifs für Android-Smartphones

Wer sich noch an die Mobilfunktarife vor einigen Jahren erinnert, kommt bei dem Gedanken, mit einem Smartphone permanent online zu sein, schnell ins Schwitzen. Heute ist mobiles Internet mit dem geeigneten Tarif aber für jeden erschwinglich.

Der mobile Internetzugang per UMTS, HSPA und auch LTE wird heute fast überall nach verbrauchtem Datenvolumen abgerechnet und nicht mehr nach Onlinezeit, wie es früher bei den ersten Handys der Fall war. Zur Ermittlung des Datenverbrauchs spielt es keine Rolle, ob Daten aus dem Internet heruntergeladen oder vom Smartphone gesendet werden, wie z. B. E-Mails oder Fotos, die man bei Facebook hochlädt. Jedes MByte zählt. Bei den typischen 24 Cent/ MByte ist die sporadische Internetnutzung eines einfachen Handys, mit dem man mal kurz E-Mails abruft oder sich eine Fahrplanauskunft holt, kein großes finanzielles Problem. Hier kommen bei durchschnittlicher Nutzung im Monat meist nicht einmal 10 MByte zusammen. Bei Android-Smartphones, die permanent im Internet sind und allein für reine Hintergrundaktivitäten jeden Monat etwa 100–200 MByte Datenvolumen verbrauchen, kann es allerdings schnell sehr teuer werden – zumal Smartphone-Apps darauf ausgelegt sind, ihre Daten aus dem Netz zu holen oder auch in der Cloud abzulegen.

Datenpakete mit 200 MByte, 500 MByte oder gar 1 GByte, die bei den meisten Prepaid-Anbietern zum Handytarif dazugebucht werden können, bieten bei Vorabbezahlung einen deutlich günstigeren Preis pro MByte als der Standardtarif. Seit die Internetverbindung nicht mehr komplett getrennt, sondern nur noch drastisch abgebremst wird, bezeichnen fast alle Anbieter ihre Datentarife als Internetflatrate. Entscheidend für die Preisunterschiede ist das Datenvolumen, bei dem die Bremse zuschlägt.

Bis vor wenigen Jahren musste man die Datentarife zum Telefontarif dazukaufen oder Telefonminuten oder Flatrates zu einem Datentarif. Dabei war bei den meisten Anbietern nur die eine Tarifkomponente wirklich günstig, bei der anderen zahlte man deutlich mehr als bei anderen Anbietern. In letzter Zeit bieten fast alle Mobilfunknetzbetreiber spezielle Smartphone-Tarife an, die günstige Minutenpakete oder Flatrates zum Telefonieren mit einer Internetflatrate mit meist 200–300 MByte Inklusivvolumen kombinieren.

Diese Tarife sind ideal für alle, die ihr Smartphone eher durchschnittlich sowohl zum Telefonieren als auch fürs Internet nutzen, und auch für alle, die von einem einfachen Handy auf ein Smartphone umsteigen und nicht allein durch dessen Hintergrundaktivität in eine Kostenfalle tappen wollen. Wer überdurchschnittlich viel Internet nutzt oder sein Smartphone auch als Internetzugang fürs Notebook einsetzt, dafür aber wenig telefoniert, kommt mit einem speziellen Datentarif möglicherweise noch besser weg.

Heute werden die meisten Tarife nach dem Verbrauch des Datenvolumens nicht mehr gestoppt, sondern auf GPRS-Geschwindigkeit gebremst, sodass man nicht komplett vom Internet abgeschnitten ist, da viele Funktionen von Smartphones ohne Internetanbindung gar nicht mehr funktionieren. Man kann das Freivolumen zwar ohne zusätzliche Kosten überschreiten, wird dann aber vom flotten UMTS/HSDPA auf GPRS-Niveau heruntergebremst, was die Nutzung für den Rest des Monats unattraktiv macht und höchstens noch für E-Mails ohne Anhang und den aktuellen Wetterbericht reicht. Denn es handelt sich dabei nicht um eine Bremse von wenigen Prozent, sondern eher um ein »vor die Wand fahren« von theoretisch bis zu 300 Mbit/s bei LTE oder 32 Mbit/s bei HSPA+ (vergleichbar DSL 32.000) auf 64 Kbit/s (vergleichbar ISDN), also einen Geschwindigkeitsverlust von mehr als 99 %!

Tariftipps

Der derzeit (April 2016) günstigste Smartphone-Tarif im O2-Netz kostet mit 500 MByte Datenvolumen, 100 Freiminuten und 100 Frei-SMS 4,95 Euro im Monat: *bit.ly/DeutschlandSIM500*. Für Wenignutzer gibt es eine noch preisgünstigere Variante mit 200 MByte Datenvolumen, 50 Freiminuten und 50 Frei-SMS für 2,95 Euro im Monat: *bit.ly/DeutschlandSIM200*. Leider sind beide Tarife zwischenzeitlich immer mal wieder ausverkauft. GMX und Web. de bieten ihren Kunden (auch den Nutzern der kostenlosen E-Mail-Angebote) den derzeit günstigsten Smartphone-Tarif im D-Netz von Vodafone für 6,99 Euro im Monat an, mit 1.000 MByte Datenvolumen und 300 Freieinheiten, die als Gesprächsminuten oder SMS genutzt werden können.

Ein weiteres wichtiges Auswahlkriterium für einen Internettarif ist neben dem Preis die Netzqualität bzw. Verfügbarkeit in der Region, in der man das Smartphone vorrangig nutzen möchte. Telefonieren kann man inzwischen in Deutschland fast überall, mit dem Internetzugang über schnelles HSPA sieht es jedoch ganz anders aus. Während die D-Netze von Vodafone und Telekom fast flächendeckend UMTS/HSDPA oder auch LTE mit bis zu 50 Mbit/s, in Ballungszentren bis zu 300 Mbit/s bieten, hängen die E-Netze von O2 und ehemals E-Plus noch deutlich hinterher. Hier stehen HSDPA und auch UMTS nur in den großen Ballungsräumen zur Verfügung, in Kleinstädten muss man sich häufig mit GPRS zufriedengeben.

Auf dem flachen Land gibt es noch große Versorgungslücken, wo mobiles Internet überhaupt nicht möglich ist. Auf diesen weißen Flecken der deutschen Landkarte bieten die D-Netze zumindest noch GPRS-Anbindung. Die Netzbetreiber werben zwar mit sehr hohen Prozentzahlen, wie viele Einwohner Deutschlands mittlerweile schnelles Internet über HSDPA nutzen können, allerdings beziehen sich diese auf die Bevölkerung und deren Wohnorte, nicht auf die Fläche Deutschlands. 80 % der Deutschen wohnen auf 20 % der Landesfläche. Demnach blieben selbst bei 80 % UMTS-Versorgung der Bevölkerung theoretisch 80 % der Fläche unterversorgt.

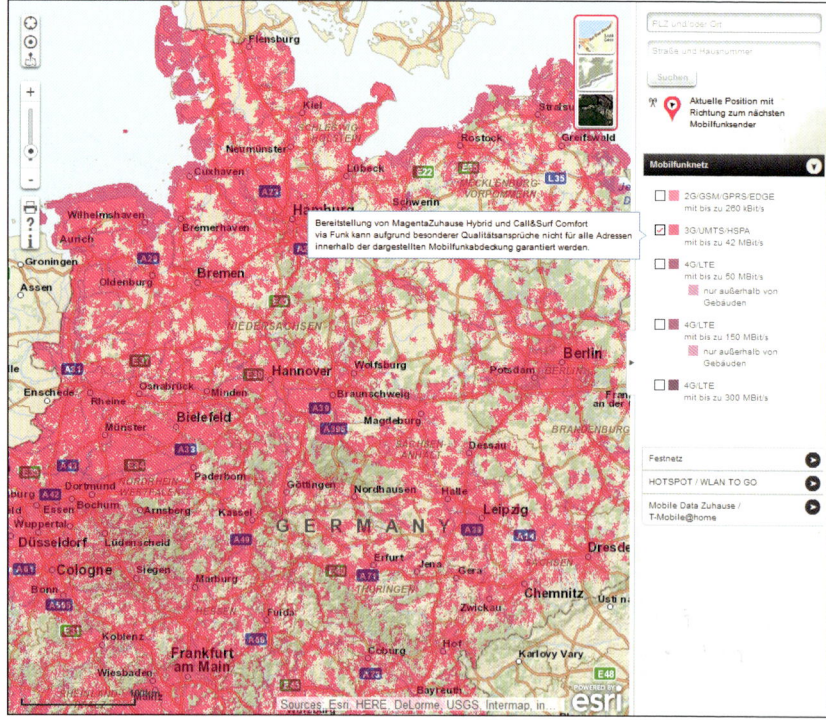

UMTS-Netzausbau der Telekom (Grafik: Telekom, Stand: März 2016).

In ländlichen Regionen und Mittelgebirgen sowie im Osten und äußersten Süden Deutschlands haben alle Mobilfunkprovider noch erhebliche Versorgungslücken im UMTS-Netz. In großstädtischen Ballungsräumen und den Tourismusregionen entlang der Küsten sind die Netze hingegen sehr gut ausgebaut. Das LTE-Netz ist mittlerweile an vielen Stellen besser ausgebaut, aber nur mit einem teureren LTE-Mobilfunkvertrag nutzbar.

Alle deutschen Netzbetreiber bieten interaktive Landkarten an, auf denen man die Netzabdeckung für GSM/GPRS, EDGE, UMTS, HSDPA und – wenn angeboten – auch LTE ablesen kann. Diese Angaben gelten natürlich immer unter optimalen Bedingungen im Freien ohne Verschattung durch Gebäude und ohne schnelle Bewegung.

Netzabdeckungskarten

Interaktive Karten zur Netzabdeckung der großen deutschen Mobilfunkanbieter:

Vodafone	*goo.gl/lR2oF*	E-Plus	*goo.gl/BU8WT4*
Telekom	*goo.gl/gp8ADp*	O2	*goo.gl/mbG1k*

LTE

Mit dem neuen Mobilfunkstandard LTE (Long Term Evolution = langfristige Entwicklung), auch als Mobilfunk der vierten Generation bezeichnet, sollen in erster Linie ländliche Regionen versorgt werden, in denen bisher keine DSL-Festnetzanschlüsse zur Verfügung standen. Anstatt über ein Telefonkabel kommt das Internetsignal dabei über Funk ins Haus und das mit theoretisch bis zu 300 Mbit/s. LTE wird zwar von den Netzbetreibern als Festnetzersatz vermarktet, basiert aber wie UMTS auf Mobilfunktechnik und kann sogar die vorhandene UMTS-Mobilfunk-Infrastruktur in Teilen mit verwenden.

Natürlich eignet sich diese Technik auch für den schnellen Internetzugang bei entsprechend ausgestatteten Smartphones. Voraussetzung ist, dass das Smartphone und der Mobilfunkvertrag LTE unterstützen.

Datennutzung ermitteln

Wegen der oft knapp begrenzten Flatrates in günstigen Mobilfunkverträgen ist die Anzeige der Datennutzung für viele Benutzer sehr interessant.

In den *Einstellungen* unter *Datennutzung* können Sie rechtzeitig abschätzen, wann das Freivolumen Ihrer Flatrate aufgebraucht ist und welche Apps den größten Datenverkehr verursachen. Damit diese Anzeige optimal nutzbar ist, stellen Sie den Tag des Monats ein, an dem Ihr Mobilfunkanbieter das monatliche Datenvolumen der Flatrate zurücksetzt. Diesen Tag finden Sie üblicherweise auf Ihrer Mobilfunkrechnung.

Datenverbrauch anzeigen.

Zum Vergleich können Sie über das Menü *MEHR* auch den Datenverbrauch im WLAN anzeigen lassen.

Adressbuch – Kontakte

Seit den ersten Handys kann man dort seine wichtigsten Telefonnummern mit Namen speichern. Die Zeiten, in denen man beim Wechsel auf ein neues Handy Termine und Telefonnummern abtippen musste, sind lange vorbei. Heute synchronisiert man seine Daten mit PCs und anderen Geräten in der Cloud.

Auf dem Samsung Galaxy S7 ist eine komplette Kontaktverwaltung enthalten, mit der Sie Ihr Adressbuch nicht nur auf dem Smartphone, sondern auch auf dem PC über ein Google-Konto verwalten können. Die Kontakte-App synchronisiert automatisch die Adressen, die in dem Google-Konto gespeichert sind, das bei der Einrichtung des Smartphones festgelegt wurde. Damit haben Sie die gleiche Kontaktliste auf dem Smartphone, auf dem PC und jedem anderen Gerät, das mit dem Google-Konto synchronisieren kann, zur Verfügung.

Das Adressbuch auf dem Samsung Galaxy S7.

Alternativ lassen sich Kontakte auch ganz klassisch auf dem Telefon oder auf der SIM-Karte speichern. Das Samsung-Konto bietet ebenfalls die Möglichkeit, Kontakte zu speichern.

Datenschutz

Immer wieder hört man die Medien gegen Google wettern. Tatsächlich ist aber kein Fall bekannt, dass Google mit den anvertrauten Daten irgendetwas Vertragswidriges gemacht hätte. Auch ist die Wahrscheinlichkeit, ein fremder Hacker könnte bei Google einbrechen und die persönlichen Daten stehlen, dank erhöhter Sicherheit der Großrechenzentren deutlich geringer, als dass ein Hacker per Trojaner auf dem eigenen Computer Daten stiehlt oder ein ganz simpler Dieb einfach das Smartphone samt Daten klaut.

Mit einer vertikalen Fingerbewegung auf dem Touchscreen blättern Sie schnell durch das Adressbuch. Bewegen Sie den Finger ganz rechts außen auf der Buchstabenleiste, wird der aktuelle Anfangsbuchstabe großflächig angezeigt, damit Sie im richtigen Moment stoppen können. Außerdem finden Sie bestimmte Personen schnell im Adressbuch, indem Sie oben im Suchfeld einige Buchstaben des Namens eintippen. Das Adressbuch filtert die Liste immer genauer, je mehr Buchstaben bereits eingegeben sind.

Tippen Sie auf einen Eintrag, werden alle zu dieser Person gespeicherten Daten angezeigt. Diese sind automatisch mit der passenden App verknüpft. Tippen Sie also auf das Telefonsymbol bei einer Telefonnummer, ruft das Smartphone die Person an, tippen Sie auf eine E-Mail-Adresse, öffnet sich die Mail-App.

> **TIPP:** Samsung hat die Kontakte-App von Android um eine nützliche Funktion erweitert, mit deren Hilfe Sie direkt aus der Liste Anrufe tätigen oder SMS verschicken können. Streichen Sie mit dem Finger von links nach rechts über einen Namen, wird die Person angerufen, streichen Sie von rechts nach links über einen Namen, öffnet sich die SMS-App. Sind bei einer Person mehrere Telefonnummern eingetragen, können Sie für diese Funktion eine Standardnummer festlegen. Halten Sie dazu in der Detailansicht dieser Person den Finger länger auf die gewünschte Telefonnummer und wählen Sie dann in der Auswahlliste *Als Standard markieren*.

Kontakte sortieren

Die App *Kontakte* bietet verschiedene Möglichkeiten zur Darstellung und Sortierung von Namen. So können Sie entweder die in Westeuropa übliche Schreibweise mit Vor- und Nachname verwenden – *Hans Müller* – oder die sogenannte bayerische Schreibweise – *Müller, Hans*. Unabhängig von der Darstellung lassen sich die Kontakte nach Vorname oder Nachname in der Liste sortieren.

Um die Einstellungen zu ändern, tippen Sie in der Kontaktliste oben rechts auf *Mehr* und wählen im Menü *Einstellungen*. Hier finden Sie die Optionen *Sortieren nach* und *Namensformat*.

Neue Adresse eintragen

In der App *Kontakte* können Sie jederzeit einen neuen Eintrag hinzufügen. Tippen Sie dazu in der Liste auf das orangefarbene Symbol mit dem Pluszeichen unten rechts in der Namensliste.

Es öffnet sich ein Formular zur Eingabe der Kontaktdaten einer neuen Person. Mit einer vertikalen Fingerbewegung auf dem Touchscreen können Sie nach oben und unten zwischen den Feldern hin- und herblättern. Geben Sie hier die jeweiligen Daten ein. Sie brauchen nicht alle Felder auszufüllen.

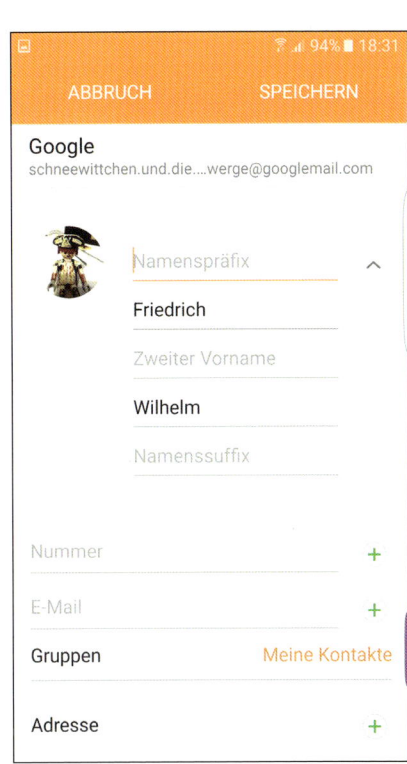

Neuen Kontakt hinzufügen.

Das Namensfeld können Sie rechts mit dem kleinen Pfeil aufklappen, um zweite Vornamen oder Namenszusätze einzutragen. Vorname und Nachname werden bei der Eingabe automatisch erkannt. In den Feldern für die Telefonnummer und E-Mail-Adresse können Sie noch weitere Telefonnummern und Mailadressen hinzufügen. Zur Eingabe von Telefonnummern erscheint automatisch eine Zifferntastatur. Nach der Eingabe einer Telefonnummer oder E-Mail-Adresse können Sie über das grüne Plussymbol weitere Eingabefelder anlegen.

Wählen Sie die Art der Telefonnummer sowie der E-Mail-Adresse aus, indem Sie auf das Feld rechts daneben tippen. Hier erscheint eine Liste verschiedener Typen von Telefonnummern: *Privat, Mobil, Geschäftlich* etc.

Ganz oben wählen Sie aus, wo der neue Kontakt gespeichert werden soll, am besten im Google-Konto, aber auch auf dem Gerät, auf der SIM-Karte oder im Samsung-Konto können Kontakte gespeichert werden.

Spezielle, selten gebrauchte Felder werden standardmäßig nicht zur Eingabe angeboten, dazu zählen auch Felder für die Adresse des Wohnorts bzw. der Firma. Diese können Sie über die Zeile *Mehr* am unteren Rand einblenden.

Adresse bearbeiten

Natürlich können Sie einen gespeicherten Adressbucheintrag auch nachträglich bearbeiten. Tippen Sie dazu in der Anzeige des jeweiligen Eintrags auf *Bearbeiten* oben rechts. Sie haben dann die gleichen Funktionen zur Verfügung wie beim Anlegen eines neuen Eintrags im Adressbuch, nur kann ein gespeicherter Kontakt nicht nachträglich in ein anderes Konto verschoben werden.

Kontaktfotos

Hat eine Person in ihrem persönlichen Google-Konto ein persönliches Foto abgelegt, erscheint dieses bei jedem, der diese Person in seinem Adressbuch hat, automatisch als Kontaktfoto. Alternativ können Sie selbst den Personen in Ihrem Adressbuch eigene Fotos zuordnen, die Sie dann aber nur selbst sehen.

Kontaktfoto fotografieren oder bearbeiten.

Tippen Sie im Bearbeitungsbildschirm für eine Kontaktperson oben links auf das graue Kamerasymbol. Hier können Sie direkt mit der Kamera ein Foto machen oder ein auf dem Smartphone gespeichertes Bild auswählen. Bei gespeicherten Fotos haben Sie noch die Möglichkeit, Farbeffekte anzuwenden.

> **ACHTUNG:** Kontakten, die auf der SIM-Karte gespeichert sind, können keine Kontaktfotos und auch keine Adresse und weiteren Felder zugeordnet werden.

Eigenes Profil einrichten

Der erste Eintrag in der Kontaktliste heißt *Eigenes Profil*. Hier können Sie ein eigenes Profil mit Ihrer Adresse und Telefonnummer anlegen.

Persönliches Profil auf dem Smartphone speichern.

Diese Daten auf dem Smartphone schnell greifbar zu haben, hat viele Vorteile:

- Möchten Sie Ihre Daten wie eine Visitenkarte an eine andere Person weitergeben, brauchen Sie nicht lange im Adressbuch zu suchen.

- Ein ehrlicher Finder kann ein verloren gegangenes Smartphone leichter zurückgeben, wenn er weiß, wem es gehört.

- Sollte das Smartphone in einem Notfall bei Ihnen gefunden werden, können Sie leichter identifiziert werden. Deshalb bietet das eigene Profil auch Felder für wichtige medizinische Informationen an, die ein Notarzt dort sofort sehen kann.

Tragen Sie Ihre persönlichen Daten, je nachdem, was Sie zur Verfügung stellen möchten, wie einen normalen Adressbucheintrag an dieser Stelle ein. Das eigene Profil wird immer auf dem Gerät gespeichert.

Profilfreigabe

Die Profilfreigabe bietet eine einfache Möglichkeit, Profildaten an Kontakte weiterzugeben. Dies funktioniert allerdings nur zwischen Nutzern aktueller Samsung-Smartphones, die die Profilfreigabe ebenfalls aktiviert haben. Zur Verwendung der Profilfreigabe muss eine SIM-Karte im Smartphone sein, da dieser Dienst die Daten über die Telefonnummer auf einem Server speichert und sich über eine einmalige SMS identifiziert.

Einstellungen zur Profilfreigabe.

Schalten Sie im eigenen Profil die *Profilfreigabe* ein. Hier können Sie Profilbild, Name, E-Mail-Adresse, Telefonnummer und weitere Daten eintragen, die an Kontakte freigegeben werden sollen.

Tippen Sie auf *Senden via*, um Kontakte auszuwählen, für die das Profil freigegeben werden soll.

Kontaktgruppen

Über Kontaktgruppen finden Sie Ihre wichtigsten Kontaktpersonen leichter in langen Listen. Außerdem bieten diese Kontaktgruppen die Möglichkeit, E-Mails oder SMS automatisch an alle Kontakte der Gruppe oder auch nur an eine bestimmte Auswahl zu schicken.

Tippen Sie oben in der Kontakte-App auf *Gruppen*, werden alle gespeicherten Gruppen angezeigt. Tippen Sie auf eine Gruppe, sehen Sie alle Gruppenmitglieder und können über *Bearbeiten* weitere Mitglieder zur Gruppe hinzufügen oder entfernen.

 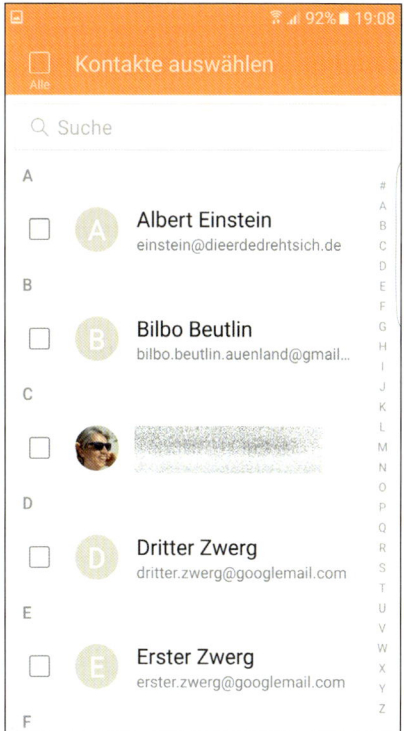

Kontaktgruppen und E-Mail an Gruppenmitglieder senden.

ICE-Notfallkontakte

Über die Gruppe *ICE-Notfallkontakte* im Adressbuch können Sie Telefonnummern zur Verfügung stellen, die im Notfall angerufen werden sollen – auch für den Fall, dass Sie selbst nicht in der Lage sind, solche Personen zu benennen.

Was bedeutet ICE?

ICE ist eine internationale Abkürzung für *In Case of Emergency* (auf Deutsch »in einem Notfall«). Finden Feuerwehrleute oder Rettungskräfte bei einer verletzten Person ein Smartphone, suchen sie nach solchen Einträgen, um möglichst schnell Angehörige oder den persönlichen Hausarzt zu verständigen.

Tragen Sie in dieser Gruppe nur wenige wichtige Personen ein, damit diese auch wirklich verständigt werden. Tragen Sie im Feld *Eigenes Profil*, das in dieser speziellen Gruppe angezeigt wird, medizinische Notfallinformationen ein, die dann für Hilfskräfte leicht sichtbar sind.

 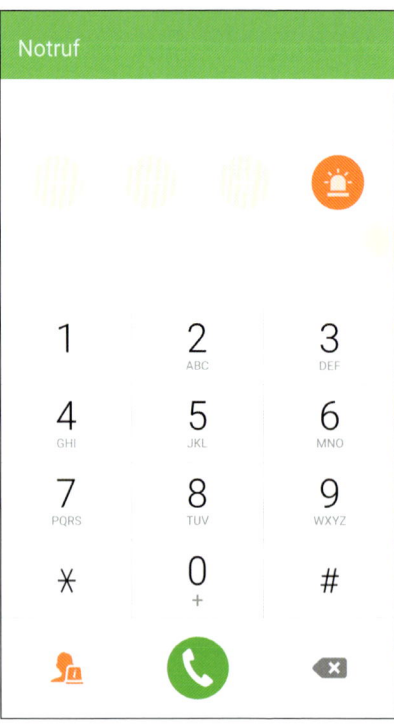

Links: die Gruppe ICE-Notfallkontakte, rechts: der Notruf-Bildschirm.

Haben Sie Ihren Sperrbildschirm durch eine PIN oder ein Sperrmuster geschützt, erscheint nach der internationalen Notrufverordnung dort der Button

Notruf, der auch, ohne die PIN oder das Entsperrmuster zu kennen, nutzbar ist. Tippt man auf diesen Button, wird neben einem Notrufsymbol und einer Telefontastatur auch ein Symbol für die Gruppe *ICE-Notfallkontakte* angezeigt. Weiterhin können Sie drei persönliche Kontakte auf diesen Bildschirm legen, die schnell erreichbar sein sollen, auch wenn Sie selbst in einem Notfall schnell zum Handy greifen.

Visitenkarten drahtlos übertragen

Viel einfacher als über klassische Visitenkarten auf Papier lassen sich Kontaktdaten drahtlos von einem Smartphone auf ein anderes übertragen und beim Empfänger direkt ins Adressbuch übernehmen.

1. Wählen Sie den Kontakt, den Sie als Visitenkarte versenden möchten, im Adressbuch aus, tippen Sie oben rechts auf *Mehr* und wählen Sie im Menü *Kontakt senden*.

2. Im nächsten Schritt können Sie zwischen VCF-Datei und reinem Textformat wählen.

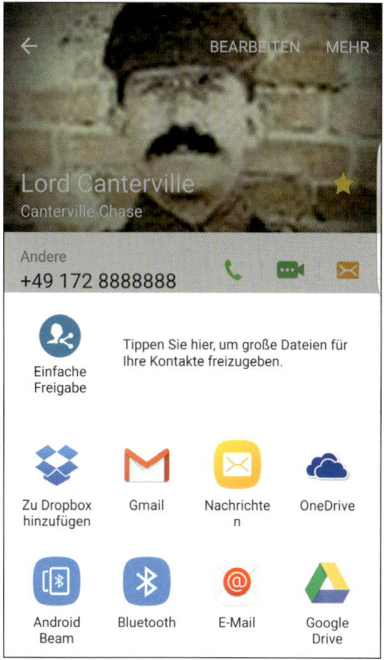

Kontaktdaten aus dem Adressbuch versenden.

3. Wählen Sie in der Liste installierter Kommunikations-Apps die gewünschte Versandart aus. Schieben Sie die Apps-Liste auf dem Bildschirm nach links, erscheinen weitere Apps zum Teilen.

Kontakte an PCs und einfache Handys verschicken

Verwenden Sie zum Teilen von Kontakten das Format VCF (vCard). Diese Dateien können auch auf dem PC von verschiedenen Anwendungen, wie z. B. Microsoft Outlook, importiert werden. Da es sich um ein reines Textformat handelt, lassen sich Kontakte sogar per SMS auf ganz einfache Handys schicken. Über die Option *Kontakte importieren/exportieren* in den Einstellungen der Kontakte-App können Sie auch direkt VCF-Dateien einlesen oder erstellen, um sie weiterzugeben.

4. Bei *E-Mail* oder *Gmail* öffnet sich eine neue Mail. Hier brauchen Sie nur noch den Empfänger und einen kurzen Text einzutragen. Die Kontaktdaten sind bereits angehängt.

5. Der Empfänger kann den Kontakt direkt in sein Adressbuch auf dem Smartphone importieren, indem er den Mailanhang öffnet. Vor dem Importieren muss allerdings das Konto ausgewählt werden, wenn mehrere Konten auf dem Smartphone eingerichtet sind.

Visitenkarten scannen

Das Samsung Galaxy S7 bietet die Möglichkeit, klassische Visitenkarten aus Papier mit der Kamera einzuscannen und automatisch als Kontakt im Adressbuch hinzuzufügen.

1. Legen Sie dazu in der Kontakte-App einen neuen Kontakt an und wählen Sie zunächst ganz oben das gewünschte Konto, in dem dieser Kontakt gespeichert werden soll.

2. Tippen Sie ganz unten auf *Visitenkarte scannen*. Beim ersten Mal muss die kostenlose App *SnapBizCard* aus den Samsung Galaxy Apps heruntergeladen werden, die dann automatisch installiert wird. Dieser App müssen Sie alle angefragten Berechtigungen gewähren, sonst funktioniert sie nicht.

3. Wenn Sie in der Kontakte-App auf *Visitenkarte scannen* tippen, startet automatisch die Kamera. Bringen Sie die Visitenkarte genau in die Positionsmarkierungen auf dem Bildschirm. Dann wird sie automatisch gescannt und die entsprechenden Kontaktfelder werden ausgefüllt. Das Foto der Visitenkarte wird automatisch als Kontaktfoto eingefügt.

4. Nicht immer werden alle Texte richtig erkannt, Sie haben aber wie bei allen Kontakten jederzeit die Möglichkeit, die Daten nachzubearbeiten.

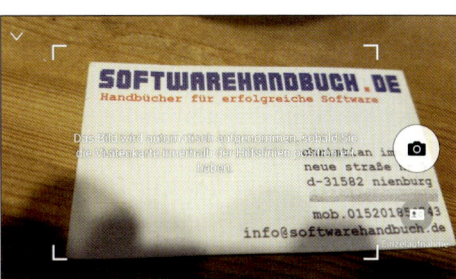

Mit SnapBizCard Visitenkarten in der Kontakte-App scannen.

Adressbuch auf dem PC bearbeiten

Wesentlich komfortabler als auf dem Smartphone kann man das Adressbuch auf dem PC mit Gmail bearbeiten.

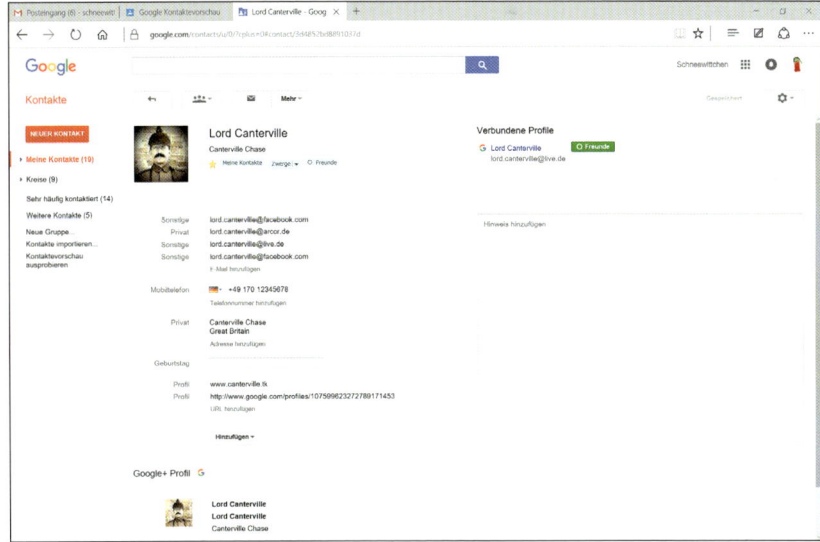

Kontakte vom Smartphone im Google-Konto auf dem PC bearbeiten.

Melden Sie sich mit den gleichen Zugangsdaten bei *mail.google.com* an, die Sie auch auf dem Smartphone verwenden. Unter *Kontakte* links oben finden Sie das komplette Adressbuch des Smartphones und können alle Daten direkt bearbeiten sowie auch neue Kontakte hinzufügen. Hier wird neben der klassischen Version noch die Vorschau einer neuen Version der Kontakte-App angeboten. Diese unterstützt aber bisher den Import von Kontakten aus anderen Programmen noch nicht, weshalb wir hier die klassische Version abbilden.

Haben Sie früher Ihre Adressen auf dem PC mit Outlook oder einem anderen Programm verwaltet, können Sie sie nun ins Google-Konto einlesen.

1. Suchen Sie dazu in Ihrer bisherigen Adressverwaltung eine Funktion zum Export im CSV-Format. Dabei handelt es sich um ein einfaches Textformat, das sogar mit einem Texteditor bearbeitet werden kann. In Outlook heißt der Menüpunkt *Datei/Importieren/Exportieren/Exportieren*. Wählen Sie dort *Kommagetrennte Werte (Windows)* und *Kontakte*. In Outlook Express heißt es *Datei/Exportieren/Adressbuch* und im nächsten Schritt *Textdatei (mit Kommas als Trennzeichen)*.

2. Klicken Sie in der Liste aller Kontakte im Google-Konto auf dem PC links auf *Mehr* und wählen Sie dann den Menüpunkt *Kontakte importieren*. Zurzeit wird dabei noch auf die alte Google-Kontaktansicht gewechselt.

3. Wählen Sie jetzt die CSV-Datei aus, die Sie aus Ihrer alten Adressverwaltung exportiert haben, und klicken Sie auf *Importieren*.

Kontakte importieren im Google-Konto auf dem PC.

Kontakte aus einer CSV-Datei importieren.

4. Die Kontakte werden importiert und danach im Google-Konto angezeigt. Sollte es Schwierigkeiten beim Import geben, klicken Sie auf den Link *Weitere Informationen*. Hier finden Sie detaillierte Hinweise zu den CSV-Formaten, die Google importieren kann.

> **INFO:** Die Synchronisation der Daten mit dem Smartphone erfolgt vollautomatisch im Hintergrund. Nach wenigen Sekunden ist eine bearbeitete Adresse auf dem Smartphone, ohne dass Sie irgendetwas tun müssen.

Wer sein Outlook noch nicht ganz aufgeben will, kann die Kontakte aus Outlook auch mit dem Google-Konto synchronisieren, sodass sie bei Veränderungen in beiden Anwendungen zur Verfügung stehen. Weder Google noch Microsoft bieten eigene Tools zu diesem Zweck an. Das kostenlose Programm *GO Contact Sync Mod* (*googlesyncmod.sourceforge.net*) erfüllt diesen Zweck aber sehr gut.

S Planner – der Terminkalender

Neben dem Adressbuch verfügt das Samsung Galaxy S7 wie jedes Android-Smartphone auch über einen handlichen Terminkalender, der immer greifbar ist.

MI.
9

Samsung verwendet statt der Standard-Android-Kalender-App einen eigenen als *S Planner* bezeichneten Kalender. Hier können Termine und Aufgaben auf dem Smartphone, im Samsung-Konto oder, wie bei Android üblich, im Google-Konto gespeichert werden.

Mit dem Google-Kalender sind die Termine auf dem Smartphone und dem PC immer synchron. Jeder, der ein Google-Konto hat, hat damit automatisch auch einen Google-Kalender, man muss ihn nur nutzen.

Im Browser auf dem PC finden Sie Ihren persönlichen Google-Kalender unter *calendar.google.com*. Dort können Sie Termine anlegen sowie auf dem Smartphone angelegte Termine einsehen und bearbeiten. Die Synchronisation mit dem Google-Kalender wird bei der Einrichtung des Google-Kontos auf dem Smartphone automatisch mit eingestellt.

Die App *S Planner* auf dem Samsung Galaxy S7 zeigt automatisch alle Termine, die Sie im Google-Kalender, im lokalen Kalender auf dem Smartphone und im Kalender im Samsung-Konto eingetragen haben. Bei Bedarf können Sie über den Menüpunkt *Kalender verwalten* auch einzelne Kalender ausblenden. Sie können natürlich auch jederzeit neue Termine eintragen sowie weitere Kalender einbinden.

Tippen Sie links oben in die Ecke, um zwischen verschiedenen Ansichten umzuschalten. Mit einer horizontalen Fingerbewegung kommen Sie innerhalb einer Ansicht zu einem späteren Datum, zum Beispiel zum nächsten Monat oder in die nächste Woche.

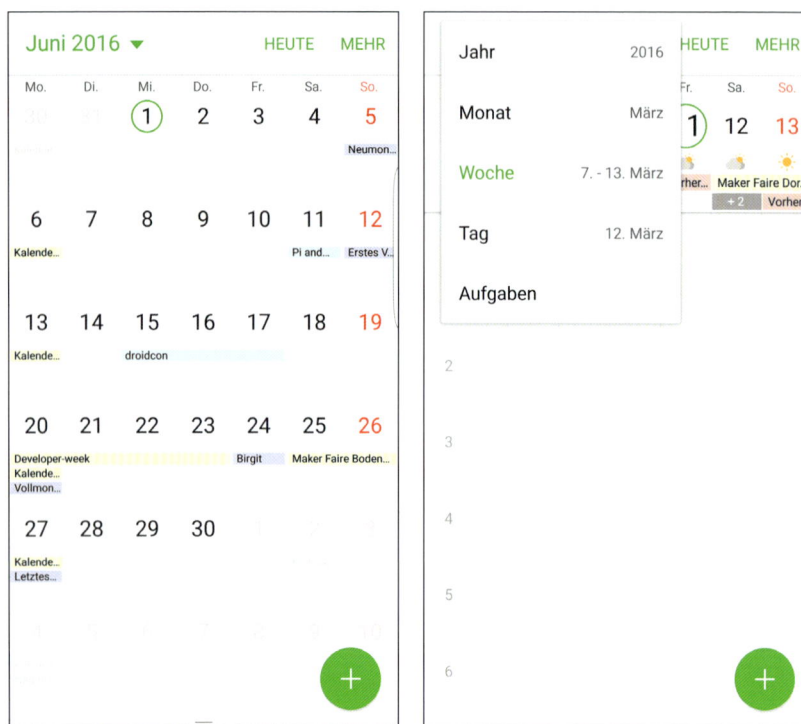

Verschiedene Ansichten im Kalender umschalten.

Die grüne Markierung zeigt das aktuelle Datum innerhalb der gerade dargestellten Ansicht *Monat* oder *Woche*. In der Tages- und Wochenansicht zeigt eine rote Linie die aktuelle Zeit in der Terminliste. Mit der Schaltfläche *Heute* springen Sie in jeder Ansicht zum aktuellen Tag.

Neuen Termin im Kalender eintragen

Neue Termine können Sie auf dem Samsung Galaxy S7 oder im Google-Kalender auf dem PC eintragen. Nach kurzer Zeit sind sie auf beiden Geräten vorhanden.

1. Um einen neuen Termin einzutragen, platzieren Sie die Markierung auf den gewünschten Zeitpunkt und tippen darauf. Es erscheint ein Formular, in dem Datum und Zeit bereits vorgewählt sind. Sie können diese aber auch jederzeit ändern. In der Grundeinstellung dauert jeder Termin eine Stunde. Sie können allerdings auch immer eine andere Endzeit festlegen. Alternativ tippen Sie auf das grüne Plussymbol unten rechts und geben die Daten manuell ein.

2. Schalten Sie für ganztägige Termine die Option *Ganzen Tag* ein. Diese Termine erhalten dann keine Zeitangabe und erscheinen ganz oben in der Tages- und Wochenansicht.

Termin und Benachrichtigung im Kalender eintragen.

3. Darunter können Sie wählen, in welchem Kalender der Termin eingetragen werden soll, nur auf dem Smartphone, im Samsung-Konto oder am besten im Google-Konto.

4. Geben Sie für den neuen Termin noch einen Namen und einen Ort ein. Der Ort kann auf einer Google-Maps-Karte gewählt werden.

5. Bei Bedarf können Sie auch noch Teilnehmer oder Notizen hinzufügen.

6. Nach einem Klick auf *Speichern* erscheint der Termin im Kalender.

Tippen Sie später auf einen Termin, werden alle im Termin gespeicherten Angaben angezeigt. Durch einfaches Antippen der jeweiligen Felder können Sie den Termin auch nachträglich noch bearbeiten. Tippen Sie oben links in die Ecke, um aus einer Terminansicht wieder zurück in den Kalender zu kommen.

Möchten Sie sich an einen Termin erinnern lassen, fügen Sie in der Terminanzeige eine Erinnerung hinzu. Das Smartphone erinnert Sie dann über die Benachrichtigungsleiste und auf Wunsch auch per Signalton rechtzeitig an den Termin. Den Zeitraum können Sie selbst festlegen.

Regelmäßige Termine brauchen nicht jedes Mal neu eingetragen zu werden. Der Kalender bietet diverse Möglichkeiten zur Terminwiederholung. Tippen Sie in einem Termin auf das Symbol *Wiederholen* ganz unten und wählen Sie eine Methode aus. Über die Option *Anpassen* in der Liste *Wiederholen* haben

Sie noch mehr Möglichkeiten für variable Terminwiederholungen, wie zum Beispiel jeden dritten Monat.

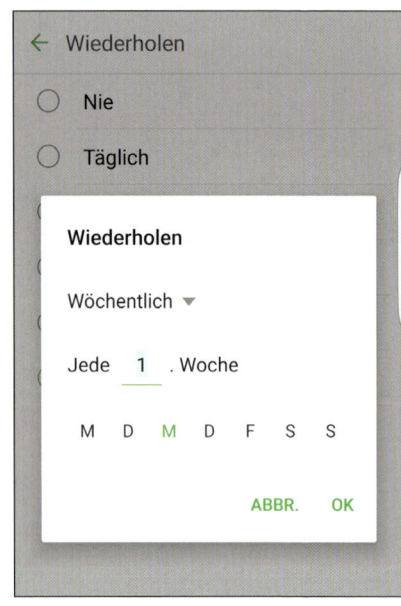

Einstellungen zur Terminwiederholung.

Termine suchen

Haben Sie viele Termine im Kalender, ist es oft nicht einfach, einen bestimmten wiederzufinden, besonders wenn man sich an das Datum nicht erinnert.

Nach einem Termin suchen.

Hier hilft die Suchfunktion im Kalender weiter. Tippen Sie auf das Symbol *Mehr* oben rechts und wählen Sie im Menü *Suche*.

Nach der Eingabe eines Stichworts im Suchfeld zeigt der Kalender eine Übersicht aller Termine, in denen dieses Stichwort vorkommt.

Wichtige Kalendereinstellungen

In der Kalenderliste, die Sie über den Menüpunkt *Mehr/Kalender verwalten* erreichen, legen Sie fest, welche Kalender auf dem Smartphone angezeigt werden sollen. Haben Sie im Google-Konto mehrere Kalender, brauchen Sie nicht unbedingt immer alle Termine auf dem Smartphone. In der Liste können Sie für jeden Kalender eine Farbe wählen und festlegen, ob er auf dem Smartphone synchronisiert werden soll oder nicht.

In den Einstellungen wählen Sie, auf welche Weise das Samsung Galaxy S7 an Termine erinnern soll. Neben der normalen Benachrichtigung über die Benachrichtigungsleiste kann auch eine E-Mail verschickt werden. Die Standardzeit für Erinnerungen legen Sie in den Einstellungen für Highlights und ganztägige Ereignisse im Kalender fest. Diese lässt sich für jeden Termin allerdings auch noch verändern.

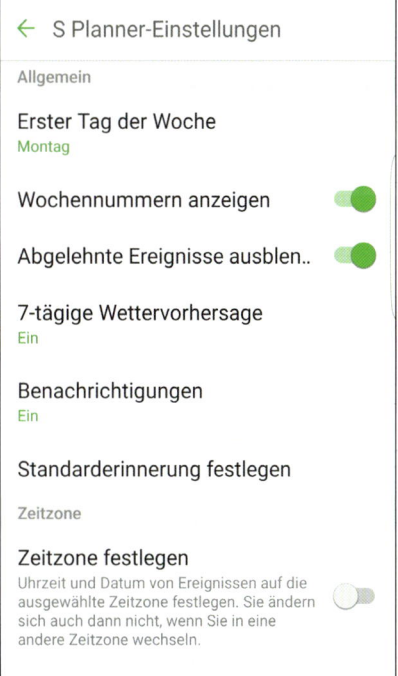

Kalenderliste und Einstellungen.

Kalender und Termine importieren

Der Google-Kalender bietet die Möglichkeit, weitere Kalender von Freunden, Firmenkalender oder öffentliche Kalender mit Feiertagen, Schulferien oder anderen Terminen zu importieren. Diese werden dann in anderer Farbe im eigenen Google-Kalender auf dem PC wie auch auf dem Smartphone angezeigt.

Um einen Kalender zu importieren, melden Sie sich auf dem PC im Browser bei *calendar.google.com* mit Ihrem Google-Konto an. In den *Einstellungen* unter *Kalender* können Sie weitere Kalender importieren. Welche dieser Kalender auf dem Smartphone angezeigt werden sollen, legen Sie dort unter *Kalender verwalten* fest.

Einige Apps können einzelne Termine direkt in den Google-Kalender auf dem Smartphone eintragen, ohne dass ein ganzer Kalender importiert werden muss. Diese werden dann auch synchronisiert und stehen auf dem PC im Browser zur Verfügung. Ein gutes Beispiel ist der *DB Navigator*, der den Fahrplan für eine ausgewählte Strecke auf Wunsch in den Kalender einträgt.

Termin im DB Navigator anlegen.

Zu Terminen einladen

Andere Personen zu einem Termin einzuladen, ist häufig mit Missverständnissen verbunden. Da vergisst jemand den Ort oder den Zeitpunkt oder versäumt es einfach, den Termin in den Kalender einzutragen. Mit Android lassen sich Termine ganz einfach »teilen«.

1. Wählen Sie im Kalender den Termin und tippen Sie unten auf das Symbol *Eingeladene*.

2. Wählen Sie die Namen von Gästen aus dem Adressbuch aus. Tippen Sie dazu einfach ein paar Buchstaben des Namens, bis Vorschläge erscheinen.

3. Jeder eingeladene Gast bekommt automatisch eine Benachrichtigung und kann den Termin direkt in seinen Kalender auf dem Smartphone importieren. Bei einer Zu- oder Absage wird diese im eigenen Kalender angezeigt.

 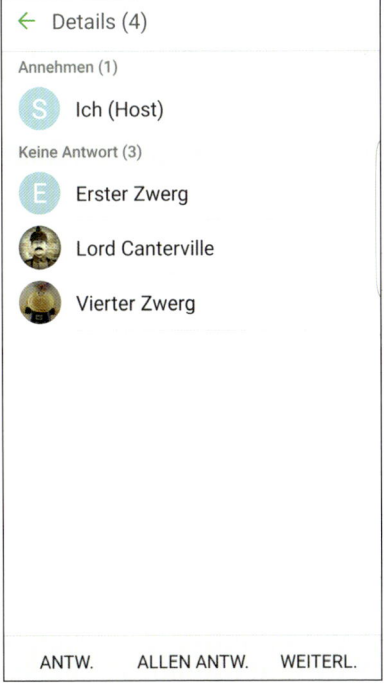

Gäste zu einem Termin einladen.

Termineinladungen an PCs verschicken

Android verwendet für den Versand von Terminen das Format VCS (vCalendar). Diese Dateien können auch auf dem PC von verschiedenen Kalendern wie z. B. Microsoft Outlook importiert werden.

Uhr und Wecker

Ein Smartphone, das man fast immer bei sich trägt, eignet sich geradezu ideal als Taschenuhr oder Wecker. Das Samsung Galaxy S7 liefert eine Uhr für den Startbildschirm und einen Wecker mit. Die Uhr auf dem Startbildschirm mit Datum und Wetteranzeige ist bereits vorinstalliert.

Weltuhr

Das Samsung Galaxy S7 liefert eine Uhr-App mit, die eine Weltuhr, Stoppuhr sowie einen Timer zeigt. Das Symbol dieser Uhr zeigt die aktuelle Uhrzeit, synchronisiert sich aber nicht in Echtzeit, sondern immer nur, wenn die Apps-Liste bzw. die entsprechende Startbildschirmseite neu angezeigt wird.

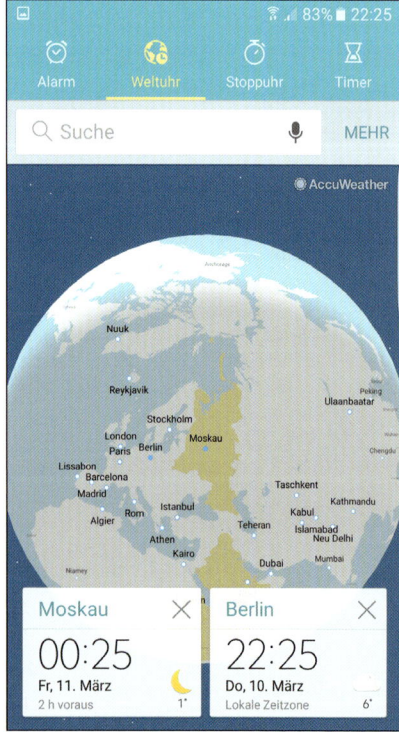

In der Weltuhr können Sie verschiedene Städte hinzufügen, um die Zeiten gleichzeitig anzuzeigen.

Ein Sonnensymbol kennzeichnet Orte mit Sommerzeit. Über das Suchfeld oben können Sie weitere Städte hinzufügen. Auf der Weltkugel wird der Verlauf der jeweiligen Zeitzone dargestellt.

Wecker

In dieser App können Sie auch verschiedene Wecker einstellen.

1. Tippen Sie in der App *Uhr* oben auf *Alarm*, erscheint der Bildschirm mit den Weckereinstellungen.

2. Legen Sie die Weckzeit und den gewünschten Klingelton fest. In der Zeile *Wiederholen* legen Sie die Wochentage fest, an denen der Wecker klingeln soll, wenn es sich nicht um ein einmaliges Ereignis handelt, an das Sie sich vom Wecker erinnern lassen möchten. Bei einmaligen Ereignissen wählen Sie oben rechts ein Datum.

Wecker und Erinnerung auf dem Samsung Galaxy S7 einstellen.

3. Die Option *Zunehmende Lautstärke* lässt den Wecker zunächst ganz leise klingeln und erhöht die Lautstärke in den ersten 60 Sekunden bis zum eingestellten Wert.

4. Speichern Sie den Wecker, danach können Sie auch noch weitere neue Wecker festlegen. Auf diese Weise stellen Sie Wecker für verschiedene

Tage oder Ereignisse, die sich wiederholen. Sie brauchen diese Wecker dann nur bei Bedarf ein- oder auszuschalten und müssen sie nicht jedes Mal neu einstellen.

5. Ein Weckersymbol in der Benachrichtigungszeile oben rechts weist darauf hin, dass ein Wecker aktiv ist. Wenn dieser klingelt, erscheint zusätzlich eine auffällige Anzeige auf dem Bildschirm, unabhängig davon, welche App gerade läuft.

Wenn der Wecker klingelt, tippen Sie auf *Schließen*, um ihn auszuschalten. Wurde bei dem Alarm eine Erinnerung eingeschaltet, erscheint zusätzlich die Schaltfläche *Erinnern*. Tippen Sie darauf, wird der Alarm zwar still, er ertönt aber nach der festgelegten Erinnerungszeit erneut.

Der Wecker klingelt – rechts ein schlummernder Alarm in der Benachrichtigungsleiste.

Die App bietet auch noch eine Stoppuhr sowie einen Timer (Kurzzeitwecker), deren Bedienung weitgehend selbsterklärend ist.

Stoppuhr mit Rundenzeiten und Timer.

Uhren für den Startbildschirm

Android 6 Marshmallow liefert standardmäßig verschiedene Widgets mit Uhren für den Startbildschirm mit. Auf dem Samsung Galaxy S7 werden nicht alle davon angeboten. Die Analoguhr fehlt, *Alarm* und *Dual-Uhr* sind dabei.

1. Tippen Sie auf dem Startbildschirm lange auf eine freie Fläche. Tippen Sie dann auf das Symbol *Widgets*.

2. Tippen Sie etwas länger auf das gewünschte Widget, bis der Startbildschirm erscheint.

3. Jetzt können Sie das Widget an der geplanten Position auf dem Startbildschirm ablegen und dort loslassen. Die Uhr wird ab sofort ständig auf dem Startbildschirm angezeigt.

Beim Dual-Uhr-Widget mit zwei Zeiten können Sie gleich noch eine Stadt für die zweite Zeitzone auswählen.

Uhren-Widgets auf dem Samsung Galaxy S7 auswählen.

Dual-Uhr auf den Startbildschirm ziehen.

Das Alarm-Widget bietet direkten Zugriff auf den Wecker. Hier sehen Sie immer die Weckzeit und können direkt einen neuen Alarm einstellen. Mehrere Alarm-Widgets können unterschiedliche Wecker auf dem Startbildschirm anzeigen. Widgets können wie App-Symbole wieder vom Startbildschirm entfernt werden.

Der einfache Modus

Wem die Standardoberfläche zu verspielt oder zu unübersichtlich ist, kann das Samsung Galaxy S7 auch im sogenannten einfachen Modus betreiben. Dabei handelt es sich um eine stark vereinfachte Oberfläche, auf der nur wichtige Apps mit großen Symbolen dargestellt werden. Die Schrift in allen Apps wird vergrößert, die Einstellungen und Menüs werden ebenfalls vereinfacht. Der einfache Modus kann bereits bei der Ersteinrichtung des Samsung Galaxy S7 eingestellt werden.

Zwei Startbildschirmseiten im einfachen Modus.

1. Um später in den einfachen Modus zu wechseln, ziehen Sie die Benachrichtigungsleiste herunter und tippen oben rechts auf das Zahnradsymbol für die *Einstellungen*.

2. Wischen Sie in den *Einstellungen* nach unten in den Bereich der orangefarbenen Symbole und tippen Sie dort auf *Einfacher Modus*.

 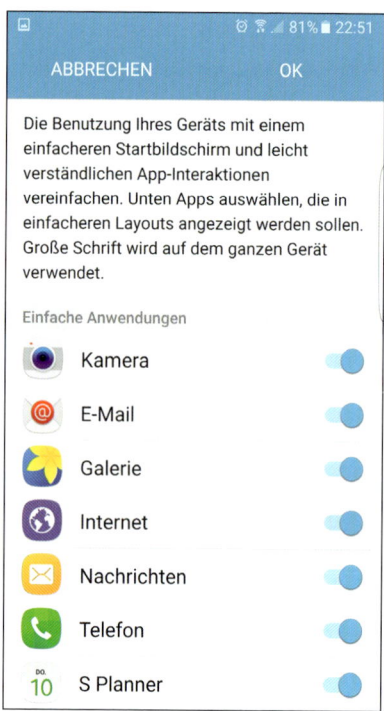

Einstellungen für den einfachen Modus.

3. Schalten Sie hier auf den einfachen Modus um und wählen Sie in der Liste unten die Apps, die auf dem Startbildschirm angezeigt werden sollen. Hier werden nur besonders wichtige und einfach zu bedienende Samsung-Apps vorgeschlagen – keine Apps von Google. Später können Sie auch noch weitere Apps hinzufügen.

4. Tippen Sie oben auf *OK*, erscheint der Startbildschirm im einfachen Modus.

Links neben der ersten Startbildschirmseite befindet sich im einfachen Modus eine weitere Bildschirmseite, auf der Sie wichtige Kontaktpersonen als Symbole hinzufügen können.

Tippen Sie im einfachen Modus auf das *Einstellungen*-Symbol, finden Sie an erster Stelle die *Schnelleinstellungen*, die speziell für den einfachen Modus optimiert sind. Hier können Sie auch die Schriftart und Schriftgröße der Systemschrift ändern.

Das Hinzufügen weiterer Apps oder Kontakte für den Startbildschirm ist im einfachen Modus ebenfalls vereinfacht.

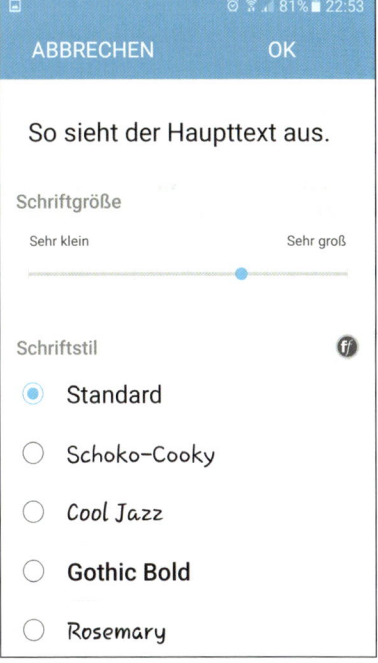

Einstellungen im einfachen Modus.

Das Smartphone als Lupe

Bei Arbeiten mit Kleinteilen ist es manchmal praktisch, eine Lupe und eine Taschenlampe zur Hand zu haben. Die App *Vergrößerung* macht das Samsung Galaxy S7 zur Lupe.

Die Vergrößerungslupe im einfachen Modus.

Der Vergrößerungsfaktor der Lupe lässt sich variabel einstellen. Die eingebaute Taschenlampe hilft, die Kleinteile noch besser zu erkennen. Das Symbol *Aufnahme* macht einen Schnappschuss des Bildes, der auf dem Bildschirm stehen bleibt. So kann man das Smartphone beiseitelegen und hat wieder beide Hände frei. Das Bild lässt sich auch als Foto speichern.

> **Nicht nur im einfachen Modus**
>
> Auf den ersten Blick wird diese sehr nützliche App nur im einfachen Modus auf dem Samsung Galaxy S7 angeboten. Im Normalmodus ist sie nicht bei den Apps, sondern bei den Widgets zu finden und kann einfach auf den Startbildschirm gelegt werden.

Das Galaxy S7 edge mit zusätzlichen Bildschirmen an der Seite

Das Samsung Galaxy S7 edge sieht mit seinen abgerundeten Kanten nicht nur schick aus, es liegt durch die sich daraus ergebenden schmaleren Kanten an der Unterseite auch griffiger in der Hand.

Ein wesentliches Merkmal sind jedoch die zusätzlichen Möglich-
keiten, die der jetzt auch von der Seite sichtbare Bildschirm bietet.
Die Zusatzfunktionen des Seitenbildschirms werden nur auf einer
Seite angezeigt. In den *Einstellungen* unter *Seitenbildschirm* legen
Sie fest, welche Seite das sein soll und welche Benachrichtigungs-
elemente dort erscheinen sollen.

Einstellungen für den Seitenbildschirm.

Auf dem Seitenbildschirm wird zwischen Seiten-Paneelen und Seiten-Feeds
unterschieden. *Seiten-Paneele* erscheinen, wenn man bei eingeschaltetem
Smartphone im oberen Bildschirmbereich vom rechten Rand in Richtung
Bildschirmmitte wischt. *Seiten-Feeds* zeigen Informationen auf einem schma-
len Streifen des Seitenbildschirms, wenn man bei ausgeschaltetem Bildschirm
schnell über den Seitenbildschirm wischt.

Seiten-Paneele

Der Startbildschirm zeigt auf dem Samsung Galaxy S7 edge im oberen Teil des
rechten Bildschirmrandes eine Griffleiste. Schieben Sie diese in Richtung Bildschirmmitte, erscheinen mehrere sogenannte Seiten-Paneele. Diese Seiten-

Paneele überlagern die aktuell dargestellte Bildschirmansicht und bieten so die Möglichkeit, schnell auf wichtige Informationen, Apps und Kontakte zuzugreifen. Jede weitere Wischbewegung blendet ein anderes Seiten-Paneel ein, auf diese Weise kann man zwischen unterschiedlichen Paneelen wechseln.

App-Anzeige und Aufgabenanzeige als Seiten-Paneele.

Jedes der Paneele zeigt einen kurzen Informationstext zur Bedienung. Tippen Sie auf eines der grauen Plussymbole, um weitere Apps oder Aufgaben zum Paneel hinzuzufügen. Tippen Sie auf das Zahnradsymbol unten links, um zu den Einstellungen für die Seiten-Paneele zu gelangen.

Dort wählen Sie aus, welche Seiten-Paneele angezeigt werden sollen. Neben den standardmäßig verwendeten Seiten-Paneelen sind noch einige andere vorinstalliert. Weitere werden über den Samsung Apps Store zum Download angeboten. Der Seitenbildschirm wird über die Samsung-eigene App *Edge-Screen* verwaltet, die von Zeit zu Zeit über den Samsung Apps Store aktualisiert wird.

Einstellungen für App-Anzeige und Aufgabenanzeige.

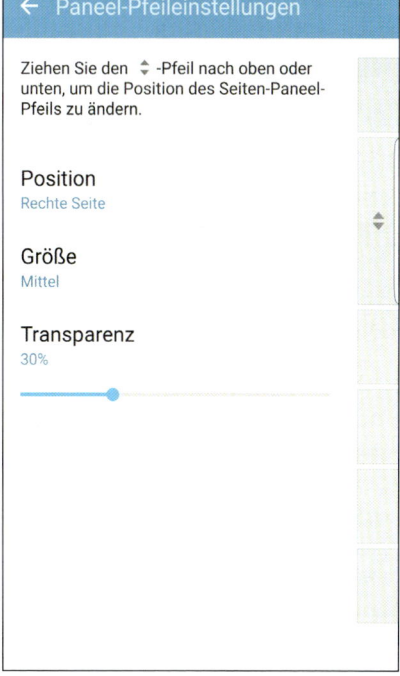

Einstellungen für Seiten-Paneele.

Die Zeile *Paneel-Pfeileinstellungen* führt auf eine Einstellungsseite, auf der Sie die Position, Größe und Transparenz des Grifffeldes für die Seiten-Paneele festlegen können. Bei den standardmäßig inaktiven Seiten-Paneelen finden Sie unter anderem ein Wetter-Paneel sowie das nützliche *Quick Tools*, das einen Kompass, ein Lineal sowie eine in der Helligkeit verstellbare Taschenlampe anbietet.

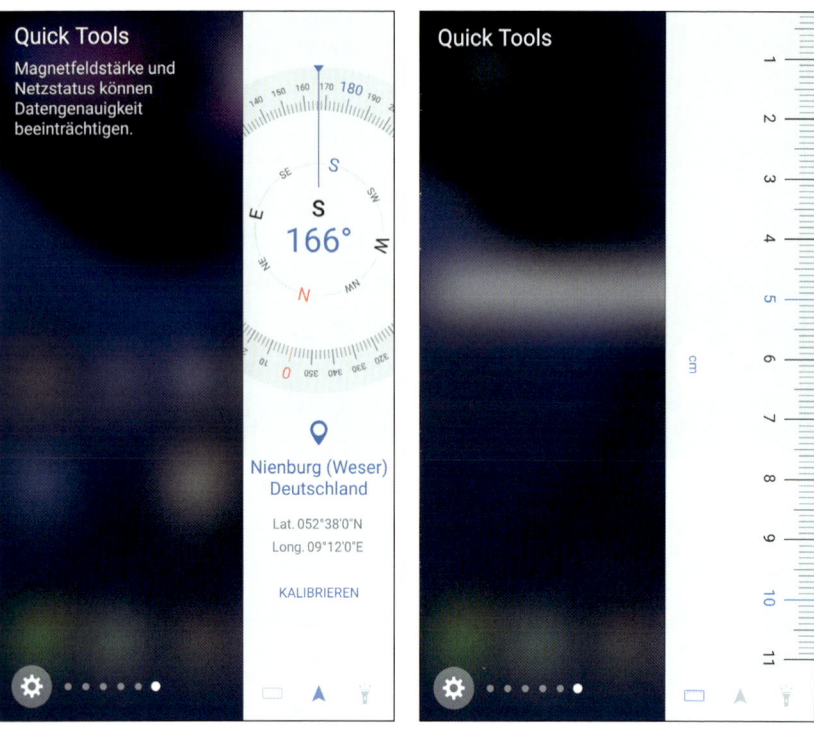

Kompass und Lineal aus den Quick Tools auf dem Seiten-Paneel.

VIP-Anrufer auf dem Samsung Galaxy S7 edge

Der Seitenbildschirm des Samsung Galaxy S7 edge kann in einer bestimmten Farbe leuchten, wenn das Smartphone mit dem Bildschirm nach unten auf dem Tisch liegt und eine von fünf als VIP gekennzeichneten Personen anruft.

Eines der Seiten-Paneele enthält die VIP-Kontakte, die automatisch aus den Favoriten ausgewählt sind. Jedem VIP-Kontakt ist eine Signalfarbe zugeordnet, in der der Seitenbildschirm bei einem Anruf leuchtet.

Natürlich können Sie jederzeit andere Kontakte als VIP anzeigen. Schieben Sie dazu einen der VIP-Kontakte nach oben auf das Papierkorbsymbol. Tippen Sie dann auf die freigewordene Fläche, um einen anderen Kontakt auszuwählen. Auf die gleiche Weise können Sie auch die Reihenfolge der VIP-Kontakte auf dem Bildschirm ändern.

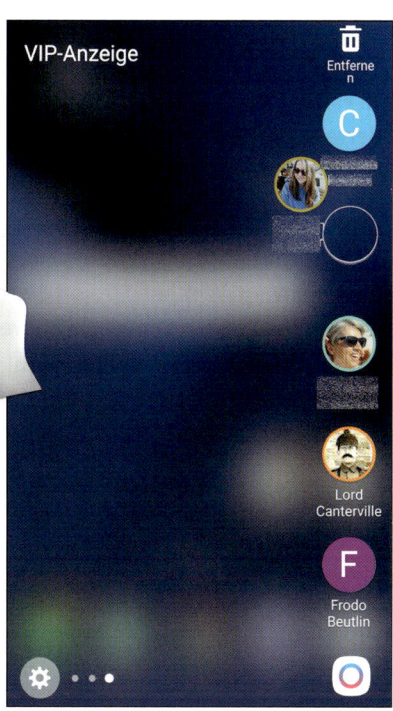

VIP-Kontakte im Seiten-Paneel einblenden und bearbeiten.

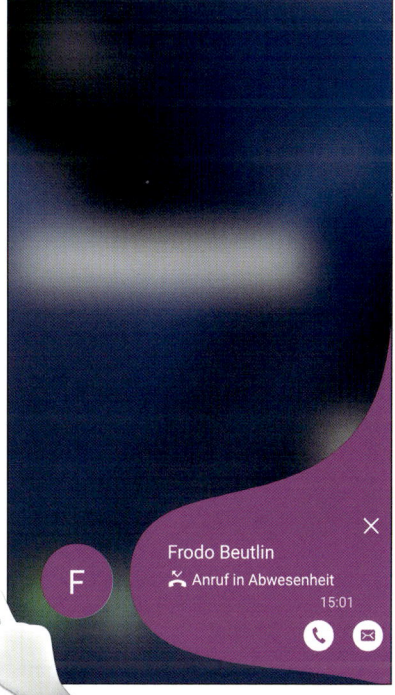

Ein VIP-Kontakt hat in Abwesenheit angerufen.

Clear View Cover

Das Clear View Cover ist im Gegensatz zum LED View Cover aus transparentem Material, dient aber weitgehend der gleichen Funktion. Hier werden Uhrzeit, Anrufe und andere Benachrichtigungen vom Always-On-Bildschirm durch das transparente Cover angezeigt. Die Gestensteuerung ist ebenfalls möglich.

Keyboard Cover

Das Keyboard Cover spendiert dem Samsung Galaxy S7 eine richtige Tastatur mit Tasten, die einen Druckpunkt haben. Darauf schreibt es sich wesentlich angenehmer und auch schneller als auf der Bildschirmtastatur. Bei angesteckter Tastatur passt sich der Bildschirm automatisch an. Nach der Eingabe lässt sie sich dann auf der Rückseite verstauen.

Back Pack

Das Back Pack ist ein Zusatzakku mit 2.700 mAh, der auf der Rückseite des Samsung Galaxy S7 angebracht wird und damit die Nutzungsdauer deutlich verlängert. Das Back Pack lädt den eingebauten Akku drahtlos nach. Dadurch bleibt der USB-Anschluss auch bei Nutzung dieses Zusatzakkus frei.

Keyboard Cover und Back Pack (Fotos: Samsung).

KAPITEL 3

Apps finden und installieren

Ähnlich wie es für PCs Tausende verschiedene Programme gibt, wird auch der Markt für Apps immer umfangreicher und zugleich unübersichtlicher. So ziemlich jedes erdenkliche Thema lässt sich mit der passenden App auf dem Handy darstellen. Für Android sind mittlerweile weit über 1.500.000 verschiedene Apps erhältlich, etwa zwei Drittel davon kostenlos, zwischen 15 % und 20 % aller Apps sind Spiele. Insgesamt wurden bereits über 23 Milliarden Apps aus dem Google Play Store heruntergeladen. Allerdings werden Sie, wenn Sie sich einige Zeit mit diesem Thema beschäftigt haben, feststellen, dass Sie über 99 % dieser Apps nicht brauchen.

Microsoft-Apps

Es ist noch nicht lange her, da waren Microsoft und Android zwei Welten, die möglichst wenige Verbindungspunkte miteinander haben wollten. Das hat sich inzwischen deutlich geändert, Microsoft bietet mittlerweile für einige seiner Dienste eigene Android-Apps an. Auf dem Samsung Galaxy S7 sind die Apps für Word, Excel, PowerPoint, den Cloud-Speicherdienst OneDrive sowie OneNote und Skype in einem eigenen Ordner *Microsoft Apps* in der Apps-Liste vorinstalliert. Zur Nutzung ist ein kostenloses Microsoft-Konto erforderlich.

Der Google Play Store

Die erste Anlaufstelle, um Apps auf das Samsung Galaxy S7 herunterzuladen, ist der Google Play Store (früher: Android Market). Zum Download aus dem großen Angebot ist eine spezielle App nötig, die auf allen Android-Smartphones mit Google-Zertifizierung direkt auf dem Startbildschirm vorinstalliert ist.

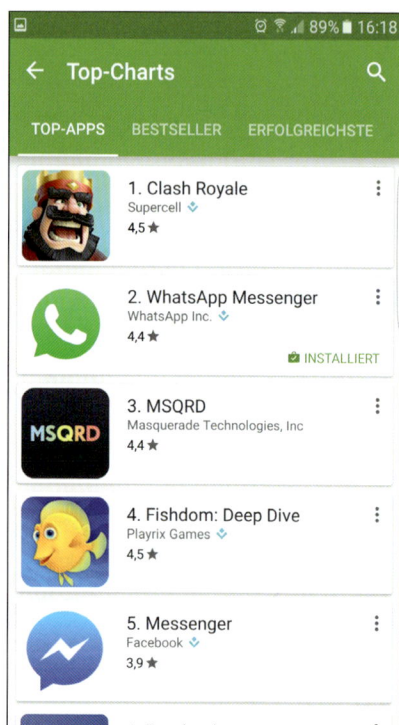

Der Google Play Store auf dem Samsung Galaxy S7.

Der Google Play Store listet alle Apps getrennt nach Anwendungen und Spielen in unterschiedlichen Kategorien auf. Hier kann man sich anhand von Bestenlisten und Empfehlungslisten inspirieren lassen. Diese Listen sollen zwar zur Orientierung dienen, sind aber weitgehend aussagelos, da sich Entwickler dort »einkaufen« können. Um eine bestimmte App zu finden, verwendet man am besten die Suchfunktion.

Der Google Play Store zeigt auf dem Smartphone immer nur die Apps an, die auf dem jeweiligen Gerät auch tatsächlich laufen. Zu jeder App sind eine Beschreibung sowie Screenshots vorhanden. Bei einigen Apps gibt es auch YouTube-Videos, die die Funktion näher erläutern. Da die Beschreibungen sowie die Videos nicht von Google selbst stammen, sondern von den Entwicklern geliefert werden müssen und nur minimalen Qualitätskontrollen unterliegen, sind sie häufig kaum brauchbar.

> **ACHTUNG:** Der Google Play Store erfordert eine Anmeldung mit einem Google-Konto. Falls Sie bei der Einrichtung Ihres Samsung Galaxy S7 kein Google-Konto angegeben haben, müssen Sie dies spätestens tun, wenn Sie den Google Play Store nutzen wollen.

Apps auf dem Smartphone installieren

Zur Installation auf dem Galaxy S7 sind nach Auswahl der App nur noch zwei Klicks erforderlich. Der Google Play Store zeigt an dieser Stelle an, auf welche Systemkomponenten die jeweilige App zugreifen kann. Diese Berechtigungen sollte man sich in jedem Fall vor der Installation ansehen. Viele werbefinanzierte Apps fordern uneingeschränkten Internetzugriff oder gar die Berechtigung, Anrufe zu tätigen oder SMS zu verschicken. Bei Apps wie zum Beispiel Telefonbüchern oder Branchenverzeichnissen sind diese Berechtigungen wichtig für die Funktionalität, bei einfachen Spielen oder Grafikprogrammen besteht jedoch die Gefahr, dass Apps auf diesem Weg teure Verbindungen aufbauen – eine Betrugsmasche, die unter dem Namen Dialer schon zu Zeiten analoger Modems am PC bekannt war.

 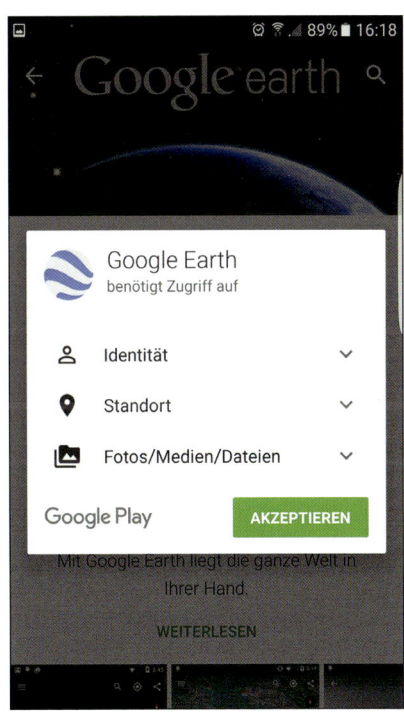

Neue App aus dem Google Play Store installieren.

Trotz der teilweise bedenklich klingenden Bezeichnungen sind die meisten Berechtigungen für das Funktionieren einer App wirklich nötig. Achten sollten Sie vor allem auf folgende Berechtigungen:

- *Telefonnummern direkt anrufen*: Damit kann eine App beliebige Telefonnummern – theoretisch auch kostenpflichtige Sonderrufnummern – anrufen, und das auch, ohne dass die Telefon-App zu sehen ist.

- *Kurznachrichten senden*: Damit kann die App SMS verschicken.

- *Uneingeschränkter Internetzugriff*: Seit das Thema App-Berechtigungen in aller Munde ist, fragt kaum noch eine App nach gezielten Internetberechtigungen, sondern verlangt immer gleich uneingeschränkten Internetzugriff, was den Blick auf die Berechtigungen schon fast wieder ad absurdum führt.

Wer bei den Zugriffsberechtigungen Sicherheitsbedenken hat, kann die Installation an dieser Stelle noch abbrechen. Danach wird die App installiert und Sie können sie direkt aus dem Google Play Store heraus öffnen. Zusätzlich wird an einer freien Position auf dem Startbildschirm automatisch ein App-Icon abgelegt, wenn in den Einstellungen der Google-Play-Store-App der Schalter *Symbol zu Startbildschirm hinzufügen* aktiviert ist. Selbstverständlich ist die neu installierte App auch in der Liste aller Apps zu finden.

Bewertungen und Nutzerkommentare

Das Symbol *Empfehlung der Redaktion* sowie die Anzahl der Sterne und auch die Gesamtzahl der Installationen sind noch ein guter Richtwert für die Qualität der App.

Die Nutzerkommentare sollten Sie dagegen besser ignorieren. Wie in fast allen Onlineshops zeugen diese von absolut mangelhaftem technischem Verständnis, dafür umso mehr von übersteigertem Geltungsbewusstsein einiger Nutzer. Besonders die Bewerter mit wenigen Sternen würden oft bereits im Deutschunterricht der ersten Klasse durchfallen. Wie viele andere Webseiten auch, würde sich Google Play einen Gefallen tun, wenn die Kommentare redaktionell gefiltert oder ganz abgeschaltet würden.

App-Berechtigungen einschränken

In Android 6 Marshmallow ist es erstmals möglich, bestimmte Berechtigungen von Apps nachträglich einzuschränken. Im Gegensatz zu CustomROMs wie zum Beispiel CyanogenMod, die diese Funktionen schon länger enthielten, wobei das Einschränken von Berechtigungen häufig zu Abstürzen führt, werden in Android 6 Marshmallow bei den Apps, die den Entwicklerrichtlinien entsprechen, nur die Berechtigungen zum Deaktivieren angeboten, ohne die die App auch noch läuft. Ob sie ohne die jeweiligen Berechtigungen noch sinnvolle Arbeit leistet, bleibt dem Benutzer überlassen.

Speziell für Android 6 Marshmallow optimierte Apps zeigen bei der ersten Verwendung einer standardmäßig nicht gewährten Berechtigung eine Abfrage an, in der man diese Berechtigung gewähren muss, um die entsprechende

Aktion der App ausführen zu können. Manche Apps fordern den Benutzer auch auf, die App-Einstellungen zu öffnen und dort die Berechtigungen einzeln zu gewähren.

Links: Anfrage nach Berechtigungen in der Skype-App, rechts: Berechtigungen einer App anzeigen.

Um Berechtigungen nachträglich zu verweigern, tippen Sie in den App-Informationen einer App, die Sie über *Einstellungen/Anwendungen/Anwendungsmanager* sehen, auf *Berechtigungen*. Hier werden die deaktivierbaren Berechtigungen dieser App angezeigt und können einzeln ausgeschaltet werden. Der Menüpunkt *Mehr/Alle Berechtigungen* oben links zeigt alle von dieser App angeforderten Berechtigungen, auch die, die sich nicht abschalten lassen.

Tippen Sie umgekehrt in den *Einstellungen* unter *Datenschutz und Sicherheit* auf *App-Berechtigungen*, erhalten Sie einen Überblick, welche Berechtigungen von wie vielen installierten Apps angefordert werden. Tippen Sie auf eine angezeigte Berechtigung, werden die entsprechenden Apps aufgelistet. Hier können Sie einzelnen Apps die Berechtigung nachträglich entziehen oder gewähren.

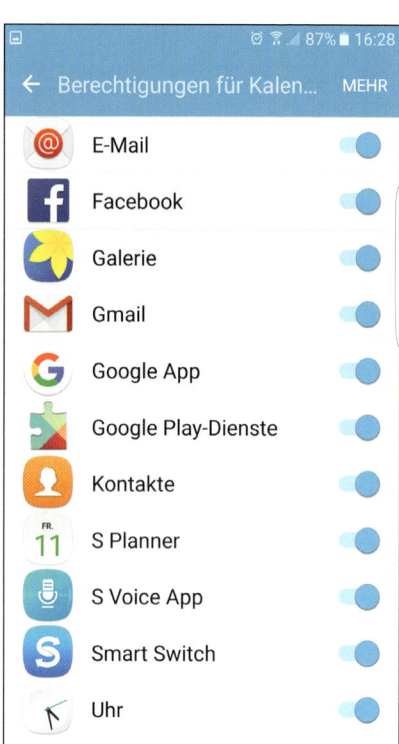

App-Berechtigungen in den App-Einstellungen anzeigen und verwalten.

Automatische App-Updates

Unter *Meine Apps und Spiele*, erreichbar mit einer Wischgeste vom linken Bild-schirmrand, speichert der Google Play Store alle von dort heruntergeladenen Apps. In dieser Liste werden auch Update-Benachrichtigungen angezeigt, wenn von einer App eine neue Version verfügbar ist. Einige Apps erhalten häufig Updates. Um nicht jede App manuell updaten zu müssen, können Sie auch alle anstehenden Updates auf einmal aktualisieren.

> **TIPP:** Möchten Sie sich über Updates keine Gedanken machen müssen, schal-ten Sie über den Menüpunkt *Einstellungen* im Google Play Store die Funktion *Automatische App-Updates* ein. Um Mobilfunkdatenvolumen zu sparen, soll-ten Sie dort die Option *Automatische App-Updates nur über WLAN zulassen* aktivieren. Damit werden automatische Updates nur heruntergeladen, wenn das Smartphone in einem WLAN ist. Manuell können Sie trotzdem jederzeit App-Updates auch über Mobilfunk installieren.

Meine Apps in Google Play.

Automatische App-Updates im Google Play Store einstellen und bei einzelnen Apps verhindern.

Auch wenn automatische Updates aktiv sind, können Sie bei einzelnen Apps über das Menü oben rechts die automatischen Updates abschalten, wenn zum Beispiel bekannt ist, dass neue App-Versionen Kompatibilitätsprobleme oder Funktionseinschränkungen – wie beim früher sehr guten *DB Navigator* – mit sich bringen.

Sowie ein Update neue Berechtigungen erfordert, wird es nicht mehr automatisch installiert. In diesem Fall müssen Sie zuerst den neuen Berechtigungen zustimmen. Danach kann das Update manuell installiert werden.

Der Google Play Store auf dem PC

Der Google Play Store ist auch vom PC über einen beliebigen Webbrowser unter *play.google.com/store/apps* zu erreichen. Hier kann man Apps finden und auch direkt auf seinen Geräten installieren.

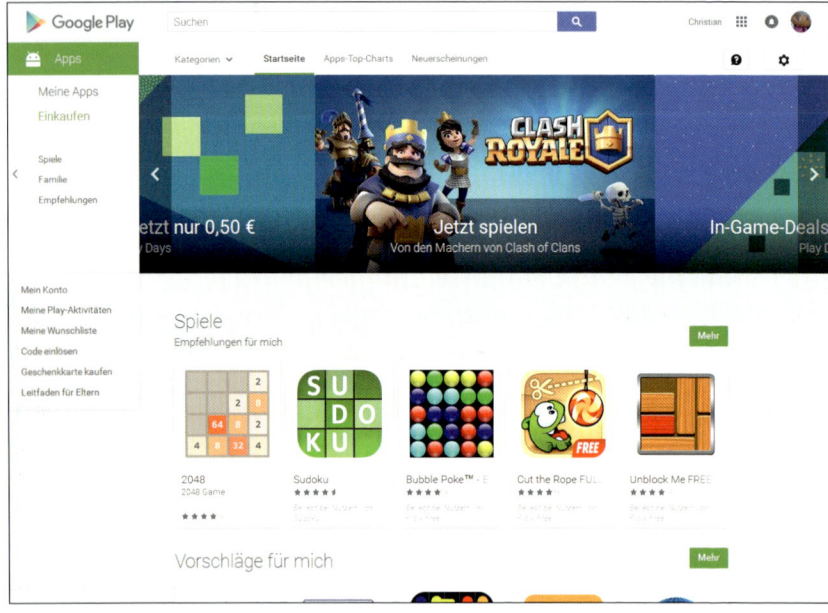

Der Google Play Store auf dem PC.

Zur Installation von Apps muss man auf dem PC im Browser mit dem Google-Konto angemeldet sein, das auch auf dem Smartphone verwendet wird. Unter dem Link *Apps/Meine Apps* können Benutzer die verwendeten Geräte verwalten. Hier sehen Sie auch alle auf Ihren Android-Geräten installierten Apps.

Bevor Sie eine App zur Installation auswählen, prüfen Sie unterhalb des grünen Installationsbuttons die Gerätekompatibilität. Ein Klick auf das *i*-Symbol zeigt alle für dieses Google-Konto eingetragenen Android-Geräte. Anhand von Betriebssystemversion, Bildschirmgröße und einigen anderen technischen Kriterien wird ermittelt, mit welchen der Geräte die App kompatibel ist.

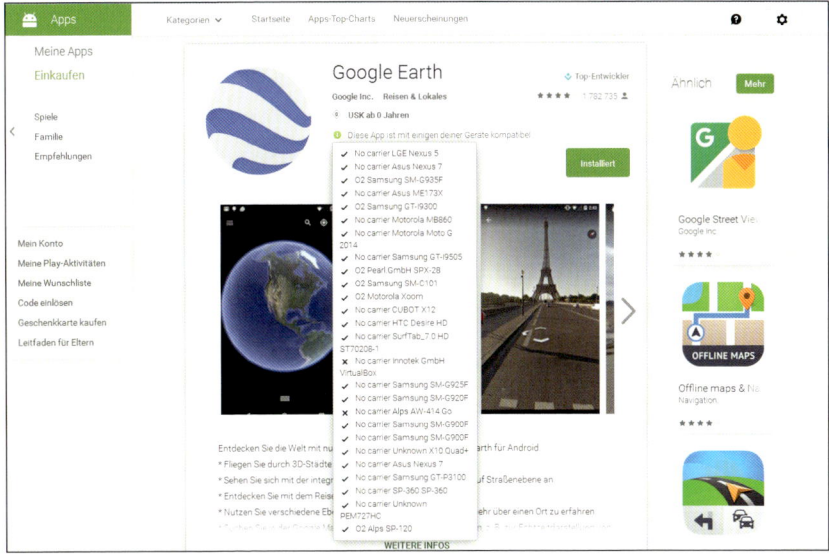

Anzeige der Gerätekompatibilität im Google Play Store auf dem PC.

Um eine App auf dem Smartphone zu installieren, klicken Sie auf dem PC auf den *Installieren*-Button bei der jeweiligen App. Wählen Sie jetzt noch das gewünschte Gerät aus, wenn Sie unter Ihrem Google-Konto mehrere Android-Geräte angemeldet haben, wie beispielsweise ein Smartphone und ein Tablet.

Um die Installation auf dem jeweiligen Gerät brauchen Sie sich keine Gedanken mehr zu machen. Die App wird nun vollautomatisch an Ihr Smartphone geschickt und dort installiert. Sie werden darüber in der Benachrichtigungszeile informiert. Beachten Sie hierbei, dass die Bestellung sofort per Push auf Ihr Smartphone geschickt wird. Das verbraucht Datenvolumen oder erzeugt Kosten, falls Sie keine Flatrate besitzen. Besonders schnell und kostenlos geht es natürlich, wenn Ihr Smartphone per WLAN online ist.

So kann man Apps kaufen

Kostenpflichtige Apps werden im Google Play Store mit Googles eigenem Bezahlsystem Google Wallet bezahlt. Dies funktionierte lange Zeit nur mit einer gültigen Kreditkarte oder einer Prepaid-Guthabenkarte, inzwischen bei einigen Telefonanbietern auch über die Mobilfunkrechnung. Spätestens beim ersten Kauf einer App müssen Benutzer in ihrem Google-Konto eine Zahlungsmethode und auch eine gültige Postanschrift hinterlegen. Vor jedem Kauf können Sie die Zahlungsmethode wechseln und es muss sicherheitshalber noch einmal das Passwort des Google-Kontos eingegeben werden, solange Sie diese Abfrage nicht deaktiviert haben.

Alternativ können Sie Prepaid-Guthaben für den Google Play Store in Form von Geschenkkarten unter anderem bei verschiedenen Supermarkt- und Tankstellenketten kaufen und beim Onlinekauf einlösen.

 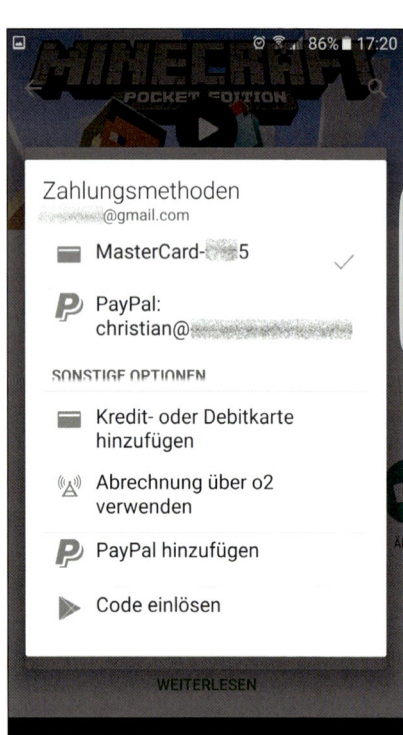

App kaufen und Zahlungsmethode wählen.

PayPal

Nachdem viele Nutzer jahrelang darauf gewartet haben, bietet der Google Play Store seit März 2015 endlich auch PayPal als Zahlungsmethode an. Dabei kann ein beliebiges PayPal-Konto eingetragen werden. Dieses muss nicht mit der E-Mail-Adresse Ihres Google-Kontos übereinstimmen.

Eine App, die Sie einmal auf einem Android-Gerät gekauft haben, können Sie auf weiteren Geräten mit demselben Google-Konto installieren, ohne sie neu zu kaufen. Wählen Sie dazu im Menü von Google Play *Meine Apps*. Dort finden Sie neben den installierten Apps noch die Liste *Alle*, die alle Apps enthält, die Sie jemals mit diesem Google-Konto auf irgendeinem Android-Gerät heruntergeladen haben – Freeware und auch Kauf-Apps.

Nicht mehr benötigte Apps deinstallieren

Irgendwann ist auch der Speicher des größten Smartphones voll oder Sie wollen mal wieder den Überblick in der Apps-Liste haben. Wie auch immer, es wird der Zeitpunkt kommen, an dem Sie bestimmte Apps wieder vom Samsung Galaxy S7 entfernen möchten.

Deinstallieren über die Apps-Liste

Am einfachsten deinstallieren Sie Apps direkt aus der Apps-Liste. Tippen Sie auf *Bearbeiten* oben rechts. Eine heller hinterlegte Ansicht des Startbildschirms zeigt die deinstallierbaren oder zumindest deaktivierbaren Apps mit einem roten Minuszeichen. Tippen Sie auf dieses Symbol und bestätigen Sie die Sicherheitsabfrage. Danach wird die App automatisch deinstalliert. Die Zurück-Taste schaltet zum normalen Startbildschirm zurück.

 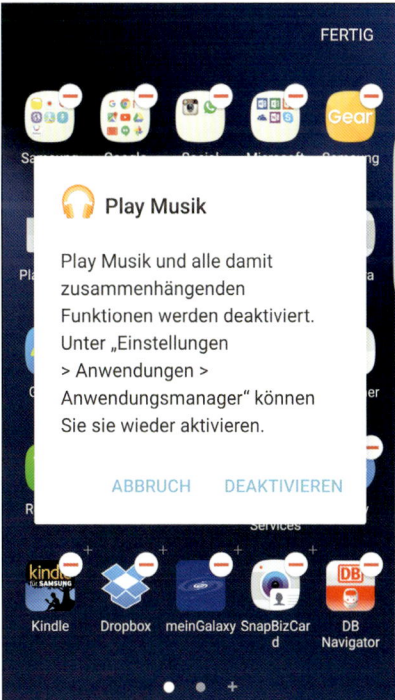

App über die Apps-Liste deinstallieren oder deaktivieren.

Apps, die im ROM des Smartphones vorinstalliert sind, lassen sich auf diesem Weg nur deaktivieren. Das heißt, sie laufen nicht mehr automatisch im Hintergrund und erscheinen auch nicht in der Apps-Liste. Bei App-Symbolen, die fest zum Betriebssystem gehören, erscheint das *Deinstallieren* Symbol erst gar nicht.

Deinstallieren über den Anwendungsmanager

Da diese einfache Methode nicht mit jeder App funktioniert, gibt es noch eine weitere Möglichkeit, Apps vom Smartphone zu entfernen. Wählen Sie in den *Einstellungen* die Option *Apps*. In der Liste wählen Sie die App aus, die Sie entfernen möchten. Auf der nächsten Bildschirmseite wird der Speicherverbrauch der App detailliert angezeigt. Hier können Sie die App dann deinstallieren.

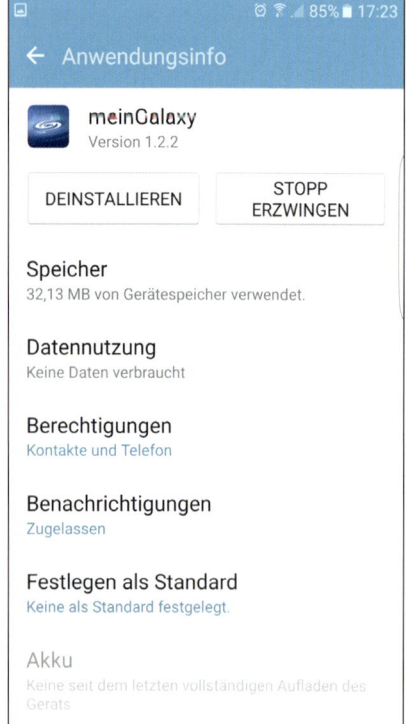

App über die Einstellungen deinstallieren.

Über das Symbol *Mehr* oben rechts im Anwendungsmanager legen Sie fest, ob Systemanwendungen in der Liste mit aufgelistet werden sollen oder nicht.

> **TIPP:** Manche Apps bieten die Möglichkeit, sie vom Hauptspeicher auf die Speicherkarte zu verschieben, um Hauptspeicher zu sparen. Die verschobenen Apps können genauso gestartet werden wie vorher. Diese Funktion muss aber von der jeweiligen App unterstützt werden. Apps, die Hintergrundfunktionen nutzen oder ein Widget auf dem Startbildschirm verwenden, lassen sich nicht auf die Speicherkarte verschieben. Bei einigen Apps ist die Abfrage beim Verschieben auf die Speicherkarte nicht sauber integriert, sodass sie sich zwar verschieben lassen, danach aber einige Funktionen nicht mehr genutzt werden können.

Deinstallieren über den Google Play Store

Eine dritte Methode, Apps zu deinstallieren, ist der Google Play Store. Hier finden Sie unter *Meine Apps* eine Liste der installierten Apps. Wählen Sie die App aus, die entfernt werden soll. Auf der Detailseite sehen Sie den Button *Deinstallieren*. Hier erscheint nur noch eine Abfrage, danach wird die App vom Samsung Galaxy S7 entfernt.

Apps über den Google Play Store deinstallieren.

Diese Methode funktioniert nur mit Apps, die über den Google Play Store installiert wurden. Apps aus anderen Quellen können auf diese Weise nicht deinstalliert werden. Bei einigen vorinstallierten Apps lassen sich nur die später heruntergeladenen Updates deinstallieren. Die App selbst bleibt installiert.

> ### Bloatware
>
> Frühere Generationen von Samsung-Smartphones enthielten jede Menge sogenannte Bloatware, Werbe-Apps für Pizzalieferdienste, Hotelbuchungsportale oder Taxirufe. Bloatware bedeutet auf Deutsch »Blähware«, Software, die das Betriebssystem aufbläht. Derartige Apps sind moderne Formen von Werbebannern, man sieht sie ständig in der Apps-Liste seines Smartphones, ohne sie wirklich zu brauchen. Auf dem Samsung Galaxy S7 hat Samsung die vorinstallierte Bloatware deutlich reduziert. Je nach Anbieter, bei dem man sein Smartphone kauft, kommt es sogar ganz ohne Bloatware.
>
> Alle Bloatware-Apps lassen sich über die Apps-Liste oder den Anwendungsmanager deinstallieren. Allerdings tauchen sie bei größeren System-Updates, bei denen die komplette Firmware des Smartphones ausgetauscht wird, jedes Mal wieder auf.

Apps per QR-Code installieren

Immer mehr Plakate und andere Offlinewerbeformen zeigen Internetadressen, die sich der vorbeigehende Betrachter allerdings merken oder aufschreiben muss. Im Gegensatz zur Bannerwerbung kann man eine URL auf einem Plakat nicht einfach anklicken.

Großformatige Werbung mit QR-Code auf dem Fußboden einer Einkaufspassage.

QR-Codes (**Q**uick **R**esponse = schnelle Antwort) bieten hier eine komfortable Lösung. Sie sind der schnelle Weg zu einer Webseite, ohne Adressen abzutippen. Diese grobpixeligen Schwarz-Weiß-Grafiken findet man inzwischen auch auf Fahrscheinen, Visitenkarten und T-Shirts. Auch an Straßenbahnhaltestellen, Fahrkartenautomaten und touristischen Sehenswürdigkeiten sind aktuelle Infos häufig per QR-Code abrufbar.

Um die mobile Version einer Webseite zu bewerben, bieten auch viele Webseitenbetreiber auf ihren Seiten QR-Codes an, die einen Link auf die mobile Seite enthalten. Scannt man mit der Kamera so einen Code, wird dieser von der entsprechenden Software ausgewertet, und die darin enthaltenen Daten werden direkt an den Browser übergeben. Voraussetzung dafür ist nur eine QR-Code-Lesesoftware auf dem Smartphone.

Barcode Scanner

Die App *Barcode Scanner* scannt QR-Codes, wertet sie aus und startet automatisch einen Browser, wenn es sich bei der im QR-Code gespeicherten Information um einen Weblink handelt. QR-Codes können neben Weblinks auch Telefonnummern, Kurztexte oder Kontaktdaten beinhalten.

Im Google Play Store finden sich diverse Apps zum Lesen von QR-Codes. Viele davon sind voller Werbung. Die hier vorgestellte Open-Source-App ist werbefrei und bietet gegenüber manchen anderen noch diverse interessante Zusatzfunktionen.

1. Starten Sie den *Barcode Scanner* auf dem Smartphone und halten Sie die Kamera auf einen QR-Code.

2. Sowie der Code erkannt wurde, zeigt der *Barcode Scanner* den Inhalt an. Bei einem Weblink gibt es direkt die Möglichkeit, einen Browser zu starten.

> **TIPP:** Mit dem *Barcode Scanner* können Sie auch Apps auf dem Samsung Galaxy S7 installieren. Scannen Sie dazu die im Buch abgedruckten QR-Codes. Diese führen direkt in den Google Play Store.

Der Barcode Scanner hat einen QR-Code erkannt.

3. Sie können auch direkt aus dem *Barcode Scanner* heraus den Link per E-Mail oder SMS weitergeben.

Daten zwischen zwei Smartphones per QR-Code weitergeben

Kontakte, Lesezeichen oder Apps lassen sich per QR-Code ganz einfach von einem Smartphone an ein anderes weitergeben. Dazu erzeugt man auf dem einen Gerät einen QR-Code auf dem Bildschirm und fotografiert diesen mit dem anderen Smartphone.

Der *Barcode Scanner* bietet über das Symbol *Senden* die Möglichkeit, QR-Codes für auf dem Smartphone gespeicherte Lesezeichen, Kontakte oder Apps auf dem Bildschirm anzuzeigen. Bei Apps wird ein Link auf die jeweilige App im Google Play Store generiert.

Scannen Sie dann mit dem anderen Smartphone ebenfalls mit dem *Barcode Scanner* den angezeigten QR-Code, und der entsprechende Link wird dort aufgerufen. Bei Adressen werden diese ins Adressbuch des Smartphones übernommen.

Auf diese Weise lassen sich auch beliebige Texte per Zwischenablage in den *Barcode Scanner* kopieren, der daraus einen QR-Code erzeugt, um den Text auf ein anderes Smartphone zu übertragen. Das funktioniert unabhängig vom Betriebssystem des empfangenden Smartphones. Nur QR-Codes, die auf Apps im Google Play Store verlinken, sind auf Android-Smartphones beschränkt.

Informationen per QR-Code von einem Smartphone an ein anderes weitergeben.

Alternativen zum Google Play Store

Neben dem Google Play Store gibt es noch weitere unabhängige Anbieter von Android-Apps, die auch andere Zahlungsmethoden anbieten, wie etwa Lastschrift oder Sofortüberweisung. Hobby-Programmierer und Open-Source-Projekte können auch nicht immer für jede Betaversion oder Neuentwicklung die Gebühr bezahlen, die Google für das Einstellen in den Play Store verlangt.

Zahlreiche Entwickler sind daher dazu übergegangen, ihre Apps zusätzlich oder gar ausschließlich über ihre eigenen Webseiten oder unabhängige Downloadportale anzubieten.

Apps werden außerhalb des Google Play Store als APK-Dateien zum Download angeboten. Diese können direkt über den Browser oder auch aus dem Dateianhang einer E-Mail auf dem Smartphone installiert werden. Die heruntergeladenen Dateien sind über den Dateimanager *Eigene Dateien* auf dem Samsung Galaxy S7 unter *Download-Verlauf* oder direkt nach dem Herunterladen über die Benachrichtigungen zu finden.

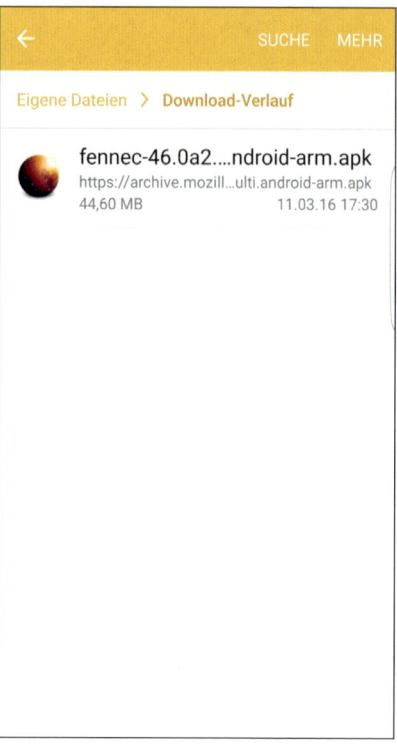

Heruntergeladene Apps installieren.

Je nach Einstellung des Smartphones kann bei der ersten Installation einer APK-Datei ein Hinweis erscheinen, dass Installationen aus unbekannten Quellen nicht zulässig sind. Direkt aus dieser Meldung heraus besteht Zugriff auf die zugehörige Systemeinstellung, mit der man die Installation aus unbekannten Quellen zulassen kann.

> **HINTERGRUND:** Die Installation einer App aus einer APK-Datei einer anderen vertrauenswürdigen Quelle ist technisch gleichermaßen sicher wie aus dem Google Play Store. Mit den Warnungen innerhalb des Betriebssystems macht Google Marketing für seinen Play Store. Auch dort haben es Entwickler immer wieder geschafft, bösartige Software zu verbreiten. Letztendlich ist jeder Anwender selbst dafür verantwortlich, welche Apps er auf seinem Galaxy S7 installiert. Diese Verantwortung kann einem kein App-Shop-Betreiber abnehmen, egal ob Google Play oder ein anderer. Apps von unbekannten chinesischen Downloadseiten oder gar über ein Werbebanner zu installieren, ist dagegen leichtsinnig.

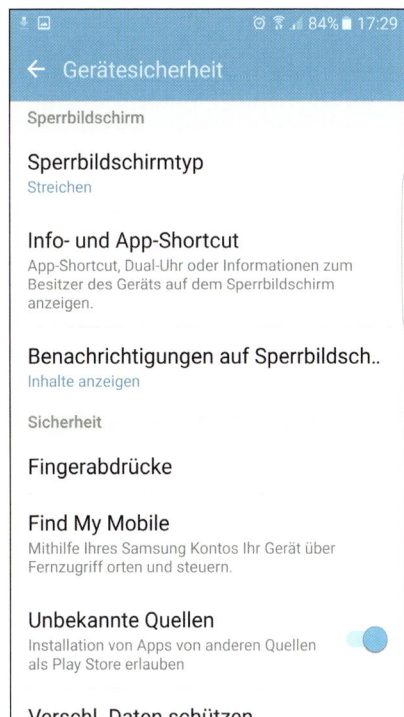

Installation aus unbekannten Quellen zulassen.

Samsung Galaxy Apps statt Bloatware

Samsung bietet einen eigenen App-Shop *Galaxy Apps* an, der auf dem Samsung Galaxy S7 über eine vorinstallierte App genutzt werden kann. Der Shop *Samsung Galaxy Apps* bietet spezielle Apps für Samsung-Nutzer an. Hier gibt es immer mal wieder Apps kostenlos, die bei Google Play bezahlt werden müssen. Außerdem bekommen Samsung-Kunden bei speziellen Aktionen Gutscheincodes zum Download von Apps aus dem Samsung Apps Shop. Dieser Shop wird auch benutzt, um diverse vorinstallierte System-Apps regelmäßig zu aktualisieren oder Erweiterungen wie zusätzliche Seiten-Paneele für das Samsung Galaxy S7 edge anzubieten.

Samsung verzichtet auf dem Samsung Galaxy S7 wie auch bei den aktuellen Betriebssystem-Updates für frühere Galaxy-Modelle weitgehend auf die Vorinstallation von Bloatware und hat dafür den App-Shop in zwei Bereiche aufgeteilt.

▪ **Galaxy Essentials** sind Apps, die speziell für das Samsung Galaxy S7 entwickelt wurden und interessante Zusatzfunktionen bieten.

▪ Im allgemeinen Bereich sind größtenteils Werbe-Apps und einige Spiele zu finden. Darunter fallen aber auch Apps von Drittentwicklern, bei denen Samsung seinen Nutzern Premium-Funktionen, die im Google Play Store bezahlt werden müssen, kostenlos anbietet.

 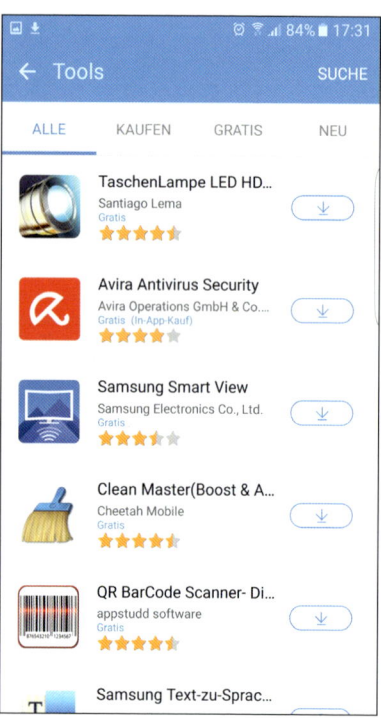

Der Samsung Galaxy Apps Shop.

Zur Verwendung ist auf dem Smartphone wie auch auf dem PC ein Samsung-Konto erforderlich, das in den meisten Fällen bereits bei der Ersteinrichtung eines Samsung-Galaxy-Smartphones angelegt wurde.

Kapitel 4

Online mit dem Samsung Galaxy S7

Internet unterwegs ist heute Alltag. Viele Nutzer verbringen inzwischen mehr Zeit mit dem Smartphone im Internet, als damit zu telefonieren. Schnell eine Fahrplanauskunft holen, eine eBay-Auktion verfolgen oder die aktuellsten Nachrichten des Tages lesen – der vorinstallierte Webbrowser auf dem Samsung Galaxy S7 macht es möglich.

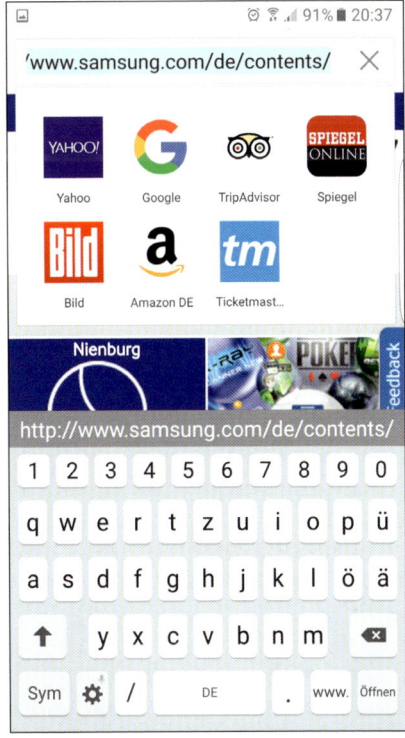

Der Standardbrowser auf dem Samsung Galaxy S7.

Die Bedienung des Samsung-Browsers ähnelt einem Browser auf dem PC mit ein paar Besonderheiten für den kleinen Touchscreen und die für Android typischen Bedienelemente.

Oben in die Browserzeile gibt man die gewünschte URL ein. Diese Zeile verschwindet automatisch, wenn eine Webseite angezeigt wird, um Platz auf dem Bildschirm freizugeben. Schieben Sie den Bildschirm ganz nach oben, um wieder zu dieser Eingabezeile zu kommen.

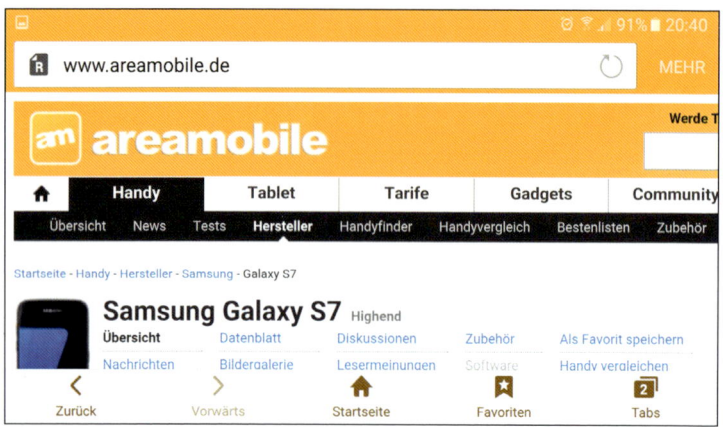

Eine Webseite im Querformat auf dem Samsung Galaxy S7.

Webseiten, die nicht speziell für Smartphones optimiert sind, lassen sich im Querformat oft besser darstellen. Halten Sie das Galaxy S7 quer, dreht sich die Darstellung automatisch, sodass in der Breite mehr Platz zur Verfügung steht.

Websuche mit Google

Um bei Google zu suchen, müssen Sie nicht erst den Browser starten, geben Sie einfach den gesuchten Begriff in das Suchfeld auf dem Startbildschirm ein. Sie können auch aus einer beliebigen App heraus länger die Home-Taste drücken, dann erscheint Google Now ebenfalls mit einem Suchfeld. Die Suchergebnisse werden in der Google-App angezeigt. Erst nachdem Sie auf ein Suchergebnis getippt haben, wird der Browser geöffnet.

Alternativ zum Suchfeld auf dem Startbildschirm können Sie einen Suchbegriff auch in die Adresszeile des Browsers eingeben, er wird dann über Google gesucht.

Die Google-Suche zeigt am Anfang Werbung, News und Bilder an. Scrollen Sie auf dem Bildschirm weiter nach unten, um zu den tatsächlichen Suchergebnissen zu kommen.

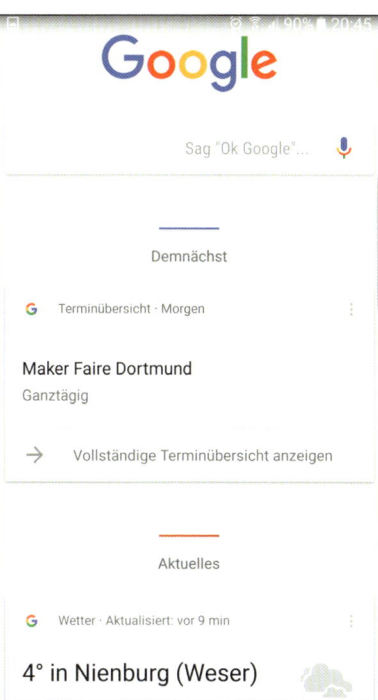

Google-Suchfeld auf dem Startbildschirm und in Google Now.

Websuche und lokale Suche mit Werbung bei Google auf dem Smartphone.

Die mobile Google-Suche bietet neben der Websuche auch eine lokale Suche nach Restaurants, Cafés und anderen Lokalitäten, sofern der eigene Standort erkannt wird. Damit dies funktioniert, müssen Sie beim ersten Aufruf der Google-Suche die Standortabfrage zulassen.

INFO: Das Samsung Galaxy S7 kann zur Standortbestimmung neben GPS auch Mobilfunkzellen und bekannte WLAN-Standorte nutzen, sodass die Positionsermittlung auch innerhalb von Gebäuden relativ genau funktioniert. Um die Standortbestimmung verwenden zu können, muss die *GPS*-Option in den Schnelleinstellungen eingeschaltet sein.

Tipps zum Samsung-Browser

Der Browser auf dem Samsung Galaxy S7 zeigt die meisten normalen Webseiten in einer gut lesbaren Schriftgröße an. Gibt es doch einmal Schwierigkeiten mit der Lesbarkeit, kann man auf der Seite zoomen.

Gezoomte Seite im Browser.

Dazu können Sie die Multitouch-Technik nutzen. Berühren Sie den Bildschirm mit zwei Fingern gleichzeitig und ziehen Sie beide Finger auseinander. Damit wird die Darstellung vergrößert und umgekehrt beim Zusammenschieben der Finger wieder verkleinert.

Noch einfacher zoomt man durch kurzes Doppeltippen auf den Bildschirm. Allerdings darf sich an der entsprechenden Stelle kein Link befinden. Die Seite wird vergrößert dargestellt. Nochmaliges Doppeltippen schaltet wieder auf die ursprüngliche Darstellung zurück.

Lesezeichen im Browser

Lesezeichen helfen, im Webbrowser eine bestimmte Webseite wiederzufinden. Speichern Sie deshalb Internetadressen, die Sie voraussichtlich später noch einmal brauchen, als Lesezeichen ab.

Tippen Sie dazu auf das *Favoriten*-Symbol unten im Browser und auf dem nächsten Bildschirm auf *Hinzufügen*. Jetzt erscheint ein Formular, in dem der Titel der Webseite bereits eingetragen ist. Er kann an dieser Stelle noch geändert werden.

Webseite als Lesezeichen speichern.

Bei Lesezeichen können Sie wählen, ob sie lokal auf dem Smartphone oder im Samsung-Konto gespeichert werden sollen. Über das *Favoriten*-Symbol unten rechts kommen Sie jederzeit schnell zur Liste aller gespeicherten Lesezeichen. Samsung und die Mobilfunknetzbetreiber haben auf einigen Geräten bereits ein paar Lesezeichen vordefiniert. Neben den Favoriten finden Sie hier auch noch eine Verlaufsliste der zuletzt besuchten Seiten.

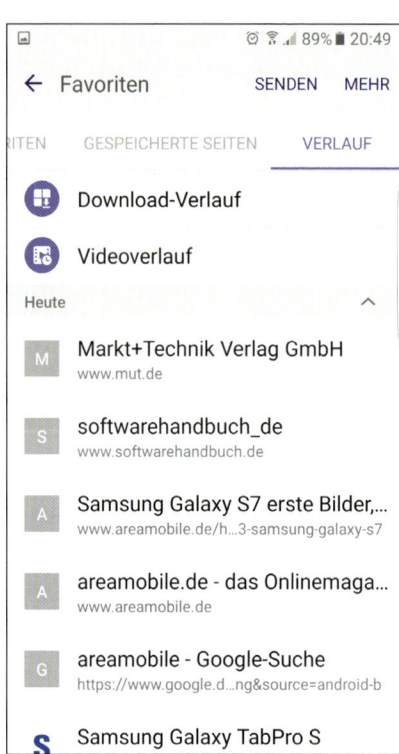

Lesezeichenliste und Verlaufsliste im Samsung-Browser.

Schnellzugriffsymbole auf der Startseite

Die Startseite des Browsers zeigt meistens eine Samsung-Werbung an. In den *Einstellungen* können Sie unter *Startseite* auf den Schnellzugriff umschalten, dann werden acht vordefinierte Schnellzugriffsymbole auf der Startseite angezeigt. Tippen Sie länger auf eines dieser Symbole, können Sie unerwünschte Werbesymbole entfernen. Um die aktuell besuchte Webseite zu den Schnellzugriffen hinzuzufügen, tippen Sie oben rechts auf *Mehr* und wählen dann im Menü *Zu Schnellzugriffen hinzufügen*. Die Schnellzugriffe werden auch angezeigt, wenn Sie oben in die Adresszeile tippen, lassen sich dort aber nicht bearbeiten.

Mehrere Webseiten gleichzeitig anzeigen

Das Symbol *Tabs* unten rechts zeigt die Anzahl der geöffneten Browserfenster und öffnet beim Antippen eine Liste der offenen Browsertabs. Hier können Sie zwischen den Tabs hin- und herwechseln sowie nicht mehr benötigte Tabs schließen, um Speicher freizugeben. Sie können zudem jederzeit neue Tabs öffnen.

Mehrere offene Browsertabs zum schnellen Umschalten zwischen Webseiten.

Desktop-Darstellung von Webseiten auf dem Smartphone

Viele Webserver entscheiden anhand der Browserkennung, die ein Gerät sendet, welche Version einer Webseite dargestellt werden soll. Immer mehr Webportale bieten ihre Inhalte für Smartphones in einer besonders schlanken, auf kleine Bildschirme optimierten Version an. Die mobilen Versionen der Webseiten lassen sich zwar auf dem Smartphone deutlich besser bedienen, enthalten aber oft nicht die kompletten Informationen der Desktop-Version. Möchten Sie die komplette Seite sehen, selbst wenn diese auf dem Smartphone nur eingeschränkt darstellbar ist, tippen Sie im Menü des Browsers auf *Desktop-Ansicht*.

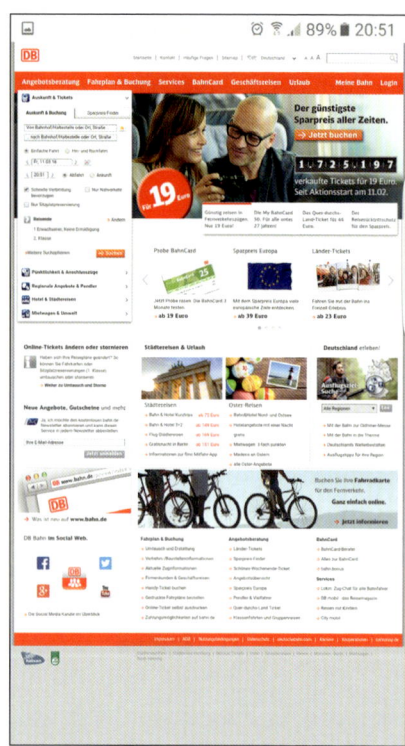

Die Webseite der Bahn ist ein gutes Beispiel für unterschiedliche Inhalte für mobile Nutzer und Desktop-Nutzer. Die Desktop-Version der Seite ist für Smartphones wenig geeignet.

ACHTUNG: Diese Umschaltung funktioniert nicht auf jeder Seite. Das hängt von der Methode ab, die der jeweilige Webserver verwendet, um PCs von Smartphones zu unterscheiden. Bedenken Sie auch, dass die Desktop-Versionen von Webseiten ein deutlich höheres Datenübertragungsvolumen verursachen als die für mobile Geräte optimierten Versionen.

Seiten zum Offlinelesen speichern

Nicht immer hat man mit dem Smartphone ausreichenden Mobilfunkempfang, um im Internet zu surfen. Dabei braucht man aber manchmal gerade in abgelegenen Gegenden oder im fahrenden Zug bestimmte Informationen, die man schon einmal auf einer Webseite gefunden hat.

Der Browser auf dem Samsung Galaxy S7 bietet die Möglichkeit, einzelne Seiten zum Offlinelesen zu speichern, sodass sie auch ohne Internetverbindung verfügbar sind. Tippen Sie im Browser oben rechts auf *Mehr* und wählen Sie die Option *Webseite speichern*, nachdem die gewünschte Seite vollständig im Browser geladen ist.

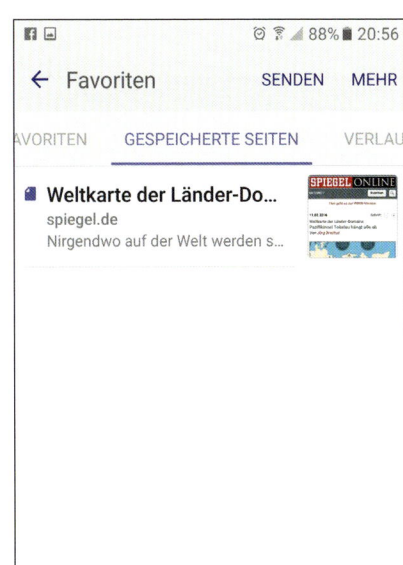

Zum Offlinelesen gespeicherte Webseiten.

Offline gespeicherte Webseiten lassen sich über das Symbol *Gespeicherte Seiten* in den Favoriten aufrufen.

ACHTUNG: Hier können Sie immer nur einzelne Artikel einer Webseite zum Offlinelesen speichern. Das Speichern kompletter Webangebote funktioniert nicht, da diese häufig Serverfunktionen benötigen, um die einzelnen Unterseiten aufzubauen. Interaktive Elemente lassen sich ebenfalls nicht offline speichern.

Begriffe im Wörterbuch nachschlagen

Der Samsung-Browser bietet die Möglichkeit, fremdsprachige Wörter auf einer Webseite in einem Offline-Wörterbuch oder bei Google nachzuschlagen.

Markieren Sie das zu suchende Wort durch langes Antippen im Browser. Sollte die Markierung nicht genau das Wort treffen, ziehen Sie die beiden blauen Marken an die passende Position. Tippen Sie auf das Symbol *Wörterbuch*. Beim ersten Mal wird eine Liste verfügbarer Wörterbücher angezeigt. Laden Sie hier das gewünschte Wörterbuch auf das Smartphone herunter.

Nachdem das Wörterbuch heruntergeladen ist, können Sie markierte Begriffe direkt in diesem Wörterbuch offline suchen. Bringt das Wörterbuch allein nicht die gewünschten Informationen, tippen Sie in der Symbolleiste auf *Internetsuche*, um den Begriff bei Google zu suchen.

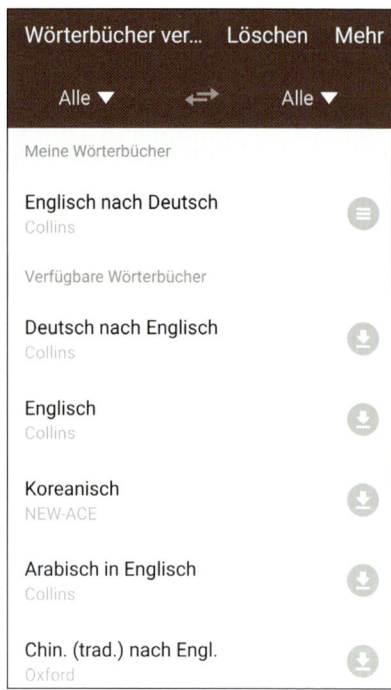

Wort auf einer Webseite markieren und Wörterbuch auswählen.

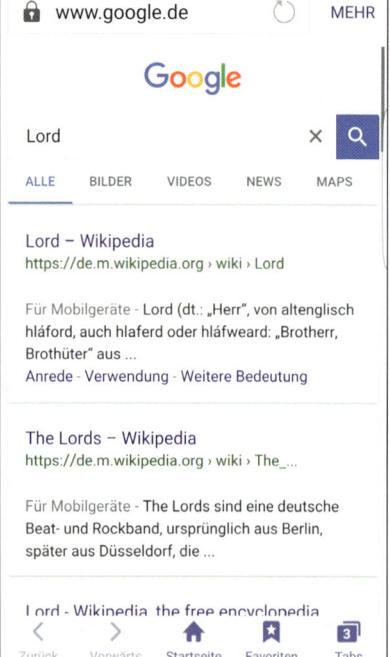

Einen Begriff von einer Webseite im Wörterbuch oder im Internet suchen.

WLAN optimieren

Zu Hause gehen Sie am besten über Ihren WLAN-Router mit dem Smartphone ins Internet. Dies spart nicht nur wertvolles Datenvolumen Ihrer Mobilfunkflatrate, die Übertragungsraten sind auch deutlich höher. Wie ein WLAN eingerichtet wird, haben Sie bereits bei der Ersteinrichtung des Smartphones erfahren.

Wesentlich einfacher, als jedes Mal die *Einstellungen* aufzurufen, ist es, das WLAN direkt über die Benachrichtigungsleiste ein- und auszuschalten. Ziehen Sie die Benachrichtigungsleiste nach unten, können Sie durch Antippen der entsprechenden Symbole WLAN, GPS, Bluetooth und die Bildschirmhelligkeit umschalten. All diese Funktionen belasten den Akku besonders stark.

WLAN in der Benachrichtigungsleiste ein- und ausschalten.

Schaltet man das WLAN auf diese Weise wieder ein, sucht sich das Smartphone automatisch unter den gespeicherten WLAN-Verbindungen diejenige mit der besten Signalstärke und verbindet sich damit – vorausgesetzt, der passende Schlüssel ist ebenfalls schon gespeichert.

Die Liste sichtbarer WLANs in der Nähe.

Halten Sie den Finger länger auf dem WLAN-Symbol, erscheint eine Liste aller WLANs in der Nähe. Tippen Sie oben rechts auf *Mehr* und wählen Sie die Option *WLAN im Standby aktivieren*. Hier lässt sich deutlich Akku sparen, wenn

Sie das WLAN im Ruhezustand automatisch abschalten lassen. Dann bleibt die Mobilfunkverbindung aktiv, damit das Smartphone weiterhin Benachrichtigungen über neue E-Mails und andere Aktivitäten erhalten kann, was allerdings das verbrauchte Datenvolumen erhöht, da Daten über das Mobilfunknetz übertragen werden, obwohl ein WLAN in Reichweite wäre. Sowie Sie das Samsung Galaxy S7 aus dem Stand-by-Modus wieder aufwecken, wird das WLAN automatisch wieder eingeschaltet.

Akku sparen

Schalten Sie das WLAN unterwegs – außerhalb der Reichweite eines WLANs – am besten ganz aus, um Strom zu sparen. WLAN mit oder ohne Empfang saugt den Akku schnell leer.

Wifi Analyzer

Die kostenlose App *Wifi Analyzer* findet WLANs in der Nähe und zeigt deren Kanäle und Signalstärke an. Läuft man mit dem *Wifi Analyzer* durchs Haus oder auch draußen durch die Straßen, lassen sich die Ausbreitungsbedingungen der verschiedenen WLANs gut ermitteln.

 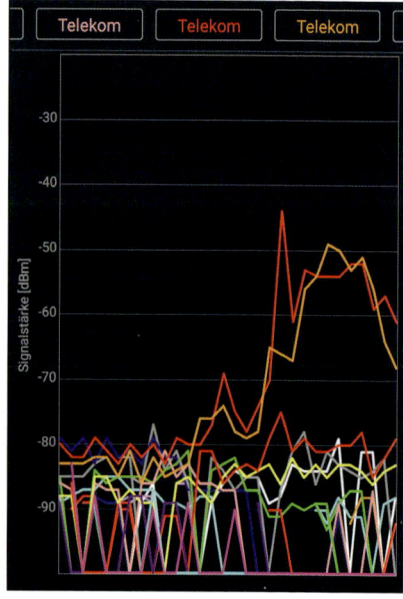

Wifi Analyzer zeigt Daten aller WLANs in Reichweite.

Auch beim Aufstellen des eigenen Routers kann diese App eine Hilfe sein. Wählen Sie den Kanal eines neuen WLAN-Routers immer so, dass möglichst viel Abstand zu den WLANs der Nachbarn gegeben ist. Router auf dicht nebeneinanderliegenden WLAN-Kanälen können Interferenzen verursachen, die den WLAN-Empfang schwächen.

Öffentliche WLANs nutzen

An immer mehr öffentlichen Plätzen, Bahnhöfen, Hotels oder Cafés kann man per WLAN mit dem Smartphone eine Verbindung ins Internet herstellen, ohne das Datenvolumen der Mobilfunkflatrate aufzubrauchen. In einigen Ländern sind öffentliche WLAN-Hotspots kostenlos nutzbar und auffällig gekennzeichnet.

> **ACHTUNG:** Im europäischen Ausland gibt es fast überall kostenloses WLAN in Restaurants, Hotels und auf öffentlichen Plätzen. Dagegen sind die Roamingkosten für die Mobilfunknutzung extrem hoch. Schalten Sie im Ausland die mobile Datenübertragung aus. Am besten schützen Sie sich vor Roamingkosten, wenn Sie bei Auslandsreisen die SIM-Karte aus dem Smartphone nehmen.

Am Telekom-Hotspot anmelden.

Die Telekom rüstet in Großstädten und an touristisch interessanten Orten Telefonzellen mit Hotspots aus, über die man mit persönlicher Zugangskennung oder über direkte Bezahlung mit einem eigenen Notebook, Tablet oder Smartphone ins Internet kommt. An derzeit 105 großen Bahnhöfen Deutschlands bietet die Telekom öffentliche Hotspots an. Dabei sind die ersten 30 Minuten pro Tag kostenlos. Besucher der DB-Lounges können die Hotspots im Bereich der DB-Lounges an vielen Bahnhöfen kostenlos und ohne Anmeldung nutzen.

Telekom-HotSpots werden in der Liste verfügbarer WLANs als offene Netzwerke angezeigt. Nach der Verbindung erscheint die Benachrichtigung *Im Netzwerk anmelden*. Es öffnet sich ein Browserfenster, geben Sie dort die Zugangsdaten ein. Bei kostenlosen Telekom-Hotspots brauchen Sie nur auf einen Button zu klicken. Erst danach können Sie andere Apps über dieses WLAN nutzen.

Alternative Browser für Android

Wie auf dem PC haben unabhängige Softwarehersteller auch für Android-Smartphones weitere Browser entwickelt, die interessante Funktionen bieten und so zahlreiche Fans für sich gewinnen konnten.

Aber auch auf dem Smartphone ist wie auf dem PC kein Browser objektiv der beste. Die Browserwahl ist immer eine Frage des persönlichen Geschmacks. Wir zeigen Ihnen hier zwei beliebte Alternativen zum Samsung-Standardbrowser.

Google Chrome

Google bietet seinen Browser Chrome, der auf dem PC in kürzester Zeit größte Beliebtheit erreichte, auch für Android an. Auf dem Samsung Galaxy S7 ist Chrome parallel zum Samsung-Browser bereits vorinstalliert.

Chrome bietet wie auf dem PC einen sehr schnellen Seitenaufbau, flüssiges Zoomen und Scrollen sowie Surfen in mehreren Tabs. Tabs und Lesezeichen werden zwischen PC und Smartphone synchronisiert, sodass man zu Hause direkt weitersurfen kann, wenn man unterwegs eine interessante Webseite entdeckt hat. Dazu müssen Sie sich nur beim ersten Start in Chrome mit Ihrem Google-Konto anmelden.

Vor der ersten Verwendung fragt Chrome, ob Sie die Optimierung aktivieren möchten. Bei eingeschalteter Optimierung werden besuchte Seiten von

Google optimiert, um die Größe und damit den Datenverbrauch im Mobilfunk automatisch zu reduzieren, ohne dabei Qualitätseinbußen zu haben. Sie können diese Einstellung auch jederzeit nachträglich in den Chrome-Einstellungen unter *Datenkomprimierung* ändern.

Der Chrome-Browser auf dem Samsung Galaxy S7.

Intelligente Textauswahl

Die sogenannte intelligente Textauswahl in Android 6 Marshmallow steht nicht nur im Chrome-Browser, sondern auch in diversen anderen unterstützten Apps zur Verfügung. Markieren Sie ein Wort oder einen Textbereich durch Antippen, können Sie diesen direkt in die Zwischenablage kopieren oder über die drei Punkte in der Symbolleiste mit anderen Apps teilen. Ziehen Sie an einem der blauen Griffe, können Sie die Markierung auf einen größeren Textbereich ausdehnen.

Tippen Sie unten auf die Google-Leiste, wird der markierte Text bei Google gesucht, ohne die aktuelle App zu verlassen.

Die intelligente Textauswahl im Chrome-Browser.

Surfen in mehreren Tabs

Möchten Sie schnell etwas nachsehen, ohne die gerade geöffnete Webseite zu verlassen, öffnen Sie auf dem PC einen neuen Tab im Browser, in manchen Browsern auch als Registerkarte bezeichnet. Dies funktioniert auf dem Smartphone ebenfalls.

Tippen Sie oben rechts auf das Symbol *Mehr* und wählen Sie *Neuer Tab*. Einige Links auf Webseiten öffnen automatisch neue Tabs im Browser.

Chrome zeigt die geöffneten Browsertabs auf dem Samsung Galaxy S7 klassisch innerhalb des Browsers an, auf anderen Android-6-Smartphones standardmäßig wie geöffnete Apps.

Ein Symbol oben rechts neben der Adresszeile des Browsers öffnet eine Liste der offenen Browserfenster. Hier können Sie zwischen den Fenstern hin- und herwechseln sowie nicht mehr benötigte Tabs schließen. Oben links können Sie einen neuen Tab anlegen.

Möchten Sie lieber die moderne Darstellung der Tabs als Apps, tippen Sie im Chrome-Browser auf das Menüsymbol und wählen *Einstellungen*. Tippen Sie dort auf *Tabs und Apps zusammen anzeigen* und aktivieren Sie diesen Schalter.

Sie brauchen dann nur auf die linke Taste am unteren Bildschirmrand zu tippen. Hier lassen sich geöffnete Browsertabs auch schnell wie Apps schließen.

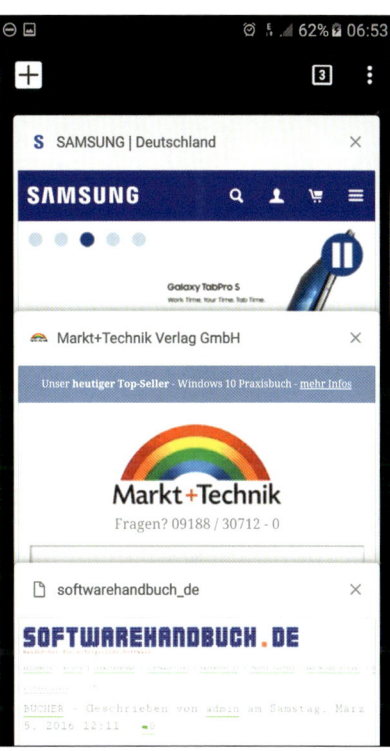

Die Liste der offenen Browserfenster innerhalb der Apps-Liste oder einzeln im Browser.

Lesezeichen-Widget auf dem Startbildschirm

Besonders häufig gebrauchte Webseiten können Sie sich auch direkt auf den Startbildschirm legen. Ein Tipp startet den Browser und ruft direkt das Lesezeichen auf. Das Widget *Chrome Lesezeichen* aktualisiert sich selbstständig und zeigt in einem scrollbaren Fenster Vorschaubilder aller im Browser angelegten Lesezeichen an.

Halten Sie das Lesezeichen-Widget eine kurze Zeit, können Sie es in der Größe verändern und so mehr oder weniger Lesezeichen gleichzeitig auf dem Startbildschirm darstellen. Ziehen Sie es dazu mit den Anfasserpunkten auf den Kanten in die gewünschte Form.

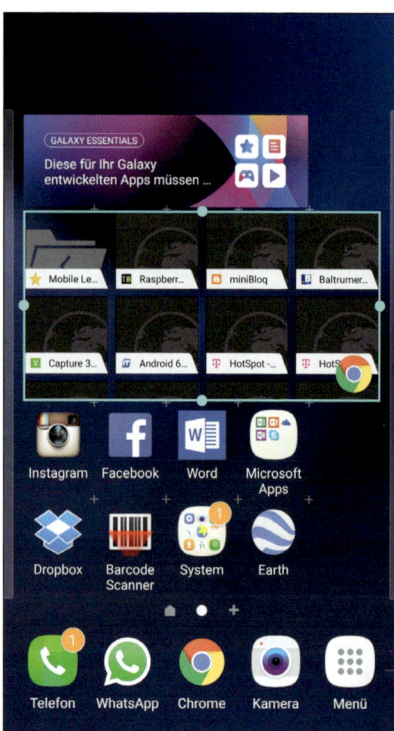

Lesezeichen-Widget für den Startbildschirm.

Seitenlinks weitergeben

Wer eine interessante Internetseite gefunden hat, kann diese, ohne sie sich zwischendurch merken zu müssen, an Freunde weiterleiten.

Wählen Sie dazu im Menü des Chrome-Browsers die Option *Teilen*. Jetzt öffnet sich die Auswahl aller im System eingetragenen Kommunikationsmethoden, die sich zum Weiterleiten oder Speichern von Internetadressen eignen. Standardmäßig sind auf dem Samsung Galaxy S7 bereits diverse Apps dafür installiert. Nach der Installation weiterer Apps tragen sich unter anderem auch Facebook, Google+ und Twitter in diese Liste ein. Wählen Sie hier die gewünschte Methode aus und leiten Sie so den Link zur aktuellen Webseite weiter.

Bei E-Mails wird die Betreffzeile automatisch mit dem Seitentitel gefüllt und der eigentliche Link in den Mailtext eingetragen, sodass der Empfänger lediglich darauf zu klicken braucht. Sie müssen nur noch den Empfänger angeben und vielleicht noch einen freundlichen Satz in die Mail schreiben, damit die Internetadresse nicht ganz so unvermittelt beim Empfänger ankommt.

Seite im Chrome-Browser teilen.

Das Symbol *In Zwischenablage* kopiert die Adresse in die Zwischenablage, um sie als Text in eine beliebige andere App einfügen zu können.

Anonym surfen

Der Chrome-Browser auf Smartphones hinterlässt genauso wie ein PC-Browser in der Verlaufsliste, in Cookies und Temporärdateien Spuren des eigenen Tuns im Netz. Diese bieten jedem, der Zugriff auf das Gerät hat, freien Einblick auf alle Seiten, die Sie zuletzt besucht haben.

Möchten Sie nicht, dass ein anderer Benutzer des Smartphones sieht, dass Sie bestimmte Webseiten besucht haben, können Sie für diese Seiten den Inkognito-Modus nutzen. Dazu wird immer ein neues Browserfenster gestartet.

Wählen Sie dazu im Menü *Neuer Inkognito-Tab*. Es öffnet sich ein neues Fenster mit einem Hinweis zum Inkognito-Modus. Zur deutlichen Unterscheidung haben Inkognito-Tabs oben eine dunkle Titelleiste.

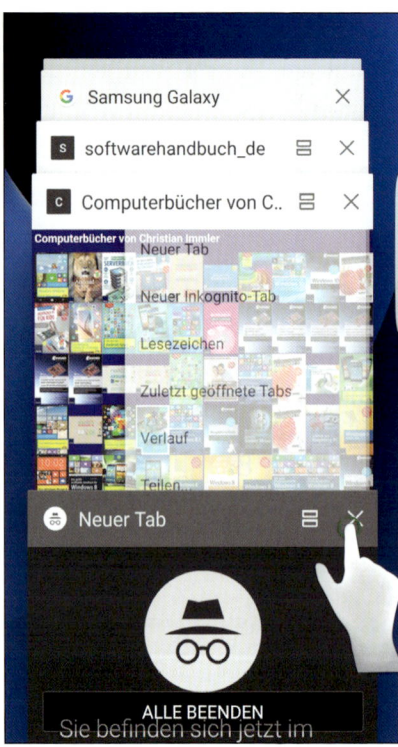

Inkognito-Modus im Browser aktivieren und beenden.

Öffnen Sie einen Link aus einem Inkognito-Tab, der einen neuen Tab öffnet, wird dieser ebenfalls im Inkognito-Modus geöffnet. Mit dem Schließen des letzten Inkognito-Tabs wird dieser Modus wieder beendet.

> **TIPP:** Möchten Sie nachträglich Ihre Spuren verwischen, die sich beim Surfen im »normalen« Modus angesammelt haben, wählen Sie im Menü des Browsers *Einstellungen/Datenschutz*. Tippen Sie dort ganz unten auf *Browserdaten löschen*. Dort können Sie den Cache und Verlauf löschen sowie Cookies, gespeicherte Formulardaten und Passwörter.

Chrome als Standardbrowser einrichten

Samsung hat den Chrome-Browser zwar auf dem Samsung Galaxy S7 vorinstalliert, aber nicht als Standardbrowser. Wer grundsätzlich lieber Chrome als den einfachen Samsung-Browser nutzt, kann die Standardeinstellung leicht umstellen. Um den Samsung-Browser verschwinden zu lassen, müssen zwei Einstellungen verändert werden:

- Symbol in der unteren Leiste des Startbildschirms austauschen.

- Standardbrowser-Einstellung ändern, damit bei der Eingabe eines Suchbegriffs oder beim Antippen eines Weblinks in einer E-Mail automatisch
  Chrome gestartet wird.

So gehen Sie vor:

1. Um das Symbol auszutauschen, halten Sie das »alte« *Internet*-Symbol länger,
   bis am oberen Bildschirmrand das Symbol *Entfernen* erscheint. Ziehen Sie
   das *Internet*-Symbol darauf, verschwindet es aus der Symbolleiste am unteren Bildschirmrand. Diese rutscht automatisch zusammen, sodass keine
   sichtbare Lücke zurückbleibt.

Internet-Symbol gegen Chrome austauschen.

2. Suchen Sie jetzt das *Chrome*-Symbol im vorinstallierten Ordner *Google Apps*,
   halten Sie es einen kurzen Moment und ziehen Sie es an die gewünschte
   Position in der Symbolleiste am unteren Bildschirmrand. Damit wird es
   automatisch dort verankert.

3. Um die Standardbrowser-Einstellung zu ändern, brauchen Sie nicht mehr
   irgendeinen Suchbegriff in das Suchfeld auf dem Startbildschirm einzugeben. Samsung hat eine einfache Browserumschaltung eingebaut, die dem

Standard-Android fehlt. Tippen Sie in den *Einstellungen* unter *Anwendungen* auf *Standardanwendungen* und dort auf *Browser-App*. Hier wählen Sie den gewünschten Standardbrowser einfach aus. Dies gilt auch für alle zusätzlich installierten Browser wie z. B. Firefox.

Standardbrowser wählen.

Firefox

Firefox für Android basiert auf der gleichen Technologie wie der beliebte Browser für PCs. Auch auf dem Smartphone überzeugt Firefox durch seine extrem schlanke wie auch funktionelle Oberfläche. Tippt man oben rechts auf die kleine Ziffer, erscheinen links Tabs mit weiteren Seiten.

Die aktuelle Firefox-Version unterstützt alle wichtigen aktuellen Webtechnologien wie Tabs, JavaScript und HTML-Layer und bietet auch weitreichende HTML5-Unterstützung.

Natürlich bietet Firefox auch alle Funktionen moderner Android-Browser, wie einen privaten Modus, Umschaltung auf die Desktop-Version von Webseiten, Lesezeichen, Chronik und das Teilen von Internetadressen über verschiedene Kommunikationswege.

Infoseite und Tabs im mobilen Firefox.

Die kombinierte Such- und Adressleiste findet schnell einen gesuchten Begriff in der Chronik der besuchten Seiten wie auch über verschiedene Suchmaschinen. Dabei kann man als Benutzer in der Symbolleiste am unteren Bildschirmrand auswählen, wo gesucht werden soll. Weitere Suchanbieter können über Add-ons eingebunden werden.

Die Chronik, die Liste der meistbesuchten Seiten sowie die Lesezeichen erreichen Sie in Firefox durch einfaches Antippen der Adresszeile.

Firefox Sync

Per Firefox Sync lassen sich Lesezeichen, Passwörter und Formulareingaben mit anderen Smartphones oder Firefox auf dem PC synchronisieren, sodass man nicht alles auf dem Smartphone neu eingeben muss. Sie finden die Lesezeichen sowie die Chronik der zuletzt geöffneten Webseiten automatisch auch auf dem Smartphone. Dazu legen Sie auf dem PC ein Firefox-Konto an und melden sich mit demselben Konto auch bei Firefox für Android an.

Firefox Sync einrichten.

Firefox Add-ons

Firefox bietet auf dem Smartphone eine ähnliche Add-on-Technik wie auf dem PC. Über solche nachträglich installierbaren Add-ons lassen sich zusätzliche Funktionen hinzufügen oder das Aussehen von Firefox verändern.

Firefox-Add-ons installieren.

Wikipedia

Wikipedia ist das beliebteste aller Onlinelexika und wird ständig aktualisiert und erweitert. Wikipedia ist nicht nur auf dem PC interessant, sondern oft auch unterwegs, wenn man schnell etwas wissen möchte. Ein Smartphone eignet sich dabei hervorragend als mobiles Lexikon.

Wikipedia bietet seine Inhalte für verschiedenste Geräte an. Neben der normalen Version zur Darstellung im Webbrowser auf dem PC gibt es auch Versionen, die speziell für die Darstellung auf mobilen Geräten optimiert sind. Besucht man die deutsche Webseite der Wikipedia *de.wikipedia.org* mit dem Chrome-Browser auf dem Smartphone, wird automatisch auf die mobile Variante *de.m.wikipedia.org* umgeschaltet.

Mobile und Desktop-Version der Wikipedia-Webseite.

Die für Mobilgeräte optimierte Version der Wikipedia hat auf Smartphones deutliche Vorteile. Schriftgröße und Zeilenbreite werden automatisch angepasst. Bilder werden dargestellt, ohne sie als Benutzer verkleinern zu müssen. Um den Seitenaufbau zu beschleunigen, werden die Unterkapitel zunächst nur als Überschrift angezeigt, tippt man darauf, lädt das Unterkapitel nach. Auch hier können Sie die neue intelligente Textmarkierung nutzen, um Begriffe aus der Wikipedia-Seite direkt bei Google zu suchen.

Sollte ein Artikel in der mobilen Version nicht vollständig dargestellt werden, finden Sie ganz unten auf jeder Wikipedia-Seite einen Link zum Umschalten auf die klassische Ansicht, ohne den Browser selbst umschalten zu müssen. Auf die gleiche Weise kommen Sie von der klassischen Ansicht auch wieder zurück zur mobilen Ansicht.

Die offizielle Wikipedia-App

Die offizielle App der Wikipedia bietet mehr als nur eine schnellere Suche und Darstellung der Wikipedia-Artikel auf dem Smartphone. In der App lassen sich Seiten zum Offlinelesen speichern. Außerdem gibt es eine Verlaufsanzeige der zuletzt gelesenen Wikipedia-Artikel. Die Wikipedia-App lässt sich auf alle von Wikipedia unterstützten Sprachen umschalten.

Die aktuelle Version der Wikipedia-App liefert ähnlich wie die Wikipedia-Webseite bereits beim Suchen Vorschläge passender Wikipedia-Artikel. Eine Wischgeste vom rechten Bildschirmrand blendet ein Inhaltsverzeichnis für den aktuell angezeigten Artikel ein. Die App bietet für Wikipedia-Autoren die Möglichkeit, sich anzumelden und Seiten als Lesezeichen in der App zu speichern. Der Menüpunkt *In der Nähe* findet auf einer Karte Wikipedia-Artikel zu Orten oder Gebäuden in der eigenen Umgebung.

> **INFO:** Bevor Wikipedia die eigene offizielle App veröffentlichte, gab es schon diverse andere Wikipedia-Apps, die aber häufig Werbung enthalten und einen geringeren Funktionsumfang bieten. Einige von diesen sind immer noch im Google Play Store zu finden. Achten Sie daher darauf, die offizielle Wikipedia-App zu installieren.

KAPITEL 5

Kommunikation mit dem Smartphone

Die ursprüngliche Aufgabe eines Handys war schon immer die Kommunikation. Neben Telefonieren und SMS sind auf Smartphones diverse moderne Kommunikationsformen dazugekommen. So ist es heute selbstverständlich, dass man seine E-Mails auf dem Smartphone liest und beantwortet und auch Kontakte in sozialen Netzwerken von unterwegs pflegt.

Google Mail – Gmail

Android und Google sind zwei enge Verwandte, so wundert es nicht, dass Google-Mail-Konten auf Android-Smartphones besonders gut unterstützt werden. Auf den Geräten ist (fast) immer eine eigene App für Googles Mailservice Gmail vorinstalliert, die ständig mit dem Google-Konto synchronisiert wird, sodass man über neue E-Mails automatisch in Echtzeit benachrichtigt wird.

> **INFO:** Google Mail tritt in den meisten Ländern inzwischen unter dem Markennamen Gmail auf. In Deutschland und Großbritannien durfte dieser Name wegen eines Rechtsstreits mit dem Betreiber eines privaten Postdienstes lange Zeit nicht verwendet werden. Google verwendet mittlerweile einheitlich *mail.google.com*. Die E-Mail-Adressen *@googlemail.com* und *@gmail.com* können gleichwertig verwendet werden. In Polen und China darf Google den Namen Gmail weiterhin nicht verwenden.

Die Gmail-App synchronisiert automatisch mit dem bei der Einrichtung des Smartphones festgelegten Google-Konto. Zusätzlich zu diesem können Sie über den Menüpunkt *Einstellungen* der Gmail-App später noch weitere Google-Konten hinzufügen.

E-Mails lesen

Kommt eine neue E-Mail an, blinkt die LED des Samsung Galaxy S7 und es ertönt ein Benachrichtigungston. In der Benachrichtigungsleiste erscheint dann das Gmail-Symbol.

Ziehen Sie die Benachrichtigungsleiste nach unten, werden Absender, Betreff, Zeit und die ersten Textzeilen der E-Mail angezeigt.

 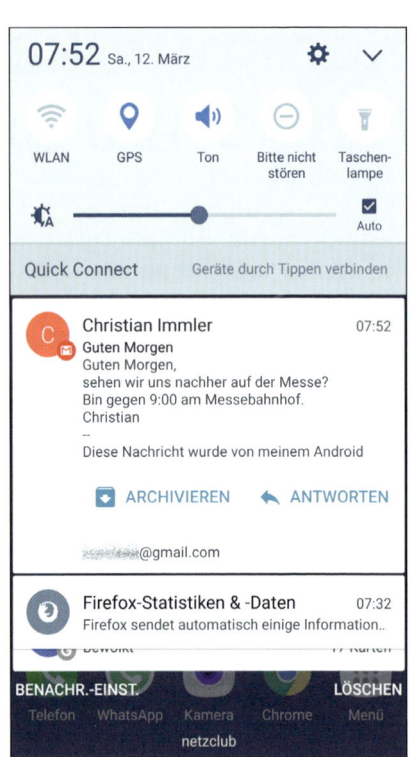

Benachrichtigung über neue E-Mail.

Tippen Sie auf diese Benachrichtigung, um die Gmail-App zu starten. Tippen Sie hier auf eine E-Mail, wird diese in voller Länge angezeigt. Mit dem Pfeilsymbol oben links kommen Sie aus der Ansicht einer E-Mail zurück in den Posteingang.

Ist vom Absender ein Kontaktfoto bei Google+ oder im eigenen Google-Konto hinterlegt, wird automatisch ein Bild des Absenders anstelle des Anfangsbuchstabens in der E-Mail angezeigt.

Neue E-Mails in Gmail.

E-Mails beantworten

Um eine E-Mail zu beantworten, tippen Sie auf das Symbol *Antworten* unterhalb der Mail oder auf das Pfeilsymbol oben rechts. Es öffnet sich ein Antwort-
formular. Der Cursor wird automatisch an der richtigen Stelle positioniert,
sodass man direkt mit dem Schreiben der Antwort beginnen kann.

Mit dem Schalter *Text zitieren* legen Sie fest, ob die Originalmail als Zitat in der
Antwort eingefügt werden soll. Mithilfe der Schaltfläche *Inline antworten* können Sie Ihre Antworten direkt an den passenden Stellen in die Originalmail
einfügen. Tippen Sie auf *Antworten*, können Sie zwischen der Antwort an den
Absender, der Antwort an alle oder Weiterleiten wählen.

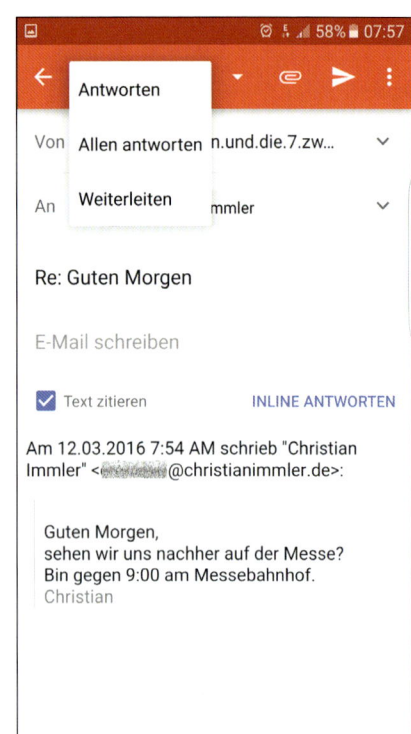

E-Mail in Gmail beantworten.

Haben Sie die Antwort geschrieben, tippen Sie oben rechts auf das Symbol mit dem Pfeil, um die E-Mail abzuschicken.

E-Mails schreiben

Eine neue Mail zu schreiben, funktioniert prinzipiell genauso, wie eine Mail zu beantworten. Tippen Sie dazu in der Gmail-App unten rechts auf das Stiftsymbol.

> **Sinnvolle Betreffzeile**
>
> Tragen Sie in die Betreffzeile etwas Sinnvolles ein, damit der Empfänger sofort weiß, worum es in der Mail geht. Die Betreffzeile ist auch ein wichtiges Kriterium für Spamfiltersoftware. Schreiben Sie hier vollständige deutsche Wörter und nicht nur »Hey« oder Ähnliches, wenn Sie möchten, dass Ihre E-Mail auch ankommt.

E-Mail aus Gmail oder aus der Kontaktliste schreiben.

Beim Eintippen des Empfängers werden automatisch Personen aus der Kontaktliste vorgeschlagen, die Sie durch einfaches Antippen auswählen können. Üblicherweise schreiben Sie eine E-Mail nicht einfach, um eine E-Mail zu schreiben, sondern um einer bestimmten Person etwas mitzuteilen. Da liegt es nahe, direkt aus der Kontakte-App zu starten.

1. Rufen Sie die App *Kontakte* auf und suchen Sie die betreffende Person.

2. Tippen Sie auf den gewünschten Personeneintrag, erscheinen die Kontaktdetails. Wählen Sie hier die E-Mail-Adresse aus.

3. Im Fenster *Senden via* wählen Sie Gmail oder eine installierte E-Mail-App. Möchten Sie immer Gmail nutzen, tippen Sie anschließend auf *Immer*, und Gmail wird als Standard zum Schreiben von E-Mails festgelegt.

4. Danach öffnet sich automatisch die Gmail-App, und der Cursor springt gleich in die Betreffzeile. Der E-Mail-Empfänger ist automatisch eingetragen, als Absender wird das E-Mail-Konto gewählt, aus dessen Adressbuch der Kontakteintrag stammt.

E-Mail an mehrere Personen schreiben

Wenn Sie E-Mails an mehrere Empfänger verschicken, gibt es diverse Möglichkeiten, die Adressen anzugeben:

Adressierung	Beschreibung
An:	Diese Empfänger werden direkt adressiert, sie stehen in der Zeile *An:* im Mailtext, die Adressen sind für alle Empfänger zu lesen.
Cc:	**C**arbon **C**opy: Die in dieser Zeile aufgeführten Empfänger erhalten einen »Durchschlag« der E-Mail zur Kenntnisnahme. In diesem Fall sind die Empfänger der Carbon Copy für alle anderen Empfänger der Mail zu erkennen.
Bcc:	**B**lind **C**arbon **C**opy: Eine Blindkopie verhindert, dass die Empfänger dieser Kopie beim Originalempfänger oder auch bei den Empfängern regulärer Carbon Copys erkannt werden können.

Wenn Sie eine E-Mail in Gmail schreiben, ist standardmäßig nur das Feld *An:* zu sehen. Die Felder für *Cc:* und *Bcc:* können Sie hinzufügen, indem Sie auf den kleinen Pfeil rechts im Feld *An:* tippen.

Nicht jede E-Mail muss aufs Handy

Wenn Sie viele E-Mails bekommen, richten Sie bei Gmail auf dem PC Filterregeln ein, die den E-Mails Labels zuweisen.

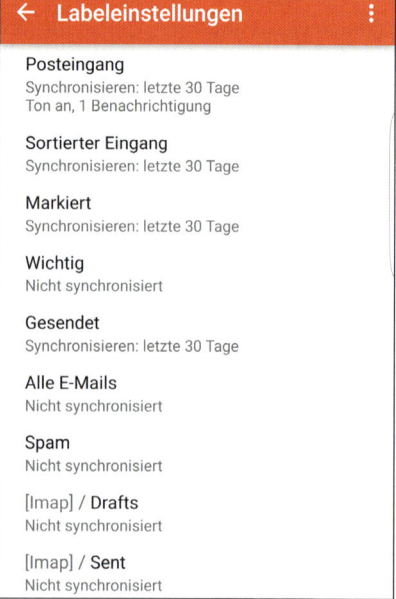

Labels zur Synchronisation auswählen.

Dann können Sie in den *Einstellungen* der Gmail-App festlegen, welche Labels die App synchronisieren soll, also welche E-Mails auf das Smartphone zugestellt werden sollen und welche nicht. Bei jedem Label legen Sie in den *Einstellungen* der Gmail-App fest, ob alle E-Mails, nur die der letzten 30 Tage oder gar keine synchronisiert werden sollen.

Die Einstellungen erreichen Sie über das Symbol oben links in der Ecke oder mit einer Wischgeste vom linken Bildschirmrand. Wählen Sie in den Einstellungen das Google-Konto und anschließend *Labels verwalten*. Bei synchronisierten Labels können Sie auch die Art der Benachrichtigung sowie den Klingelton für neue E-Mails festlegen.

Fotos per E-Mail senden

Ähnlich wie vom PC lassen sich auch vom Android-Smartphone Dateien per E-Mail verschicken. Schreiben Sie dazu zunächst wie gewohnt in der Gmail-App die Mail und tippen Sie dann auf das Symbol mit der Büroklammer. Wählen Sie hier *Datei anhängen*. Dann können Sie ein auf dem Smartphone gespeichertes Foto auswählen. Um ein auf dem Smartphone oder der Speicherkarte gespeichertes Foto an die E-Mail anzuhängen, tippen Sie auf *Bilder*. Hier finden Sie alle Ihre Fotos. Installierte Dateimanager und verschiedene andere Apps klinken sich hier ebenfalls mit ein, sodass Sie auch darüber E-Mail-Anhänge auswählen können.

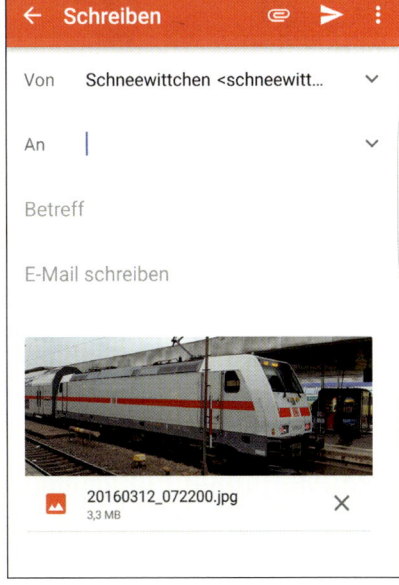

Datei als Anhang auf dem Smartphone oder aus Google Drive auswählen und als Mailanhang verschicken.

Zudem haben Sie die Möglichkeit, Dateien aus dem Cloud-Speicher Google Drive direkt als E-Mail-Anhang auszuwählen, ohne die Datei erst auf das Smartphone herunterladen zu müssen.

Anstatt die Gmail-App zu starten und dann das Bild auszuwählen, können Sie auch direkt aus der Galerie-App ein Bild verschicken. Tippen Sie in der Bildanzeige unten auf das Symbol *Senden* und wählen Sie dann die Gmail-App aus.

Automatisch öffnet sich eine neue E-Mail, in der Sie jetzt noch den Empfänger, Betreff und einen Text einfügen müssen. Das Foto ist bereits angehängt.

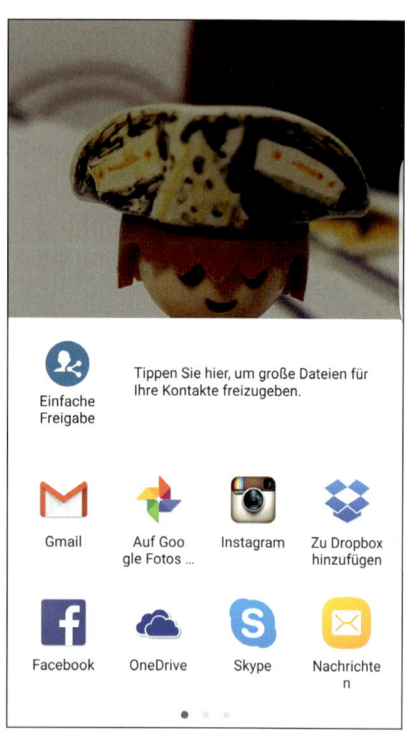

Foto aus der Galerie-App versenden.

Andere E-Mail-Konten einrichten und nutzen

Die Gmail-App in Android 6 Marshmallow unterstützt neben Gmail auch E-Mail-Konten anderer Anbieter, sodass nicht mehr wie früher mehrere E-Mail-Apps nötig sind. Bei den meisten E-Mail-Anbietern können Sie mit E-Mail-

Adresse und Passwort das Mailkonto auf dem Samsung Galaxy S7 automatisch einrichten, da die Serverdaten in der App bekannt sind. Bei E-Mails auf eigenen privaten Domains ist die automatische Einrichtung in den meisten Fällen nicht möglich.

1. Wählen Sie in den *Einstellungen* der Gmail-App *Konto hinzufügen* und dann *Persönlich (IMAP/POP)*.

2. Jetzt erscheint automatisch der Einrichtungsassistent. Geben Sie hier Ihre Mailadresse an.

E-Mail-Konto bei einem anderen Anbieter in der Gmail-App eintragen.

3. Wenn Sie auf *Weiter* klicken, richtet die App das E-Mail-Konto automatisch ein, wenn die Serverdaten des E-Mail-Anbieters bekannt sind. Können die Serverdaten nicht automatisch ermittelt werden, schaltet der Einrichtungsassistent automatisch auf die manuelle Einrichtung um.

4. Wählen Sie jetzt noch, wie oft die App auf dem Mailserver nach neuen Nachrichten sehen soll. Hier können Sie auch festlegen, ob beim Eingang neuer E-Mails eine Benachrichtigung erscheinen soll. In den Kontoeinstellungen können Sie später auch noch einen Klingelton für diese Benachrichtigungen auswählen.

5. Im letzten Schritt geben Sie dem neu eingerichteten E-Mail-Konto noch einen eindeutigen Namen. Wird kein Name vergeben, bekommt das Konto in der Liste die E-Mail-Adresse als Namen.

6. Mit *Weiter* ist das Mailkonto eingerichtet. Jetzt wird eine Verbindung zum Server hergestellt und die E-Mails werden abgerufen.

Tipps zur Gmail-App

Die Gmail-App bietet neben der Unterstützung für Mailkonten anderer An-bieter auch noch ein paar nette Kleinigkeiten, die den Umgang mit E-Mails vereinfachen.

Eine Wischbewegung vom linken Bildschirmrand blendet ein Seitenmenü ein, in dem Sie über die runden Symbole oben schnell zwischen den eingerichte-ten Mailkonten wechseln können. Kleine Zahlen zeigen, wie viele ungelesene E-Mails in den Mailkonten und Labels liegen.

Seitenmenü und Auswahl mehrerer E-Mails.

Mehrere E-Mails auf einmal zu löschen oder als gelesen zu markieren, ist einfacher geworden. Tippen Sie auf die runden Absendersymbole in der Liste der Mails, um diese zu markieren. Anschließend können Sie die markierten E-Mails mit den Symbolen oben rechts alle auf einmal löschen, als gelesen bzw. ungelesen markieren oder über das Menü mit Sternchen als wichtig markieren.

Haben Sie mehrere E-Mails gelöscht, erscheint kurze Zeit danach eine Leiste am unteren Bildschirmrand, in der sich versehentliches Löschen noch schnell rückgängig machen lässt.

Warten Sie auf eine E-Mail und wollen nicht abwarten, bis die App automatisch synchronisiert, wischen Sie einfach auf dem Bildschirm von oben nach unten. Damit wird eine manuelle Synchronisation mit dem Mailserver durchgeführt.

So nutzen Sie das gleiche E-Mail-Konto auf Smartphone und PC

Wenn Sie eine E-Mail-Adresse auf PC und Smartphone nutzen, verwenden Sie diese am besten über einen IMAP-Server. Dann haben Sie alle Änderungen immer gleich auf beiden Geräten. Gesendete E-Mails, Vorlagen und Entwürfe sollten in den jeweiligen IMAP-Ordnern gespeichert werden, dann stehen sie ebenfalls auf beiden Geräten zur Verfügung. Die meisten großen E-Mail-Anbieter unterstützen mittlerweile sowohl POP3 als auch IMAP.

Sollte Ihr Mailserver kein IMAP unterstützen, haben Sie alle Mails beim automatischen Abruf vom POP3-Server sowohl auf dem PC als auch auf dem Smartphone. Hier sollten Sie sich gut überlegen, wo Sie E-Mails archivieren und wo Sie sie nur lesen wollen. In den meisten Fällen bewährt es sich, auf dem PC alle Mails aufzubewahren. Stellen Sie also dort das POP3-Konto so ein, dass Mails nach dem Löschen auch auf dem Server gelöscht werden. Diese Einstellung sollten Sie auf dem Smartphone nicht vornehmen. So können Sie auf dem Smartphone durch das Löschen gelesener E-Mails den Überblick behalten und haben auf dem PC trotzdem alle Mails. Nach dem Herunterladen auf den PC sollten die E-Mails aber weiterhin auf dem Server belassen werden, damit Sie sie auf dem Smartphone auch zur Verfügung haben.

Nutzen Sie auf dem PC in Thunderbird oder Outlook ein E-Mail-Konto per POP3, können Sie diese nicht einfach auf IMAP umstellen. Das POP3-Konto muss im E-Mail-Programm zunächst entfernt und dann als IMAP-Konto neu installiert werden. E-Mails, die sich noch auf dem Server befinden, bleiben dabei erhalten und stehen später wieder zur Verfügung. Lokal auf dem PC abgelegte E-Mails müssen Sie vorher sichern.

E-Mail-Konto manuell einrichten

Nicht alle E-Mail-Konten können automatisch konfiguriert werden, da nicht immer die Serverdaten bekannt sind. Besonders bei E-Mail-Adressen auf eigenen Domains müssen Sie das Mailkonto manuell einrichten. Dazu brauchen Sie die Namen der Posteingangs- und Postausgangsserver sowie den Benutzernamen, das Passwort und teilweise auch Informationen zu Ports und Authentifizierungsverfahren.

1. Bei einigen kostenlosen Mailanbietern muss der POP/SMTP-Zugang zunächst über die Weboberfläche freigeschaltet werden. Bei manchen Anbietern funktioniert der E-Mail-Versand per SMTP nur, wenn Sie auch über diese Anbieter im Internet sind.

2. Um ein Mailkonto manuell einzurichten, geben Sie zunächst ebenfalls E-Mail-Adresse und Passwort ein, tippen dann aber nicht auf *Weiter*, sondern auf *Manuell einrichten*. Danach müssen Sie zwischen IMAP oder POP3 wählen.

Einstellungen für E-Mail-Konto manuell eintragen.

3. Auf dem nächsten Bildschirm geben Sie das Passwort an, danach tragen Sie die Serverdaten, Ports und den Benutzernamen ein. Hier können Sie auch noch das Authentifizierungsverfahren einstellen. Die Gmail-App liefert automatisch Vorschläge, damit Sie nicht alle Daten manuell eintragen müssen.

4. Das Gleiche machen Sie danach noch für den Postausgangsserver. Danach erfolgt ein automatischer Verbindungstest mit dem Mailserver.

5. Schließlich müssen Sie noch wie bei der automatischen Einrichtung das Intervall für die Synchronisierung sowie den Anzeigenamen festlegen. Dann werden die E-Mails heruntergeladen, können gelesen und beantwortet werden.

Serverdaten bekannter E-Mail-Anbieter

Jeder E-Mail-Anbieter gibt seinen Mailservern eigene Namen. Auch die Schemata, nach denen sich die Benutzernamen zusammensetzen, sind überall unterschiedlich. In den Einstellungen für ausgehende E-Mails müssen Sie bei allen großen Anbietern die Option *Anmeldung erforderlich* aktivieren. Nutzername und Passwort sind die gleichen wie bei den Einstellungen für eingehende Verbindungen. Als Sicherheitstyp müssen Sie inzwischen bei den meisten Anbietern SSL angeben.

Server- und Benutzernamen bekannter Anbieter			
Anbieter	Posteingang	Postausgang	Benutzername
GMX	pop.gmx.net	mail.gmx.net	E-Mail-Adresse
WEB.DE	pop3.web.de	smtp.web.de	Name vor dem @-Zeichen
freenet	mx.freenet.de	mx.freenet.de	E-Mail-Adresse
Arcor	pop3.arcor.de	mail.arcor.de	E-Mail-Adresse
T-Online	popmail.t-online.de	securesmtp.t-online.de	Name vor dem @-Zeichen
mail.de	imap.mail.de	smtp.mail.de	E-Mail-Adresse

Eine wesentlich umfangreichere und regelmäßig aktualisierte Liste mit Namen von POP3-/SMTP-Mailservern finden Sie unter windowsacht.de/e-mail-servernamen.

E-Mail-Konto löschen

Um ein E-Mail-Konto vom Smartphone zu löschen, rufen Sie die *Einstellungen* auf. Dabei wird das Konto nur auf dem Smartphone entfernt, als E-Mail-Konto auf dem Server bleibt es erhalten und kann weiter von anderen Geräten genutzt werden.

1. Wählen Sie im Bereich der orangefarbenen Symbole die Option *Konten* und auf dem nächsten Bildschirm die Gmail-App.

2. Auf dem Folgebildschirm werden alle zusätzlich eingerichteten E-Mail-Konten aufgelistet. Google-Konten entfernen Sie über die Option *Google* in der Liste *Konten*.

3. Tippen Sie länger auf das zu entfernende Konto und auf dem nächsten Bildschirm auf das Menüsymbol *Mehr* oben rechts. Wählen Sie hier *Konto entfernen*.

4. Nach einer Sicherheitsabfrage wird das E-Mail-Konto vom Smartphone entfernt.

E-Mail-Konto vom Smartphone entfernen.

Die andere E-Mail-App auf dem Samsung Galaxy S7

Android-Smartphones benötigten früher neben Gmail noch eine weitere App, um auch andere POP3- und IMAP-Mailkonten zu nutzen. Diese zusätzliche App ist in Android 6 Marshmallow theoretisch nicht mehr nötig. Samsung liefert aber aus Kompatibilitätsgründen weiterhin die zweite E-Mail-App mit. Alte E-Mail-Konten werden beim Synchronisieren mit dem Samsung Galaxy S7 in diese App übertragen. Sie können auch selbst Mailkonten in der App einrichten.

Gegenüber der Gmail-App bietet die Samsung-E-Mail-App noch ein paar Vorteile. Auf Wunsch kann ein Rich Text Editor verwendet werden, der HTML-Mails mit Schriftarten und Farben generiert. Außerdem lassen sich in den Einstellungen einzelne E-Mail-Adressen oder ganze Domains als Spam eintragen. E-Mails von diesen Absendern werden dann automatisch in den Spamordner des jeweiligen Mailkontos verschoben.

E-Mails in der E-Mail-App auf dem Samsung Galaxy S7 lesen.

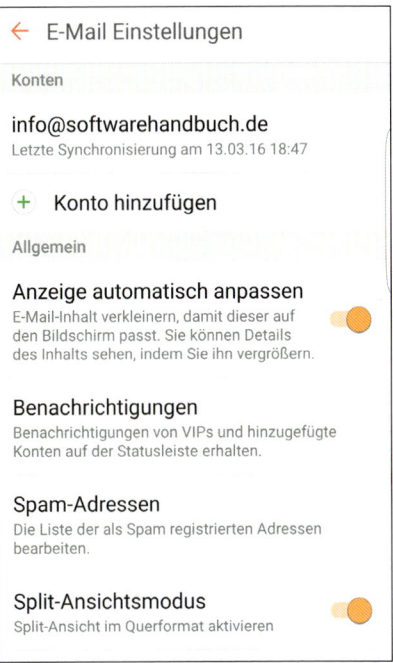

Rich Text Editor und Einstellungen in der E-Mail-App auf dem Samsung Galaxy S7.

Soziale Kontakte mit dem Samsung Galaxy S7

Die Kommunikation über soziale Netzwerke ist für viele Anwender inzwischen wichtiger als die klassische E-Mail oder SMS. Besonders auf Smartphones, die im Gegensatz zu PCs immer mehr in der Freizeit genutzt werden, spielen soziale Netzwerke eine große Rolle.

Facebook

Das beliebteste aller sozialen Netze ist Facebook. Bei Facebook trifft man seine Freunde, erfährt das Neuste von ihnen. Man tauscht sich aus, zeigt sich Fotos und lädt sich zu Partys ein.

> INFO: Zurzeit hat Facebook weltweit etwa 1,55 Milliarden aktive Nutzer, die sich mindestens einmal im Monat einloggen – davon rund 22 Millionen in Deutschland. Der Anteil der Nutzer, die den Dienst täglich nutzen, liegt mit 64,5 % deutlich über dem Durchschnitt anderer Onlinedienste. Facebook hat mehr als doppelt so viele Mitglieder wie die gesamte EU Einwohner und wäre damit nach China und Indien der drittgrößte Staat der Erde. In Europa gingen im vergangenen Jahr 11,7 % der gesamten Onlinezeit auf das Konto von Facebook. Weltweit besuchen über 890 Millionen aktive Nutzer Facebook auf einem mobilen Endgerät, also einem Handy oder Tablet. 727 Millionen nutzen Facebook sogar ausschließlich auf mobilen Geräten, etwa 200 Millionen mehr als noch ein Jahr zuvor. Jeden Tag werden mehr als 200 Millionen Fotos auf Facebook hochgeladen, das sind über sechs Milliarden Bilder pro Monat.

Der bequemste Zugang zu Facebook ist die von Facebook selbst gelieferte App für Android. Alternativ kann man Facebook auf dem Smartphone auch über die mobile Seite *m.facebook.com* nutzen. Dort gibt es auch einen Link zur Installation der Facebook-App.

Mobile Facebook-Seite und Facebook-App im Google Play Store.

Die Facebook-App benötigt wie auch die mobile Facebook-Seite eine einmalige Anmeldung mit den persönlichen Facebook-Nutzerdaten. Die App speichert die Nutzerdaten automatisch, sodass Facebook in Zukunft jederzeit zur Verfügung steht. Auf der mobilen Webseite kann der Browser die Daten speichern.

Mobile Facebook-Seite (links) und Facebook-App (rechts) sind in Funktionalität und Design weitgehend gleich.

Die Facebook-App zeigt auf dem Smartphone Neuigkeiten, Freunde, Fotos, das Postfach und das eigene Profil an. Natürlich kann man auch auf Nachrichten antworten oder selbst Statusmitteilungen veröffentlichen.

Das Menü wird in der App über das Menüsymbol rechts oben eingeblendet. Alle wichtigen Funktionen innerhalb der Neuigkeiten sind wie auf der Facebook-Webseite automatisch mit einem Link hinterlegt. So brauchen Sie nur auf den Namen einer Person zu klicken und kommen sofort auf deren Pinnwand, um Nachrichten zu schreiben oder Infos und Fotos dieses Freundes zu sehen.

Über das Eingabefeld *Was machst du gerade?* können Sie jederzeit eine persönliche Statusmeldung eintippen und direkt absenden. Um schnell ein Foto hochzuladen, tippen Sie unten in der Statusmeldung auf das Fotosymbol.

Hier haben Sie die übliche Auswahl unter den auf dem Smartphone gespeicherten Bildern.

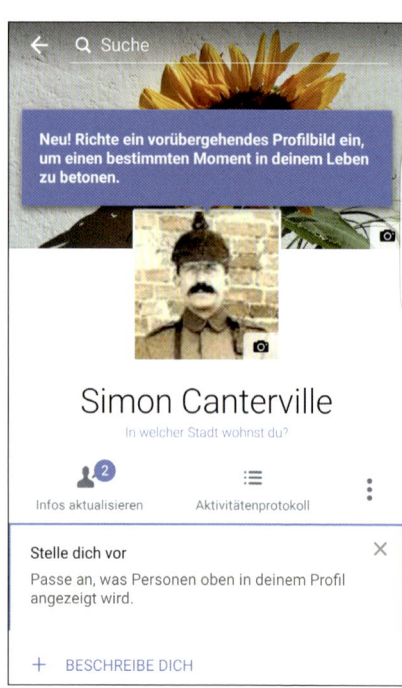

Eigenes Profil in der Facebook-App für Android.

Einchecken mit Facebook

Mit dem Standortsymbol in der Statusmeldung können Sie an einem bestimmten Ort »einchecken« und damit Ihren Freunden bekanntgeben, wo Sie sich gerade befinden. Facebook sucht hier nach bekannten Orten in der unmittelbaren Umgebung – Gastronomie, Läden, Bahnhöfe, Schulen, öffentliche Einrichtungen – und bietet eine entsprechende Liste zur Auswahl an. Dabei wird die Positionsbestimmung des Smartphones über GPS, WLAN oder Mobilfunkzellen genutzt. Um diese Funktion anwenden zu können, müssen Sie beim ersten Mal in der Facebook-App über den eingeblendeten Link die Ortungsdienste aktivieren.

Anschließend können Sie noch Freunde aus Ihrer Freundesliste wählen, die auch mit dabei sind. Sie werden über diese Markierung sofort informiert. Der Standort wird anderen Freunden angezeigt, um sich leicht zu verabreden.

In der Facebook-App geben Sie nicht nur an, wo Sie sind, sondern auch, was Sie dort tun. Dabei braucht man keinen Text einzugeben, sondern kann über das Symbol mit dem Smiley unter einer Vielzahl von Tätigkeiten mit Bildsymbolen wählen.

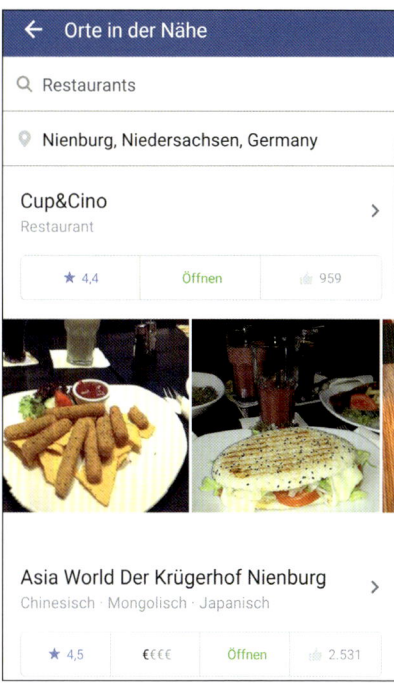

Ortungsdienste aktivieren und Orte in der Nähe auswählen.

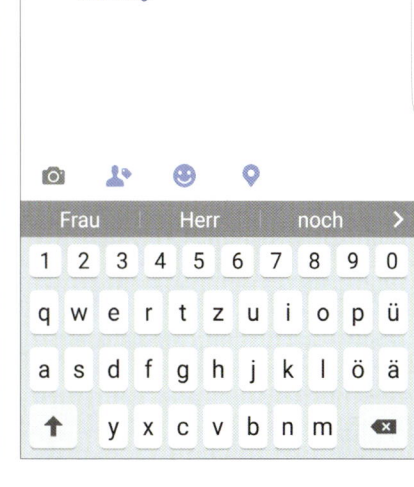

Tätigkeit auswählen und einchecken.

Beim Einchecken können Sie wie bei jeder Facebook-Statusmeldung oben noch angeben, ob sie öffentlich oder nur für Freunde sichtbar sein soll. Beim Posten der Meldung zeigt Facebook Beiträge und Fotos von Freunden, die am gleichen Ort gepostet wurden, auch wenn das schon eine Zeit lang her ist.

Facebook-Daten synchronisieren

Facebook ist inzwischen weit mehr als eine Spielerei für Jugendliche, sondern immer mehr auch eine wichtige Informationsquelle. Nachrichten sowie Kontaktdaten von Freunden werden immer häufiger über Facebook ausgetauscht. Um hier auf dem Laufenden zu sein, muss man nicht immer die Facebook-App oder die mobile Seite von Facebook aufrufen. Facebook-Daten lassen sich direkt in Android-System-Apps synchronisieren. Allerdings dauert die erste Synchronisation mit Facebook deutlich länger als mit dem Google-Konto.

Bei der Installation der Facebook-App wird automatisch festgelegt, dass Bilder, Statusmeldungen und Kontaktinformationen aus Facebook den Kontakten im Adressbuch hinzugefügt werden. Auf diese Weise bekommt man schnell fehlende Adressen, Telefonnummern, E-Mail-Adressen, Geburtsdaten oder auch Fotos von Freunden ins Adressbuch, ohne sie eintippen zu müssen. Zieht jemand um, bekommt eine neue Handynummer, E-Mail-Adresse oder Webseite, werden diese Daten automatisch im Smartphone-Adressbuch geändert, wenn der jeweilige Facebook-Freund als Kontakt im Adressbuch abgelegt oder mit einem dort vorhandenen Kontakt verknüpft ist. Facebook-Kontakte im Adressbuch können nicht bearbeitet werden. Die Daten werden nur angezeigt.

Wichtige Einstellungen in der Facebook-App

Innerhalb der Facebook-App sollten Sie noch ein paar wichtige Einstellungen vornehmen. Die Einstellungen finden Sie über das Menüsymbol rechts oben. Scrollen Sie dann ganz nach unten zu *App-Einstellungen*.

Schalten Sie hier zuallererst die Funktion *Autoplay* aus, da sie zu einem enormen Datenverbrauch im Mobilfunknetz führen kann. Standardmäßig spielt Facebook seit einiger Zeit Videos, vor allem auch Werbevideos, in der mobilen App automatisch ab. Ist diese Einstellung ausgeschaltet, erscheint bei Videos zunächst nur ein Platzhalter. Erst beim Antippen wird das Video tatsächlich heruntergeladen und abgespielt.

Weiterhin sollten Sie in den Benachrichtigungseinstellungen alle weniger wichtigen Benachrichtigungen ausschalten, da das Smartphone sonst bei jeder Kleinigkeit auf Facebook klingelt und blinkt und Sie wichtige von unwichtigen Meldungen nicht mehr unterscheiden können.

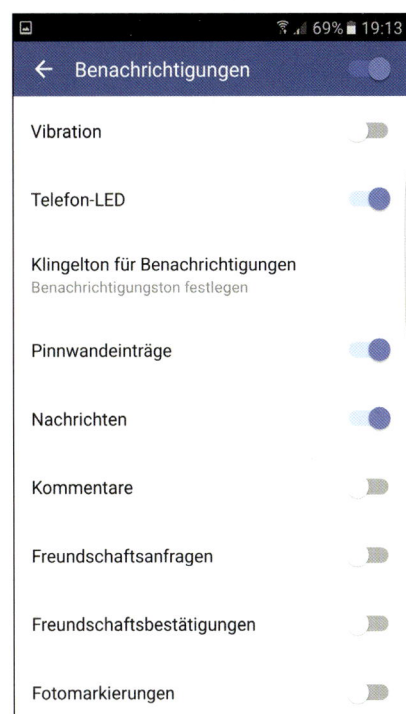

Wichtige Einstellungen in der Facebook-App.

Twitter

Twitter ist ein immer beliebter werdender Kurznachrichtendienst, der zunehmend auch von Firmen und Infoportalen genutzt wird und auf dem besten Weg ist, die klassischen E-Mail-Newsletter zu ersetzen. Twitter eroberte in gerade einmal fünf Jahren in rasanter Geschwindigkeit das Internet. Twitter hat derzeit 307 Millionen aktive Nutzer, davon etwa 3,6 Millionen in Deutschland. 55 % davon nutzen mobile Endgeräte. Insgesamt angemeldet sind über 1,4 Milliarden Nutzer weltweit. Jeder Twitter-Nutzer kann Kurznachrichten öffentlich oder nur an bestimmte Personen schreiben.

Mobile Twitter-Seite und Twitter-App im Google Play Store.

INFO: Die Nachrichten, die mit nur 140 Zeichen kürzer als eine SMS sein müssen, gehen schneller um die Welt als jede Tickermeldung einer Agentur. So erfuhr man per Twitter als Erstes über die Wahl des Bundespräsidenten, über den Tod Osama Bin Ladens oder über die geglückte Notlandung eines Flugzeugs im Hudson River. Twitter ist längst kein Spielzeug für Internetfreaks mehr, selbst Barack Obama, das britische Königshaus und der Papst twittern – und das nicht nur vom PC, sondern immer mehr auch unterwegs vom Handy. Auch die Deutsche Bahn nutzt Twitter, um über kurzfristige Änderungen etwa aufgrund von Baustellen zu informieren. Der Duden hat bereits vor einigen Jahren das Verb *twittern* für das Schreiben von Kurznachrichten auf Twitter aufgenommen.

Die mobile Webseite von Twitter und die Twitter-App für Android.

Auf der mobilen Webseite von Twitter *mobile.twitter.com* konnte man früher wie auch auf der Desktop-Webseite *www.twitter.com* ohne Anmeldung nach Themen suchen, über die sich die Welt gerade unterhält. Diese Möglichkeit ist seit einiger Zeit abgeschaltet. Twitter funktioniert nur noch mit kostenloser Anmeldung. Das dafür notwendige eigene Benutzerkonto kann man direkt auf dem Smartphone anlegen. Erst das ermöglicht es, selbst Nachrichten zu twittern und auch bestimmten Personen zu »folgen«, also deren Tweets direkt, ohne danach zu suchen, zu sehen.

Die Twitter-App

Die Twitter-App für Android macht die Twitter-Nutzung noch komfortabler. Von unterwegs kann man twittern, Direktnachrichten, Fotos, Videos und Links an Freunde oder auch an alle schicken. Beim ersten Start der Twitter-App loggen Sie sich mit Ihren Benutzerdaten ein. Wer noch kein Twitter-Konto hat, kann dieses auch in der App anlegen.

Suche nach Hashtags und Twitter-Profil eines ausgewählten Nutzers.

Die Twitter-App bietet deutlich mehr Funktionen als die mobile Webseite von Twitter. Hier können Sie auch Listen, Trends und Erwähnungen sehen. Im eigenen Profil können Sie sich die letzten eigenen Tweets sowie die Follower – die Personen, die Ihre Tweets lesen – anzeigen lassen. Weiterhin kann man in der Twitter-Anwendung den Twitter-eigenen Foto-Upload-Dienst nutzen. Man kann Listen und Trends sehen, Tweets, Themen und Hashtags suchen sowie Tweets von Personen in der eigenen näheren Umgebung finden.

Über die Einstellungen der Twitter-App können Sie festlegen, dass eine Benachrichtigung auf dem Startbildschirm erscheint, wenn Sie eine Antwort oder eine Erwähnung per Twitter bekommen. Dabei haben Sie die Wahl, ob das für alle Antworten und Erwähnungen gilt oder nur für solche von Benutzern, denen Sie selbst folgen. Stellen Sie außerdem noch ein, wie oft Tweets im Hintergrund automatisch aktualisiert werden sollen. Manuell aktualisieren können Sie jederzeit.

Twitter-Einstellungen und Benachrichtigungseinstellungen.

ACHTUNG: Theoretisch können Sie sich sogar bei jedem Tweet benachrichtigen lassen. Dies ist standardmäßig aber abgeschaltet. Bei aktiven Twitterern kommen Tweets von anderen Nutzern im Minutentakt an. Hier würde ständig die Benachrichtigung blinken, sodass man wichtige E-Mails oder Termine in der Benachrichtigungsflut gar nicht mehr wahrnehmen würde. Schalten Sie in den *Einstellungen* unter *Allgemein* die *Soundeffekte* aus, sonst ertönt bei jedem Tweet ein Geräusch.

Links aus dem Chrome-Browser twittern

Twitter integriert sich automatisch in den Browser. Um einen interessanten Link auf Twitter zu veröffentlichen, brauchen Sie im Chrome-Browser nur auf das Menüsymbol zu tippen und dann *Teilen* zu wählen. In der Liste der verfügbaren Sendemethoden finden Sie unter anderem auch zwei Symbole der Twitter-App, wenn diese installiert ist – eines für Direktnachrichten an eine bestimmte Person und eines für öffentliche Tweets.

Vor dem endgültigen Twittern können Sie noch einen Kommentar oder ein Foto hinzufügen. Zusätzlich können Sie aktuelle Standortdaten übertragen, was bei Regionalnachrichten nützlich sein kann. Benutzer können die Anzeige ihrer Tweets nach der Nähe zum eigenen Standort filtern, um gezielt Tweets aus der Umgebung zu sehen.

Google+

Viele haben es versucht, aber nur einer hat es geschafft, eine ernsthafte Konkurrenz zu Facebook aufzubauen. Google startete im Juni 2011 mit Google sein eigenes soziales Netzwerk, das in kürzester Zeit sehr gut angenommen wurde.

Bereits eine Woche nach der offiziellen Verfügbarkeit für alle wurden zehn Millionen Mitglieder gemeldet. Im Oktober 2013 wurden die letzten Zahlen veröffentlicht. Damals waren es bereits über 540 Millionen Nutzer. Diese Zahl stieg besonders durch die verbesserte Integration von Google+ in Android noch weiter an.

Dabei sollte Google+ nie ein soziales Netzwerk im Stil von Facebook werden, sondern stellt eher Themen und Interessengebiete in den Vordergrund. Hier tauscht man sich leichter mit Fremden in thematischen Communitys aus, während Facebook mehr der privaten Kommunikation mit Freunden dient.

Die wichtigsten Vorteile von Google+ gegenüber ähnlichen Angeboten sind die gute Integration in andere Google-Dienste und die Möglichkeit, Freundeskreise festzulegen, sodass nicht immer alle Kontakte alle Informationen bekommen. So kann man besser zwischen privaten Freunden, Familie und Arbeitskollegen unterscheiden. Facebook übernahm diese Idee später auch.

Nachrichten können öffentlich gepostet werden, und man kann Personen explizit blockieren, wenn diese einen selbst in einen Freundeskreis aufnehmen wollen. Auch Personen, die nicht bei Google+ angemeldet sind, können in eigene Freundeskreise aufgenommen werden. Die Kommunikation erfolgt dann per E-Mail.

Die Google+App zeigt Nachrichten von Freunden nahezu in Echtzeit über die Push-Funktion an und benachrichtigt auf Wunsch bei neuen Nachrichten, auch wenn die App nur im Hintergrund läuft. Auch hier sollten Sie genau festlegen, wie Sie benachrichtigt werden möchten, da bei aktiven Nutzern sehr viele Nachrichten auflaufen können.

 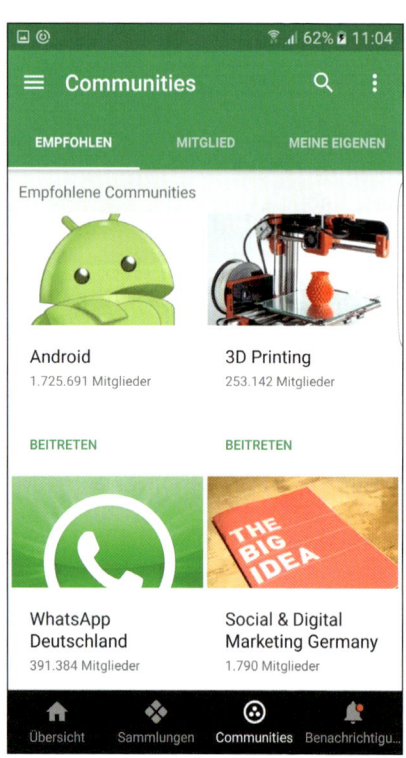

Die Google+-App ähnelte früher stark der Facebook-App, wird aber mit jedem Update eigenständiger.

Beim ersten Start kann man automatisch die Google+-Kontakte dem Adressbuch auf dem Smartphone hinzufügen. Ähnlich wie bei Facebook und Twitter lassen sich Links auf Webseiten direkt aus dem Browser auch auf Google+ veröffentlichen.

Das Google+-Widget zeigt auf dem Startbildschirm aktuelle Meldungen. Dabei können Sie wählen, ob angesagte öffentliche Meldungen, Meldungen von Freunden, der Familie oder aus den eigenen Kreisen zu sehen sein sollen.

 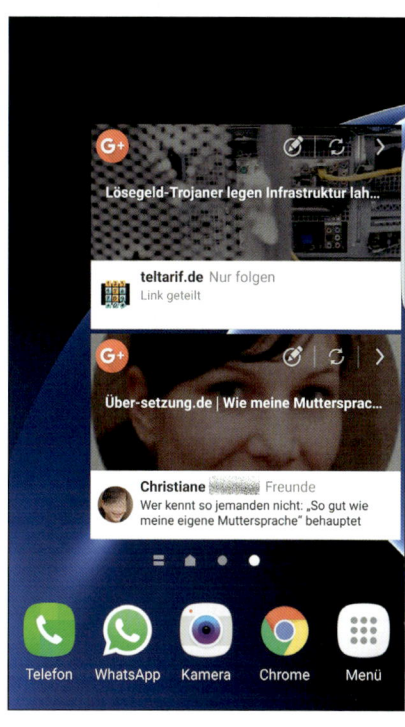

Benachrichtigungseinstellungen für Google+ und Google+-Widgets auf dem Startbildschirm.

Google+-Kontakte

Kontaktdaten von Personen aus Ihren Kreisen bei Google+ werden automatisch in das Adressbuch auf dem Smartphone übernommen. Auf diese Weise lässt sich das Adressbuch einfach aktuell halten. Dazu muss in den Einstellungen der Google+-App unter *Kontoeinstellungen/Kontakte* die Option *Kontakte aktuell halten* aktiviert sein. Eine neue Berechtigungsabfrage aus Android 6 Marshmallow erscheint. Hier muss der Google+-App Zugriff auf die Kontakte gewährt werden, damit die Übernahme ins Adressbuch funktioniert.

Bei den Kontakten aus den eigenen Google+-Kreisen erscheint in der Kontakte-App das zusätzliche Feld *Google+ Profil ansehen*. Tippen Sie darauf, wird automatisch die Google+-App geöffnet und das Profil angezeigt.

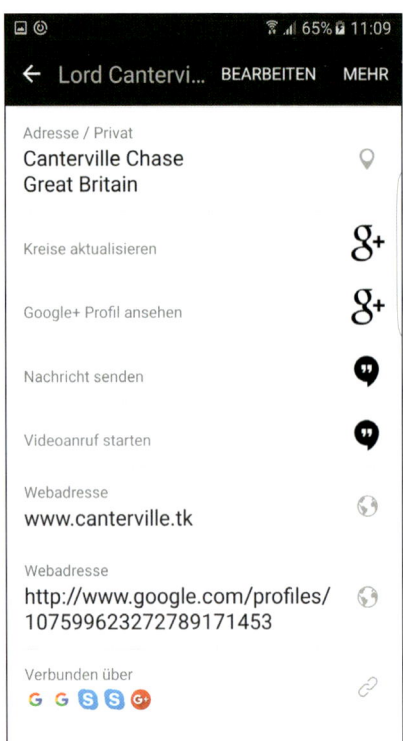

Google+-Kontaktdaten automatisch ins Adressbuch übernehmen.

SMS

SMS verlieren zwar bedingt durch mobile Messenger und E-Mails zunehmend an Bedeutung, was nicht zuletzt an den vergleichsweise hohen Kosten liegt. Sie sind aber immer noch eine beliebte Kommunikationsform, vor allem zwischen Benutzern einfacher Handys, die keinen Internetzugang haben. Neue SMS-Dienste wie zum Beispiel mobileTAN für Onlinebanking oder das Bezahlen von Parkgebühren machen die SMS auch auf Smartphones noch interessant. Außerdem werden SMS teilweise heute noch von Mobilfunkprovidern verwendet, um Konfigurationsdaten auf Handys zu übertragen.

Natürlich kann man auch mit dem Samsung Galaxy S7 SMS senden und empfangen. Kommt eine SMS an, ertönt ein Benachrichtigungston, die LED blinkt und in der Benachrichtigungsleiste erscheint neben den Anzeigen neuer E-Mails und Facebook-Nachrichten ein weiteres Symbol.

Eine SMS zu schreiben, ist ganz einfach. Starten Sie die SMS-App, tragen Sie oben die Nummer des Empfängers ein und schreiben Sie unten den Text. Ist dieser länger als 160 Zeichen, wird die SMS automatisch als mehrere SMS ver-schickt, wobei auch die Verkettung einige Zeichen kostet. In eine doppelte SMS passen also nicht ganz 320 Zeichen.

SMS über die SMS-App oder die Kontakte-App schreiben.

In den meisten Fällen ist es leichter, den SMS-Empfänger in der Kontakte-App auszuwählen und dann neben der Telefonnum-mer auf das Nachrichtensymbol zu tippen. Das startet die SMS-App, die Nummer des Empfängers wird direkt übernommen.

INFO: Die MMS, ursprünglich als sehr teurer Nachfolger der SMS geplant, kam selbst in besten Zeiten kaum über 0,5 Millionen pro Tag. Die MMS wurde fast vollständig durch mobile E-Mail und Messenger ersetzt und ist mittlerweile aus den Statistiken komplett verschwunden. Nur noch aus historischen Kompatibilitätsgründen unterstützt die SMS-App weiterhin auch MMS.

WhatsApp und andere Messenger

Instant Messenger sind für die private, spontane Kommunikation inzwischen wichtiger als E-Mail. Per Chat kann man sich schnell mit Freunden verabreden oder kurze Informationen in Echtzeit austauschen. Selbstverständlich gehört auch eine Chat-App auf ein Samsung Galaxy S7 – Hangouts ist auf fast allen Android-Smartphones bereits vorinstalliert, aber im deutschsprachigen Raum noch wenig verbreitet.

WhatsApp – Chat als SMS-Ersatz

Die Nummer eins der kostenlosen Apps im Google Play Store ist immer wieder der Messenger WhatsApp. WhatsApp ist auf dem besten Weg, die SMS zu ersetzen, und überzeugt durch das Konzept sowie die einfache Installation und Nutzung. WhatsApp ist das   Vorbild für diverse ähnliche Messenger-Systeme. Auf dem Samsung Galaxy S7 ist WhatsApp bereits vorinstalliert, nachdem Samsung seinen eigenen Messenger ChatON eingestellt hat.

Zurzeit werden über WhatsApp etwa 42 Milliarden Nachrichten pro Tag verschickt. WhatsApp hat ca. eine Milliarde Nutzer und gilt als der am schnellsten wachsende Internetdienst der Geschichte. WhatsApp ist nach Facebook erst die zweite App, die nicht von Google stammt und die Marke von einer Milliarde Downloads überschritten hat. Etwa 43 % aller Android-Nutzer in Deutschland verwenden WhatsApp zum Chatten, was die Netzbetreiber als deutlichen Rückgang der SMS-Zahlen zu spüren bekommen.

WhatsApp nutzt die Internetverbindung des Smartphones und nicht den SMS-Dienst. So fallen keine SMS-Kosten an. Die Nutzung ist im Rahmen einer Internetflatrate kostenlos, außerdem kann WLAN zum Versand und Empfang der Nachrichten verwendet werden, was bei SMS nicht möglich ist.

Chatten per WhatsApp.

WhatsApp ist ein Messenger, der speziell für Smartphones entwickelt und nicht vom PC aufs Smartphone portiert wurde. Bei der Installation kann die App automatisch das Adressbuch auf dem Smartphone durchsuchen und alle Kontakte finden, die bereits WhatsApp nutzen. Damit wird die Verwendung so einfach wie SMS, nur kostenlos und nicht auf 160 Zeichen begrenzt. WhatsApp integriert sich automatisch in das Adressbuch auf dem Smartphone, sodass man beim Schreiben einer SMS automatisch gefragt wird, ob man wirklich eine klassische SMS verschicken möchte oder eine Nachricht per WhatsApp. Mit WhatsApp lassen sich auch Bilder, Dokumente, Videos und Internetlinks verschicken.

TIPP: Um sich leicht zu verabreden, kann WhatsApp die aktuelle Position verschicken. Der Empfänger bekommt einen Google-Maps-Link, in dem die Position des Absenders eingetragen ist. Damit dies wirklich zuverlässig funktioniert, sollte natürlich das GPS auf dem Handy eingeschaltet sein und die Standortdienste müssen aktiviert sein.

Skype

Vom Festnetz ins Ausland telefonieren ist teuer, vom Handy ist es noch teurer. Skype ist auf dem PC schon lange für kostenlose Telefonie im Internet bekannt. Skype funktioniert wie ein Messenger. Man registriert sich einmal mit seinem Namen auf der

Skype-Webseite und kann dann alle Freunde, die ebenfalls Skype verwenden, in eine Kontaktliste eintragen und deren Onlinestatus anzeigen lassen. Seit Skype von Microsoft übernommen wurde, kann man sich ganz einfach mit dem Microsoft-Konto anmelden, mit dem man bei Windows 8.1 oder Windows 10 am PC angemeldet ist, und benötigt kein eigenes Benutzerkonto mehr. Nach der Installation müssen unter Android 6 Marshmallow fünf verschiedene Berechtigungen gewährt werden, damit Sie mit Skype telefonieren und Daten verschicken können. Auf dem Samsung Galaxy S7 ist Skype bereits vorinstalliert.

 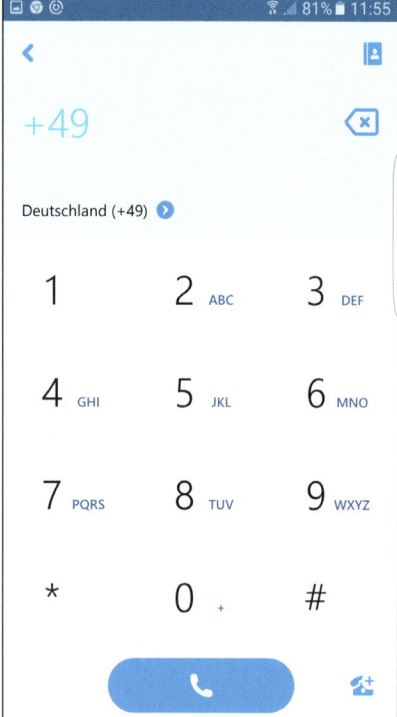

Kontaktliste und Telefon in Skype.

Durch Antippen eines Namens in der Skype-Kontaktliste stellt man eine Gesprächsverbindung her. Mit Skype können Sie nicht nur mit anderen Skype-Nutzern kostenlos telefonieren, sondern auch zu sehr günstigen Preisen in das normale Telefonnetz der meisten Länder der Welt anrufen. Dazu kauft man ähnlich wie bei einer Prepaid-Karte online ein SkypeOut-Guthaben und wählt dann in der App die Telefonnummer. Skype listet die Gebühren für Gespräche in verschiedene Länder unter *www.skype.com/de/rates* auf.

Skype verwendet nicht das Mobilfunk-Telefonnetz, sondern eine Internetverbindung. Die App funktioniert am besten über WLAN, aber auch über UMTS oder LTE. Hier braucht man allerdings eine umfangreiche Datenflatrate, da bei VoIP-Gesprächen erhebliches Datenvolumen anfallen kann. Manche Mobilfunkbetreiber schließen VoIP-Gespräche in ihrer Datenflatrate explizit aus.

> **TIPP:** Für eine gute Gesprächsqualität sollte man sich mit dem Smartphone nicht zu hektisch bewegen und äußere Störquellen meiden.

Wie bei einem klassischen Messenger lassen sich auch Textnachrichten, Bilder und Dateien übertragen. Seit dem Update 6.11 können eingegangene Videonachrichten gespeichert werden, um sie später auch offline anzusehen.

Google Hangouts

Google Hangouts ist als Chat-App auf allen Android-Smartphones vorinstalliert. Damit können Sie mit allen Personen aus Ihrem Adressbuch chatten, die ein Google-Konto nutzen – egal ob auf dem Smartphone oder auf dem PC im Browser bei Gmail.

Google Hangouts unterstützt den Versand von Fotos, Videos und Google-Maps-Standorten. Auch Videogespräche sind direkt aus Google Hangouts möglich.

> ### SMS mit Hangouts
>
> Google Hangouts kann auch SMS versenden. Sie finden dann alle Kommunikationen über Hangouts und SMS in nur noch einer App. Aktivieren Sie dazu in den Einstellungen von Hangouts die SMS-Option. An dieser Stelle haben Sie auch die Möglichkeit, Spam-SMS von bestimmten Nummern automatisch zu blockieren. Wenn Sie Hangouts auch für SMS nutzen, schalten Sie zum Chatten zuerst im Menü vom SMS-Konto auf das Google-Konto um.

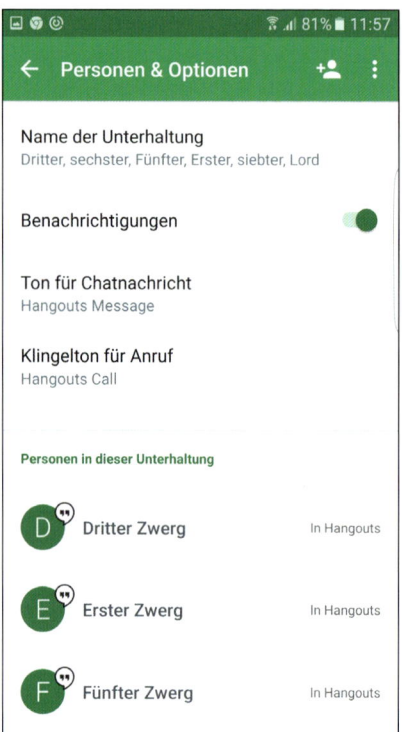

Chat mit Google Hangouts.

Wie bei vielen Chat-Apps sind auch hier Gruppenchats möglich. Chatten Sie mit einer Person, können Sie über den Menüpunkt *Personen hinzufügen* einfach weitere Personen zum Chat einladen.

Facebook Messenger

Facebook hat mit seinen Nutzerzahlen alle anderen sozialen Netzwerke längst überholt. Da wundert es nicht, dass auch die in Facebook eingebaute Chatfunktion den klassischen Chatsystemen immer mehr den Rang abläuft.

Facebook bietet eine eigene Messenger-App an. Diese kann auch im Hintergrund laufen und den Benutzer bei eingehenden Chatnachrichten per LED oder Signalton benachrichtigen. Die klassische Facebook-App für Android bietet seit einiger Zeit keine Chatfunktion mehr an. Beim Versuch, einen Chat zu starten, wird direkt auf den Facebook Messenger verwiesen.

Der Facebook Messenger für Android.

Der Facebook Messenger ermöglicht auch Gruppenunterhaltungen sowie den Versand von Fotos oder Ortsangaben an Facebook-Freunde. Der Messenger sollte ursprünglich die schnelle Facebook-Kommunikation ermöglichen, ohne erst die »große« App zu starten. Allerdings stellt auch der Messenger hohe Ansprüche an die Qualität der Internetverbindung. WhatsApp funktioniert dagegen auch noch bei schwacher Netzabdeckung.

Der Facebook Messenger legte sich in früheren Android-Versionen über laufende Apps, wenn eine neue Chatnachricht eintraf. Das sogenannte Chatsymbol zeigt das Profilbild des Chatpartners als rundes Symbol an, das über andere Android-Apps geblendet wird und frei auf dem Bildschirm verschoben werden kann. So kommt man schnell aus einer anderen App wieder in den Chat und wird benachrichtigt, wenn eine neue Nachricht ankommt. Ziehen Sie dieses Chatsymbol an den unteren Bildschirmrand, verschwindet es vom Bildschirm.

Das neue Berechtigungssystem von Android 6 Marshmallow verhindert, dass sich Apps automatisch über andere legen, ohne dass der Benutzer diesem Verhalten explizit zugestimmt hat. Die Chatsymbole sind daher jetzt standardmäßig deaktiviert, können aber in den Einstellungen wieder aktiviert werden.

Tippen Sie im Messenger oben rechts auf das Zahnradsymbol. Mit dem Schalter *Chatsymbole* können Sie die Chatsymbole ein- und ausschalten.

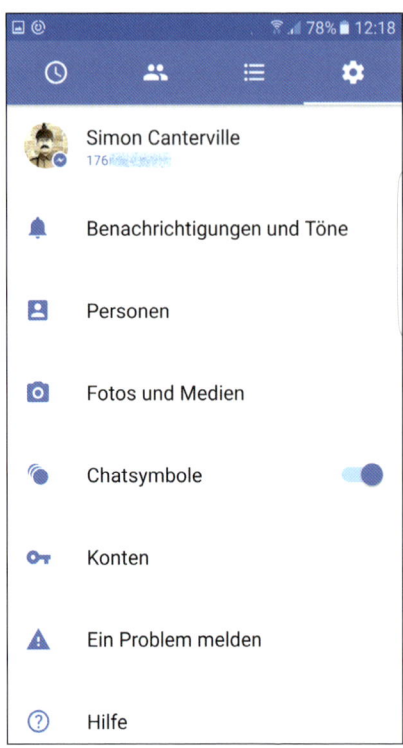

Das Profilbild des Chatpartners als Chatsymbol auf dem Bildschirm ein- oder ausschalten.

Datenaustausch über Cloud-Speicherdienste

Cloud-Speicherdienste sind die ideale Lösung, um Dateien aller Art komfortabel zwischen Smartphone und PC oder auch mehreren PCs auszutauschen. Musste man früher Smartphones noch mühsam per USB-Kabel mit dem PC verbinden, um Daten auszutauschen, funktioniert es heute über das Internet vollautomatisch, wenn die Daten in den entsprechenden Verzeichnissen liegen.

Die bekanntesten derartigen Dienste – Google Drive, Dropbox und OneDrive von Microsoft – bieten alle neben PC-Anwendungen auch Android-Apps an.

Die verschiedenen Anbieter unterscheiden sich nur in kleinen Details. Wer also bereits einen dieser Dienste auf dem PC nutzt, sollte die passende App auf dem Smartphone installieren. Google Drive und OneDrive sind auf dem Samsung Galaxy S7 bereits vorinstalliert.

Google Drive

Google bietet mit Google Drive (*drive.google.com*) allen Benutzern bis zu 15 GByte kostenlosen Onlinespeicherplatz, der für beliebige Dateien genutzt werden kann. Bei regelmäßiger Nutzung und durch

Bonusaktionen kann dieser kostenlose Speicherplatz automatisch wachsen. Die Google-Drive-App ist auf Android-6-Marshmallow-Smartphones üblicherweise vorinstalliert und dient auch gleichzeitig als Dateimanager, um in anderen Apps Daten zum Teilen oder Öffnen auszuwählen. Die Google-Drive-App enthält für viele gängige Dateiformate integrierte Betrachter, um diese Dateien auf dem Smartphone darstellen zu können, ohne spezielle Apps installieren zu müssen. Fotos aus Google Drive werden automatisch in der Fotos-App angezeigt.

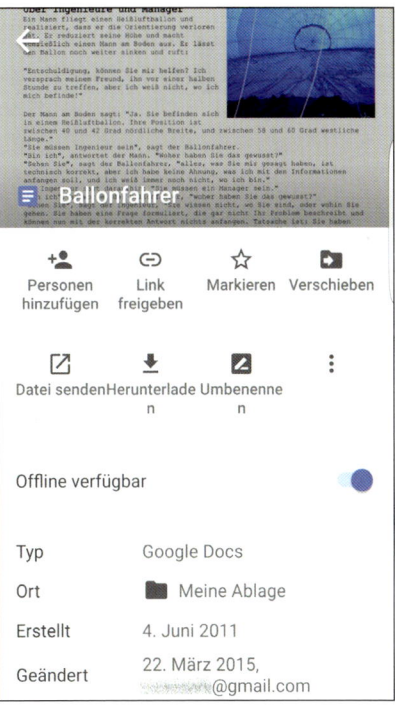

Die Google-Drive-App.

Google Drive ist von allen vergleichbaren Cloud-Speicheranbietern am besten in das Android Betriebssystem integriert. Dateien lassen sich für andere Personen einfach freigeben und versenden. Umgekehrt bieten sehr viele Android-Apps die Möglichkeit, Dateien auf Google Drive abzulegen und zu teilen.

Bei jeder Datei kann auf dem Smartphone eingestellt werden, ob sie zur Offlinenutzung auf das Gerät heruntergeladen werden soll. Bei jeder Veränderung der Datei wird die Offlinekopie mit der Cloud synchronisiert.

Laden Sie auf dem PC bei *www.google.com/drive/download* Google Drive für Windows herunter. Damit können Sie auf einfache Weise ein Verzeichnis der lokalen Festplatte automatisch im Hintergrund mit Google Drive synchronisieren und auf diese Weise leicht beliebige Dateien zwischen Smartphone und PC austauschen.

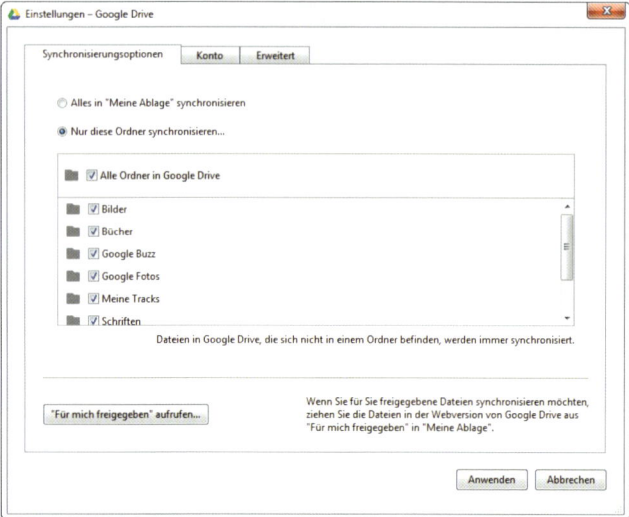

Google Drive für Windows.

ICS-Dateien in den Kalender importieren

Viele Webseiten bieten Termine wie z. B. Feiertage, Schulferien, Messetermine oder auch Bahnfahrpläne im ICS-Format zum Download an. Speichern Sie diese Dateien auf Google Drive, können Sie sie direkt auf dem Smartphone in den Kalender übernehmen.

1. Starten Sie die Google-Drive-App und suchen Sie die zuvor dort abgelegte ICS-Datei. Tippen Sie darauf.

2. Der in der Datei gespeicherte Termin wird angezeigt. Enthält die ICS-Datei mehrere Termine, können Sie auswählen, welche davon Sie importieren möchten.

3. Tippen Sie oben auf *Speichern*. Jetzt wird der Termin in den Kalender übernommen.

OneDrive

Auch Microsoft bietet mit OneDrive (*onedrive.com*) eine Cloud-Speicherlösung an. Diese ist in Windows 8.1 und Windows 10 bereits fest integriert und gewinnt dadurch gerade große Beliebtheit. Mit der passenden Android-App kann man auch vom Smartphone auf seine Dateien zugreifen und sie mit Freunden teilen. Auf dem Samsung Galaxy S7 ist die OneDrive-App bereits vorinstalliert.

> **INFO:** Microsoft hat im Januar 2014 wegen eines Namensstreits mit dem Fernsehsender British Sky Broadcasting (BSkyB) seinen Cloud-Speicherdienst SkyDrive in OneDrive umbenannt. Mit der Anmeldung bekommt man 5 GByte kostenlosen Onlinespeicher. Wer schon länger den Vorgänger SkyDrive nutzte, hat sogar 25 GByte zur Verfügung. Nutzer von Office 365 bekommen 1 TByte Speicherplatz. Bei der Anmeldung über den Empfehlungslink *1drv.ms/1lkdeA1* erhalten Leser dieses Buches 0,5 GByte zusätzlichen Speicherplatz bei OneDrive.

 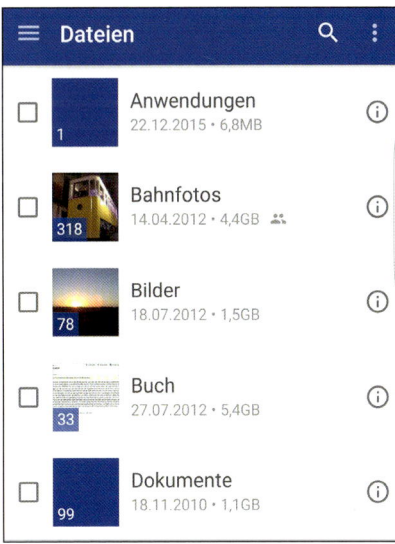

Microsofts Cloud-Speicher OneDrive auf dem Samsung Galaxy S7.

Zur Anmeldung wird ein Microsoft-Konto benötigt. Dies kann mit einer Windows-8.1- oder Windows-10-Installation angelegt worden sein, oder Sie melden sich bei *onedrive.com* oder auch direkt in der App kostenlos neu an. Wer eine E-Mail-Adresse bei Hotmail, MSN oder outlook.com oder ein Benutzerkonto des ehemaligen Windows Live Messengers hat, kann diese Daten auch für OneDrive nutzen. Für Nutzer von Windows 7 gibt es bei *onedrive.live.com/about/de-de/download* eine PC-Anwendung, die ein Verzeichnis der lokalen Festplatte im Hintergrund mit dem Cloud-Speicher synchronisiert.

Dropbox

Dropbox ist der bekannteste kostenlose Cloud-Speicherdienst. Die Dropbox-App bietet Zugriff auf alle eigenen Dropbox-Ordner sowie auf die von Freunden freigegebenen. Dateien, die als Favorit markiert sind, werden automatisch zur Offlineverwendung auf das Smartphone heruntergeladen.

 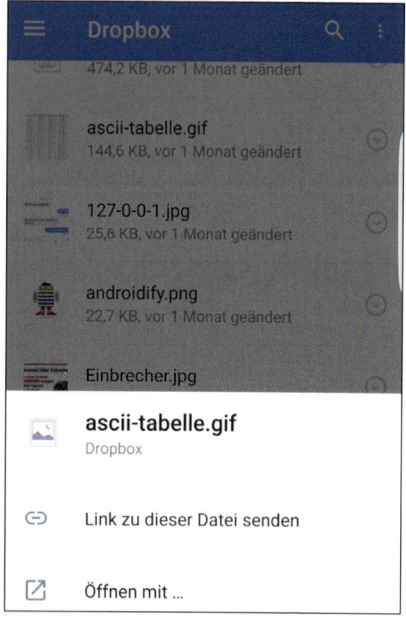

Dropbox-Ordner und Fotos auf dem Samsung Galaxy S7.

Bei der Einrichtung der Dropbox-App können Sie festlegen, dass neue Fotos vom Smartphone automatisch in das Verzeichnis *Camera Uploads* Ihrer persönlichen Dropbox hochgeladen werden sollen. Wählen Sie, um Datenvolumen Ihres Internettarifs zu sparen, die Option *Nur WLAN*.

> **TIPP:** Dropbox stellt jedem Nutzer 2 GByte kostenlosen Speicherplatz zur Verfügung. Melden Sie sich bei Dropbox über den Link *db.tt/vxUArMd* an, bekommen Sie zusätzliche 500 MByte Willkommensbonus.

KAPITEL 6

Unterwegs mit dem Samsung Galaxy S7

Wer unterwegs ist, braucht eine Landkarte oder einen Stadtplan des Urlaubsortes. Landkarten auf dem Smartphone haben gegenüber ihren auf großformatiges Papier gedruckten Vorgängern einige Vorteile. Sie können deutlich aktueller sein als Pläne aus Papier, die auch in Urlaubsregionen höchstens einmal im Jahr erneuert werden, und der eigene Standort lässt sich per GPS direkt auf der Karte anzeigen. Hinzu kommt eine präzise Suchfunktion, die selbst kleine Orte oder einzelne Straßen in Sekundenschnelle findet.

Google Maps

Google Maps hat sich zur wichtigsten Quelle für Landkarten und geografische Informationen im Internet entwickelt. Genauso einfach, wie die Suchmaschine Google irgendetwas im Internet findet, findet Google Maps die genaue Position   in der realen Welt. Auf dem Samsung Galaxy S7 ist, wie auf fast allen Android-Smartphones, eine App für Google Maps vorinstalliert, die noch mehr Funktionen bietet als die browserbasierte Version.

Das Menüsymbol oben links blendet ein Seitenmenü ein, über das man öffentliche Verkehrsmittel, Radwege und andere Informationen in der Karte anzeigen lassen kann.

Google Maps kann den eigenen Standort innerhalb von Gebäuden deutlich exakter bestimmen als andere Kartenanbieter. Google kennt nicht erst seit der Street-View-Diskussion die Standorte von Millionen WLANs sehr genau. Anhand der Koordinaten des WLANs, in dem ein Gerät angemeldet ist, lässt sich dessen Standort gut ermitteln. Wenn GPS oder WLAN auf dem Smart-

phone ausgeschaltet sind, erscheint beim Start von Google Maps eine entsprechende Meldung. Das Standortsymbol unten rechts zeigt den Kartenausschnitt um den eigenen Standort.

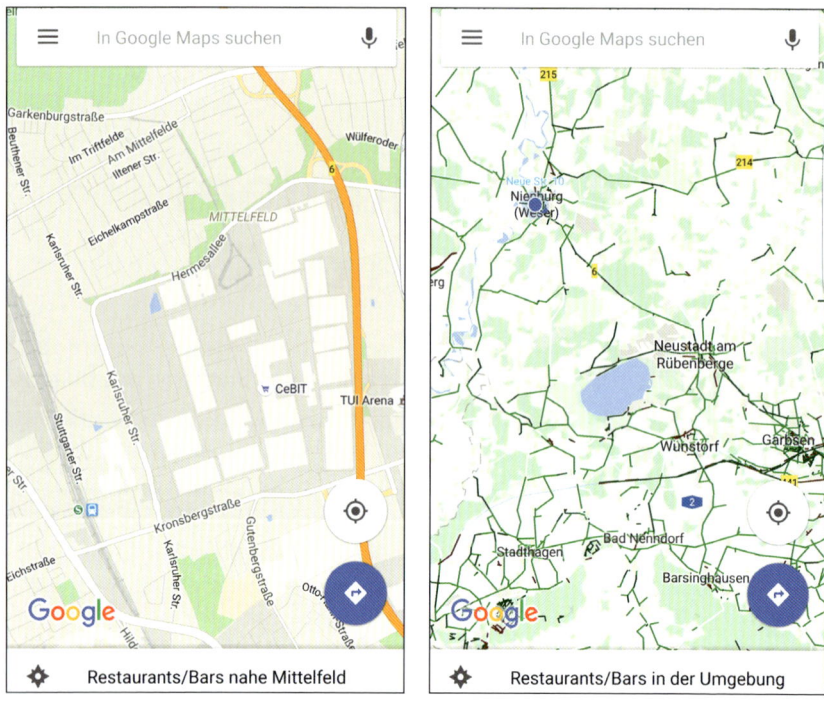

Google-Maps-App auf dem Samsung Galaxy S7 – rechts: mit Radwegen.

Mit zwei Fingern lässt sich die Kartenansicht, die normalerweise nach Norden
ausgerichtet ist, drehen. Tippen Sie auf das Kompass-Symbol, wird die Karte
wieder genordet.

Google Maps findet über das Suchfeld nicht nur Orte, sondern auch Straßen-
namen, Läden, Hotels und Restaurants. Dabei wird immer zuerst in der unmittelbaren Umgebung gesucht. Tippen Sie unten auf das Suchergebnis, erscheinen weitere Informationen. Dies funktioniert bei Sehenswürdigkeiten sowie
bei zahlreichen Hotels und Gastronomiebetrieben.

Mit der Android-Version von Google Maps lassen sich neben interaktiv verschiebbaren und zoombaren Karten auch die bekannten Satellitenbilder von
Google unterwegs verwenden. Über die Seitenleiste schaltet man zwischen
den verschiedenen Darstellungen um.

> **ACHTUNG:** Bedenken Sie, dass die Satellitenbilder ein deutlich höheres
> Datenvolumen verursachen als die simple Vektorgrafik.

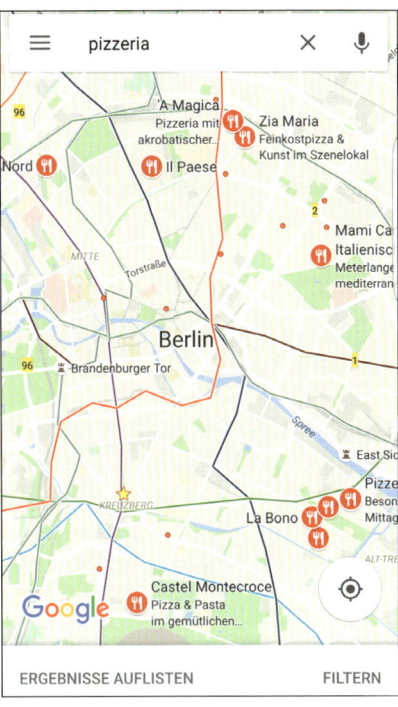

Suche nach Pizzerien, Hotels oder anderen regionalen Suchbegriffen.

Satellitenbilder und Sehenswürdigkeiten in der Umgebung.

Google Maps offline nutzen

Bewegen Sie sich in Gegenden mit schlechter Mobilfunkversorgung oder im Ausland, ist die Onlinenutzung von Google Maps nicht möglich oder mit hohen Roamingkosten verbunden. Laden Sie deshalb die für eine Reise benötigten Kartenbereiche zu Hause per WLAN herunter, um sie dann vor Ort offline nutzen zu können.

1. Suchen Sie den gewünschten Ort und tippen Sie in das Google-Suchfeld oberhalb der Kartenanzeige.

2. Tippen Sie auf der nächsten Seite auf *Neuen Kartenbereich herunterladen*.

3. Jetzt können Sie den herunterzuladenden Kartenbereich noch verschieben. Tippen Sie dann auf *Herunterladen*. Beachten Sie, dass ein Kartenausschnitt für eine Offlinekarte höchstens 120.000 km² groß sein kann.

4. Geben Sie dem Kartenausschnitt einen Namen, unter dem er dann später in der Liste der Offlinekarten im Menü zu finden sein wird.

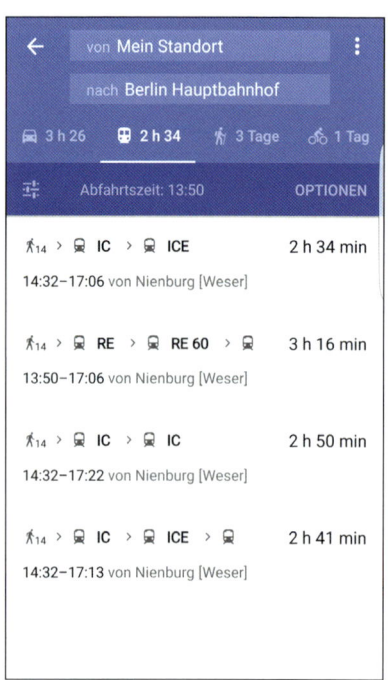

Karten zur Offlinenutzung (z. B. im Ausland) herunterladen.

Da Kartenmaterial regelmäßig aktualisiert wird, haben die Offlinekarten nur eine begrenzte Gültigkeitsdauer von 30 Tagen. Mit dem Zahnradsymbol in der Liste der Offlinekarten kommen Sie zu den Einstellungen. Hier können Sie festlegen, ob die Offlinekarten bei Ablauf automatisch aktualisiert werden. Dabei sollten Sie die Standardeinstellung beibehalten, dass die Karten wegen der großen Datenmenge nur per WLAN aktualisiert werden.

Routenplanung mit Google Maps

Google Maps enthält einen vollwertigen Routenplaner. Hier kann man wahlweise optimale Strecken für Autofahrer oder Fußgänger errechnen lassen. Dabei wird neben der Entfernung auch die voraussichtliche Zeit für den Weg ermittelt. Die Routenplanung für öffentliche Verkehrsmittel funktioniert inzwischen in Deutschland ebenfalls sehr zuverlässig.

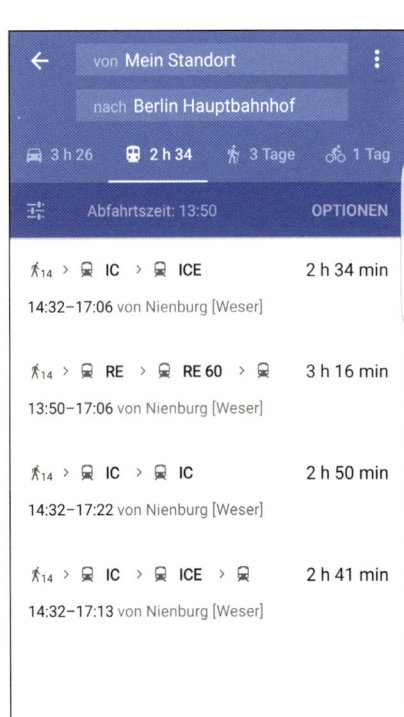

Routenplanung in Google Maps für Autofahrer und öffentliche Verkehrsmittel.

Suchen Sie in Google Maps den Zielort und tippen Sie auf das blaue Symbol unten rechts. Danach starten Sie die Berechnung der Route vom aktuellen Standort. Wählen Sie oben das gewünschte Verkehrsmittel aus. Hier können Sie auch noch einen anderen Startpunkt oder Routenoptionen einstellen.

Während der Fahrt zeigt Google Maps wie ein klassisches Navigationssystem Fahrtangaben mit Pfeilen an und spricht auch dazu. Tippen Sie unten auf die Zeitangabe, erhalten Sie eine Wegbeschreibung.

Auf Autobahnen zeigt ein Farbcode die aktuelle Verkehrslage an. Dabei steht Grün für problemlos, Gelb für dichten Verkehr und Rot für Stau bzw. Staugefahr. Die Daten werden automatisch anhand der Fahrzeuge ermittelt, die sich auf der Strecke befinden und die Google-Maps-Navigation nutzen. Wird die Verkehrslage nicht angezeigt, schalten Sie sie über das Menüsymbol unten rechts in der Navigationsansicht ein.

Planen Sie eine Route mit öffentlichen Verkehrsmitteln, gehen Sie genauso vor und tippen dann im blauen Feld oberhalb der Karte auf das Bahnsymbol bei den Zeitangaben. Jetzt werden die nächsten Verbindungen angezeigt. Die aktuellen Fahrpläne kommen direkt aus den Auskunftssystemen der Deutschen Bahn sowie anderer regionaler Verkehrsbetriebe.

Google Earth

Beim Google-Vorzeigeprodukt Android darf natürlich der faszinierende interaktive Weltatlas Google Earth nicht fehlen. Mit einem Fingerstrich kann man um die ganze Welt reisen und über die Suchfunktion Orte, Plätze und sogar ausgewählte Geschäfte und Hotels finden.

Google Earth auf dem Samsung Galaxy S7.

Da Google Earth erwartungsgemäß sehr hohe Anforderungen an die Hardware stellt, läuft die App auf einfacheren Smartphones nicht. Die dreidimensionalen Gebäudemodelle sind nur auf High-End-Smartphones mit 3D-Grafikprozessor zu sehen. Auf dem Samsung Galaxy S7 ist Google Earth natürlich in voller Pracht zu erleben.

Google Earth verwendet eine komfortable Multitouch-Navigation über Fingergesten mit einem oder zwei Fingern:

■ Streichen Sie mit einem Finger über den Bildschirm, um den Globus zu drehen.

■ Durch das Auseinander- und Zusammenziehen zweier Finger und gleichzeitiges Drehen können Sie die Karte heranzoomen bzw. wieder herauszoomen und Ihren Blickpunkt ändern.

■ Ziehen Sie zwei Finger über den Bildschirm, um die Ansicht zu neigen.

■ Durch Doppeltippen mit einem Finger wird die Karte herangezoomt.

■ Durch Doppeltippen mit zwei Fingern können Sie herauszoomen.

Zusätzlich zum Satellitenbild lassen sich weitere Ebenen einblenden, die wichtige Orte, Straßen, Fotos aus dem Bilderdienst Panoramio oder auch Wikipedia-Informationen anzeigen. Wikipedia wird innerhalb der App angezeigt und nicht im Webbrowser, sodass Google Earth nicht verlassen werden muss. Mit der Zurück-Taste kommt man sofort wieder zurück.

Fotos, Videos und Street View in Google Earth.

Google Street View kann innerhalb der Google-Earth-App ebenfalls verwendet werden. Ziehen Sie dazu das gelbe Männchen an die gewünschte Position in den Straßen einer Stadt. Die Straßen, für die Street-View-Ansichten verfügbar sind, werden dann auf der Karte farbig hervorgehoben.

Fahrplanauskunft

Onlinefahrpläne gehörten schon zu Zeiten der ersten WAP-Handys zu den beliebtesten und meistgenutzten mobilen Anwendungen. Das hat sich bis heute nicht geändert. Ein aktueller Fahrplan ist für jeden, der unterwegs ist, unverzichtbar.

DB Navigator

Der *DB Navigator*, die App der Deutschen Bahn, bietet eine Online-Fahrplanauskunft mit Echtzeitdaten zur aktuellen Verkehrslage. Hier findet man schnell die Information, ob ein Zug pünktlich ist und Anschlüsse passen. Anhand der eigenen Position kann die nächste Haltestelle in der Umgebung gefunden werden.

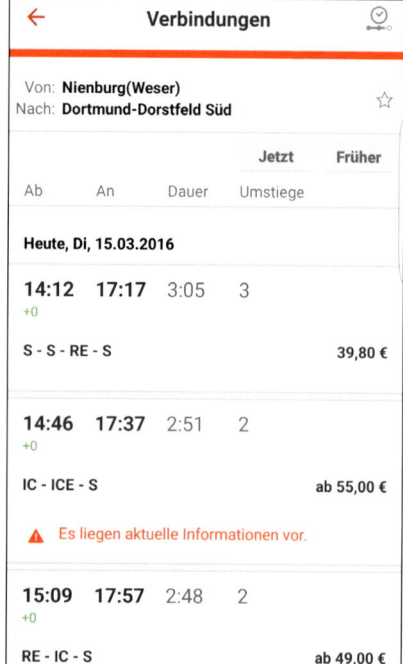

Aktueller Fahrplan mit dem DB Navigator.

Man braucht keine Fahrplantabellen zu wälzen, sondern gibt nur Start und Ziel ein und die App sucht alle möglichen Verbindungen innerhalb eines bestimmten Zeitraums. Am Zielort zeigt die App einen Stadtplan sowie Haltestellen in der Nähe.

TIPP: Beim ersten Start sollten Sie der App Zugriff auf Kontakte und Kalender geben. Dann können geplante Fahrten direkt als Termin in den Kalender eingetragen werden, und Sie können Adressen aus dem Adressbuch als Ziel einer Reise angeben, ohne die nächste Haltestelle kennen zu müssen. Melden Sie sich außerdem mit Ihrem DB-Kundenkonto bei der App an, dann brauchen Sie Ihre Onlinetickets nicht mehr unbedingt auszudrucken, sondern können sie direkt auf dem Smartphone speichern oder auch aus der App heraus Fahrkarten kaufen. Bei einer Kontrolle im Zug brauchen Sie nur noch den QR-Code auf dem Smartphone-Bildschirm vorzuzeigen.

Der bessere DB Navigator

Mit dem Update im Juli 2015 verlor der *DB Navigator* einiges an Qualität. Auf einmal gingen wichtige Funktionen verloren, die man gerade, wenn es zu Problemen kommt, bei schlechten Internetverbindungen im Zug oder knappen Umsteigezeiten, dringend braucht. Die Möglichkeit, Fahrpläne offline auf dem Smartphone zu haben oder die aktuellen Abfahrtafeln häufig genutzter Bahnhöfe direkt auf dem Startbildschirm, wurden zugunsten einer blassen inhaltslosen Grafik aufgegeben. Viele Daten, die früher kompakt dargestellt wurden, sind jetzt erst nach vielen Klicks und langem Scrollen auf fast leeren Bildschirmseiten zu finden – ausgesprochen lästig, wenn man mit einer Hand am Smartphone durch einen Bahnhof einem verspäteten Zug nachrennt. Auch die Bahnhofspläne mit Übersicht der Gleise, Läden und Gastronomie fehlen in der neuen Version.

Besonders ärgerlich: die übersichtlichen Informationen zu Verspätungen, die während der Fahrt wichtig sind, wurden aus der App gestrichen. Früher konnte man auf einen Blick sehen, welche Anschlusszüge erreicht werden und welche Alternativen es gibt, wenn es mal zu spät wird.

Mehrere Tausend 1-Sterne-Bewertungen im Google Play Store bereits in den ersten Tagen nach Veröffentlichung des Updates sprechen eine eindeutige Sprache.

Mit einem Trick kommt man aber noch an die ältere, bessere Version des *DB Navigator*, die weiterhin alle aktuellen Fahrplandaten zeigt. Der weiter vorne im Buch beschriebene Amazon-App-Store liefert diese Version noch (Stand: April 2016). Nach der Installation wird die App bei den eigenen Apps im Google Play Store angezeigt, obwohl sie nicht von dort installiert wurde. Schalten Sie hier gleich das automatische Update aus, sonst haben Sie möglicherweise schon Sekunden später wieder die neue Version auf Ihrem Smartphone. Weitere Informationen finden Sie auf *wp.me/p1mbVt-e4*.

Fahrpläne in Großstädten

Die Verkehrsverbünde in deutschen Großstädten bieten ihre Fahrplanaus-
künfte und teilweise noch weitere Informationen auf für Smartphones optimierten Webseiten an. Für die vier größten Metropolregionen finden Sie hier
Links und QR-Codes:

Rhein-Ruhr mobil.vrr.de – Berlin mobil.bvg.de – Hamburg m.hvv.de – München m.mvv-muenchen.de.

Google Now

Google Now zeigt Orte in der Nähe sowie bei Reisen auch aktuelle Verkehrsinformationen an, wenn das Smartphone eine Bewegung zu einem bekannten
Ort hin erkennt.

Google Now ist über längeres Antippen der Home-Taste aus jeder App heraus
erreichbar. Im Seitenmenü können Sie Google Now an Ihre persönlichen In-
teressen anpassen und so genau festlegen, welche Informationen angezeigt
werden sollen.

Einstellungen in Google Now.

Wettervorhersage

Das aktuelle Wetter ist immer ein Gesprächsthema. Ändern kann man es zwar nicht, aber zumindest das Beste daraus machen. Internetseiten mit Wettervorhersagen gibt es wie Sand am Meer und jeder hat darunter schon seine Lieblingsseite gefunden. Nur sind die meisten Wetterseiten mit viel Multimedia-Aufwand und jeder Menge Werbung gestaltet, sodass es nicht einfach ist, die wirklichen Wetterdaten zu finden, falls die Seiten auf dem kleinen Smartphone-Bildschirm überhaupt dargestellt werden. Wesentlich komfortabler ist eine der kostenlosen Wetter-Apps, die die Wettervorhersage für den Heimatort oder das Urlaubsziel direkt aufs Smartphone bringen.

Wetter bei Google Now

Google Now zeigt das Wetter für den aktuellen Standort an. Tippen Sie in Google Now auf die Wetteranzeige, erscheint eine detaillierte Vorhersage für die nächsten fünf Tage.

Die Wetter-App auf dem Samsung Galaxy S7

Samsung liefert auf dem Galaxy S7 eine vorinstallierte Wetter-App mit. Ein Widget auf dem Startbildschirm zeigt das Wetter am eigenen Standort an.

Das vorinstallierte Wetter-Widget und die Wetter-App.

211

Tippen Sie auf das Wettersymbol im Widget, zeigt eine neue Bildschirmseite die Wettervorhersage für die kommenden Tage oder Stunden. Tippen Sie auf *Städte*, sehen Sie eine Liste aller bereits eingetragenen Städte. Tippen Sie auf *Hinzufügen*, können Sie weitere Städte auswählen, deren Wetterdaten angezeigt werden sollen. Tippen Sie auf das runde Pfeilsymbol rechts unten in der Wetteranzeige, werden die Wetterdaten aktualisiert. Dort steht auch die Zeit der letzten Aktualisierung.

Mit einer senkrechten Wischgeste im Widget oder einer waagerechten Wischgeste in der App wechseln Sie zwischen den eingetragenen Städten. In den Einstellungen der App legen Sie fest, ob die Wetterdaten auch auf dem Sperrbildschirm und im Kalender *S Planner* angezeigt werden sollen. Auf dem Samsung Galaxy S7 edge können Sie die Wetterdaten zusätzlich auch auf dem Seitenbildschirm anzeigen lassen. Leider verwendet Samsung Wetterdaten von AccuWeather, deren Vorhersage eine der weniger zuverlässigen ist.

Telefonnummern, Hotels, Geldautomaten finden

Wer früher unterwegs eine Telefonnummer oder ein Hotel suchte, musste in eine Telefonzelle gehen und dort im Telefonbuch nachschlagen. Das war damals schon umständlich – heute sogar noch mehr, werden doch die Telefonzellen immer seltener, und in denen der neuen Generation hängen auch keine Telefonbücher mehr aus. Wesentlich bequemer ist die Suche auf dem Smartphone.

Lokale Google-Suche

Google bietet ein Firmen-, Kneipen- und Restaurantverzeichnis, das mit Daten verschiedener Anbieter gefüllt wird. Hier findet man unter anderem auch diverse Nutzerbewertungen, die allerdings wie überall mit Vorsicht zu genießen sind. Die lokale Google-Suche zeigt neben Kneipen und Restaurants auch Hotels, Geldautomaten, Veranstaltungen und viele andere interessante Orte. Hier lassen sich die gefundenen Nummern auch direkt antippen und anrufen.

Die lokale Google-Suche braucht nicht eigens als App installiert zu werden. Der Dienst ist direkt in die Google-Suche und auch in Google Maps auf dem Smartphone integriert und bietet verschiedene Kategorien an. Die Ergebnisse werden direkt als Liste oder auf einer Landkarte dargestellt. Dabei werden die eigenen Standortinformationen genutzt, um Suchergebnisse in der Umgebung zu liefern.

KAPITEL 7

Fotos und Multimedia

Ein Smartphone eignet sich bestens als digitaler Bilderrahmen. Dank heutiger Speicherkartengrößen von mehreren GByte kann man Tausende von Fotos bequem mit sich herumtragen.

Die vorinstallierte Galerie-App zeigt alle Bilder, die sich im Gerätespeicher oder auf der Speicherkarte des Samsung Galaxy S7 befinden. Diese können vom PC übertragen, aus dem Internet heruntergeladen oder mit der Kamera fotografiert worden sein.

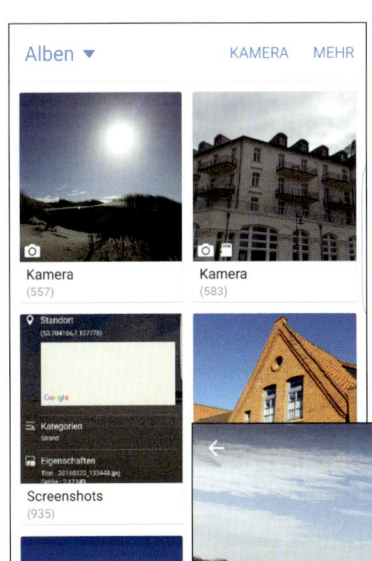

Die Fotos lassen sich oben links nach Zeit, Alben, Ereignissen oder Kategorien ordnen. Tippen Sie auf eines der Vorschaubilder, wird das Foto groß dargestellt. Mit zwei Fingern lässt sich weiterzoomen. Einfaches Wischen mit dem Finger horizontal über den Bildschirm blättert zu den nächsten oder vorherigen Bildern weiter bzw. zurück.

Die Galerie auf dem Samsung Galaxy S7.

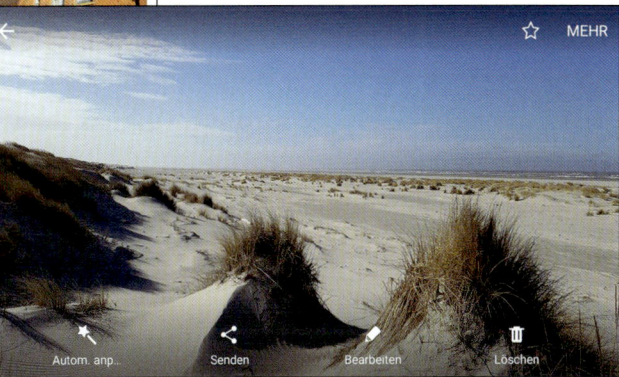

Fotografieren mit dem Samsung Galaxy S7

Das Samsung Galaxy S7 kann mit seiner 12-Megapixel-Kamera in vielen Fällen die klassische Digitalkamera ersetzen. Die Kamera wurde gegenüber den Vorgängermodellen nochmals deutlich verbessert und gehört zu den besten, die aktuelle Smartphones zu bieten haben. Die Anzahl der Pixel erscheint auf den ersten Blick kleiner als beim Samsung Galaxy S6. Die höhere Pixelgröße wirkt sich aber deutlich mehr auf die Bildqualität aus als die reine Anzahl an Pixeln.

Der Bildschirm, der als Sucher dient, ist deutlich größer als bei klassischen Kameras, allerdings fehlt den Smartphones noch der optische Zoom, der viel mehr Details liefert als der einfache Digitalzoom, den die Kamera-App bietet.

> **ACHTUNG:** Achten Sie darauf, dass die Kameralinse auf der Rückseite des Smartphones nicht verkratzt, wenn Sie das Gerät in die Tasche stecken und sich dort zum Beispiel auch noch ein Schlüsselbund befindet.

Die Kamera wird über eine eigene Kamera-App auf dem Samsung Galaxy S7 gestartet. Sie können auch das Kamera-symbol oben rechts in der Galerie antippen oder einfach zweimal kurz hintereinander auf die Home-Taste drücken. Das funktioniert auch, wenn das Smartphone im Ruhezustand ist, der Bildschirm also ausgeschaltet ist. Diese Option lässt sich in den Kameraeinstellungen ein- und ausschalten.

Die Kamera-App auf dem Samsung Galaxy S7.

Die Bedienungselemente der Kamera-App sind so angeordnet, dass sie sich, wenn man das Smartphone im Querformat in beiden Händen hält, bequem mit Daumen und Zeigefingern steuern lassen. Mit einer Zweifingergeste kann in der Kamera-App gezoomt werden. Optional lassen sich auch die Lautstärketasten dazu verwenden.

Die große Schaltfläche rechts ist der Auslöser. Die Lautstärketasten dienen zusätzlich als Auslöser. In den Kameraeinstellungen können Sie stattdessen auch die Zoomfunktion auf die Lautstärketasten legen. Oberhalb des Auslösers schalten Sie mit dem roten Punkt den Videomodus ein.

Ganz rechts oben wird immer das letzte Foto als Minibild angezeigt. Tippen Sie darauf, öffnet sich die Galerie-App, in der Sie dieses Foto und auch alle anderen betrachten können. Das Gleiche funktioniert auch mit einer Wischbewegung nach links. Schieben Sie das neuste Foto nach rechts aus dem Bild, erscheint wieder die Kamera.

Halten Sie den Finger länger auf dem Auslöser, wird eine Bilderserie aufgenommen. Danach werden die Bilder der Serie angezeigt, und Sie können gleich alle nicht benötigten löschen.

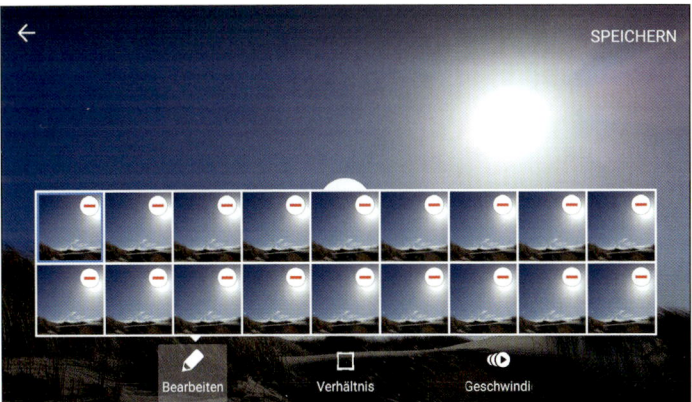

Bilderserie aufnehmen.

Die Symbolleiste am linken Bildrand zeigt fünf sogenannte Schnellzugriffsymbole für wichtige Einstellungen und ganz unten ein Zahnrad, über das sich noch mehr Einstellungen aufrufen lassen.

Die Samsung-Kamera-App bietet neben der ganz normalen Einzelbildaufnahme noch weitere spezielle Aufnahmemodi für Sonderfälle an. Wir stellen hier die interessantesten vor.

Farbeffekte

Die Kamera-App bietet verschiedene Effekte, die direkt in Echtzeit über das auf dem Bildschirm angezeigte Bild gelegt werden, noch bevor man den Auslöser drückt. Unter den Effekten finden Sie bekannte Optionen wie *Satte Farben* und *Pastell*, aber auch interessante künstlerische Effekte wie zum Beispiel *Monogramm* oder *Nostalgie*.

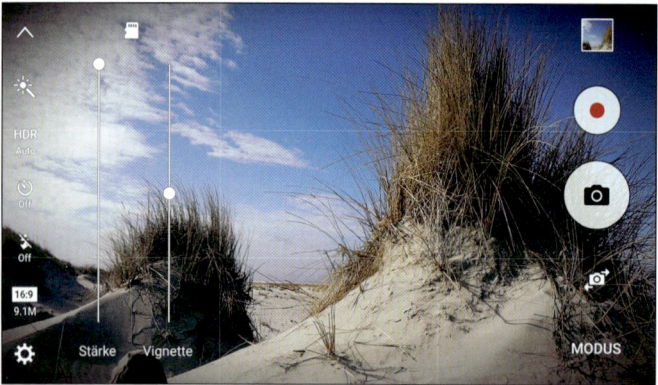

Farbeffekte beim Fotografieren anwenden und Foto mit dem Nostalgie-Effekt.

Über das Symbol *Herunterladen* können Sie weitere Effekte für die Kamera-App aus dem Samsung Galaxy Apps Store herunterladen. Über das Symbol *Verwalten* verändern Sie die Reihenfolge und Auswahl der angezeigten Effekte.

Effekte sparsam verwenden

Für alle Effekte gilt: Setzen Sie sie sparsam und effektvoll ein. Begehen Sie nicht den typischen Anfängerfehler und versehen jedes Bild mit irgendeinem Effekt. Das wirkt einfach nur kitschig, wohingegen sparsam eingesetzte Effekte ein Bild durchaus interessant wirken lassen. Niemand will sich eine Fotosammlung ansehen, bei der jedes Bild einen Effekt hat.

HDR

Die Abkürzung HDR steht für **H**igh **D**ynamic **R**ange (zu Deutsch »hoher Dynamikumfang«) und bezeichnet eine Technik in der Fotografie, die früher teuren Spezialkameras vorbehalten war. Bei schwierigen Belichtungsverhältnissen wie zum Beispiel gleißendem Tageslicht oder dunklem Kerzenschein wirken Teilbereiche eines Fotos immer zu hell oder zu dunkel. Die HDR-Fotografie bedient sich hier eines Tricks, um auch in dunklen Bereichen eines Fotos noch Details darzustellen. Die Kamera fotografiert im HDR-Modus automatisch drei Bilder mit unterschiedlichen Belichtungseinstellungen und errechnet daraus ein neues Bild mit deutlich höherem Dynamikumfang. Sie brauchen sich um nichts weiter zu kümmern, als die Kamera möglichst ruhig zu halten, damit die drei Aufnahmen auch wirklich exakt das gleiche Bild zeigen.

Das Samsung Galaxy S7 verwendet automatisch einen HDR-Modus, der nur abgeschaltet wird, wenn sich die Umgebung nicht für HDR-Aufnahmen eignet, wie zum Beispiel bei schnell bewegten Objekten. Über dieses Symbol können Sie jederzeit den HDR-Modus manuell aus- und einschalten.

Ohne HDR würden die Lampen und die hellen Fenster die restliche Szene überstrahlen und im Schwarz der Nacht verschwinden lassen.

Zeitauslöser

Hier wählen Sie eine Verzögerungszeit aus, die die Kamera wartet, nachdem Sie auf den Auslöser getippt haben, bis das Bild automatisch aufgenommen wird. Ist der Schalter *3 Aufnahmen machen* aktiviert, fotografiert die Kamera während der eingestellten Zeit drei Bilder. Sie können sich anschließend das beste aussuchen.

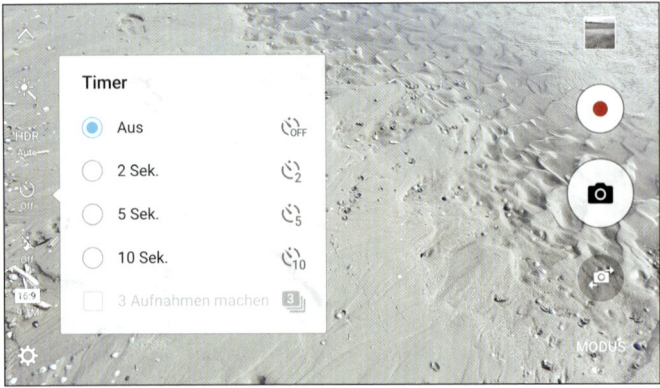

Zeitauslöser in der Kamera-App auf dem Samsung Galaxy S7 einstellen.

Blitz

Bei Dunkelheit kann das zu fotografierende Objekt mit der Blitz-LED auf der Rückseite des Samsung Galaxy S7 beleuchtet werden. Im automatischen Modus wird die LED abhängig von der Umgebungshelligkeit bei dunklen Szenen eingeschaltet. Diese sehr helle LED verbraucht viel Akkustrom und sollte daher nur sparsam eingesetzt werden. Bilder mit Blitz wirken oft unecht und sind dank des sehr guten Verhaltens der Kamera bei schwachen Lichtverhältnissen auf dem Samsung Galaxy S7 kaum noch nötig.

Bildgröße

Die maximale Auflösung der Kamera beträgt 4.032 x 3.024 Pixel, was einem klassischen 4:3-Seitenverhältnis entspricht. Über dieses Symbol können Sie schnell zwischen verschiedenen Auflösungen wählen, ohne die Kameraeinstellungen aufrufen zu müssen.

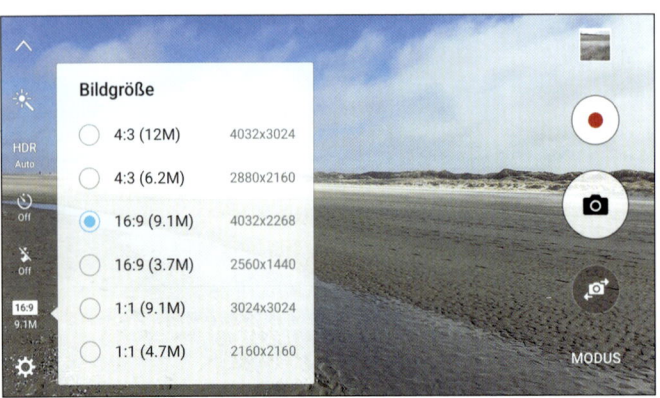

Bildgröße in der Kamera-App auf dem Samsung Galaxy S7 einstellen.

Neben dem 4:3-Standardformat werden noch 16:9-Formate angeboten, bei denen die Fotos formatfüllend auf dem Smartphone-Bildschirm angezeigt werden, sowie Quadratformate. Zu jedem Format gibt es zwei unterschiedliche Auflösungen.

Spezielle Kameramodi nutzen

Tippen Sie in der Kamera-App unten rechts auf *Modus*, erscheinen weitere Kameramodi für besondere Fotoszenarien.

Erweiterte Kameramodi auf dem Samsung Galaxy S7.

Profimodus

Im Profimodus können Sie manuell scharf stellen sowie Belichtung, Weißabgleich, ISO-Empfindlichkeit und Farbton einstellen. Dazu werden verschiedene Farbfilter angeboten, die in Echtzeit über das Foto gelegt werden können.

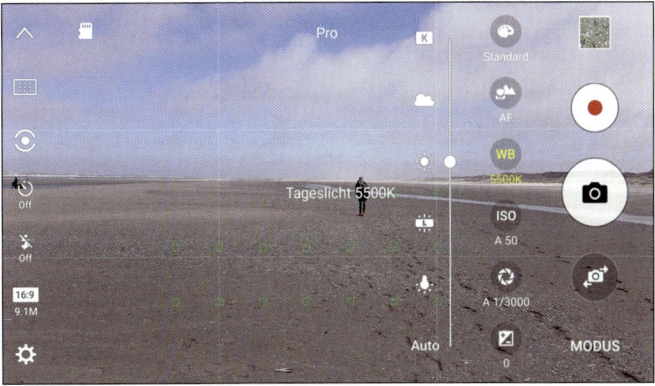

Detaillierte Belichtungseinstellungen im Profimodus der Kamera.

Selektiver Fokus

In diesem Modus tippen Sie vor der Aufnahme auf das Motiv, das scharf gestellt werden soll. Anschließend haben Sie nach der Aufnahme die Wahl, ob das ausgewählte Motiv scharf und der Hintergrund unscharf werden soll oder umgekehrt. Es ist sogar möglich, sowohl Motiv als auch Hintergrund scharf zu stellen, da die Kamera das fertige Bild aus verschiedenen Einzelbildern zusammensetzt.

Panorama

Mit dieser sehr interessanten Funktion fotografieren Sie eindrucksvolle Landschaftspanoramen. Drücken Sie den Auslöser und drehen Sie sich langsam um Ihre eigene Achse. Halten Sie dabei das Galaxy S7 möglichst ruhig. Die Kamera fotografiert automatisch mehrere Fotos nacheinander und setzt diese nahtlos zu einem einzigen Panoramabild zusammen, das mit jedem Bildbetrachter angesehen werden kann.

Panoramafoto mit der Kamera des Samsung Galaxy S7 fotografieren.

Nicht immer hält die Aufnahme genau nach einer Drehung von 360° an. So kann es passieren, dass Objekte, die an einem Bildrand stehen, am anderen Bildrand ein zweites Mal auftauchen. Achten Sie auch darauf, dass keine sich schnell bewegenden Objekte während der Aufnahme in das Bild geraten.

Ein mit dem Samsung Galaxy S7 aufgenommenes Panorama.

Videocollage

Im Modus *Videocollage* nimmt die Kamera nacheinander vier Videosequenzen von jeweils 6 Sekunden Länge auf. Diese werden in vier Quadranten zu einem Video zusammengefügt und gespeichert.

Live Broadcast

Live Broadcast sendet einen Videostream in Echtzeit an YouTube. Bevor Sie die Übertragung starten, müssen Sie zuerst Ihr YouTube-Benutzerkonto in der Kamera-App anmelden und können dann einen Einladungslink zur Live-Übertragung an Freunde schicken, damit diese von Anfang an live dabei sein können.

Zeitlupe

Dieser Aufnahmemodus nimmt ein Video auf, in dem Sie später Zeitabschnitte festlegen können, die in Zeitlupe abgespielt werden sollen. Tippen Sie auf den Auslöser, um mit der Aufnahme zu beginnen, und beenden Sie diese, indem Sie nochmals auf den Auslöser tippen.

Tippen Sie dann auf das kleine Vorschaubild oben rechts, um die Aufnahme anzusehen. Ein zufällig gewählter Bereich wird in Zeitlupe dargestellt. Diesen Bereich können Sie auf einen beliebigen Zeitraum ziehen und dabei auch Anfangs- und Endzeit wählen. Tippen Sie zum Schluss auf *Exportieren*, um das Video zu speichern.

Virtual Shot

Im Modus *Virtual Shot* erstellen Sie interaktive Produktfotos kleinerer Gegenstände. Tippen Sie auf den Auslöser und bewegen Sie sich dann um das Objekt herum. Achten Sie dabei darauf, dass der Abstand zum Objekt immer gleich bleibt und dieses sich immer in der Bildschirmmitte befindet.

Interaktives Foto eines Objektes aufnehmen.

Solche Aufnahmen können später mit der Galerie-App betrachtet werden. Wischen Sie dabei mit dem Finger über den Bildschirm, um sich um das Objekt herum zu bewegen.

Essen

Im Modus *Essen* wird ein runder Bereich in der Mitte scharf gestellt und die Randbereiche werden leicht weichgezeichnet. Weiterhin bietet dieser Modus einen besonderen Farbabgleich, um Fotos von Lebensmitteln besonders appetitlich erscheinen zu lassen.

Links: Aufnahme im Modus Essen, rechts: normale Aufnahme.

Hyperlapse

Der Modus *Hyperlapse*, auf Deutsch »Zeitraffer«, funktioniert prinzipiell wie die Zeitlupe, mit dem Unterschied, dass der ausgewählte Zeitabschnitt schneller und nicht langsamer abgespielt wird.

Weitere Kameramodi nachinstallieren

Die Kamera auf dem Samsung Galaxy S7 bietet noch weitere Kameramodi, die über den Standard-Funktionsumfang der Android-Kamera-App deutlich hinausgehen. Samsung bietet hier einige Modi als Plug-ins für die Kamera-App zum Download an. Tippen Sie dazu auf dem Kameramodus-Bildschirm oben auf *Herunterladen*.

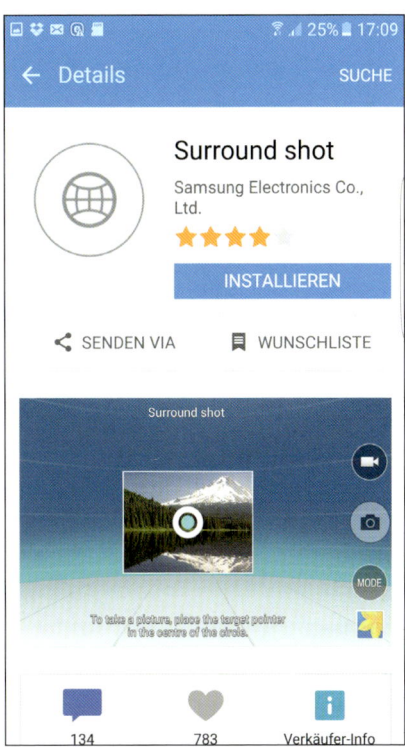

Zusätzliche Kameramodi zum Download.

Sports Shot

Sports Shot fotografiert schnell bewegte Objekte klar und deutlich.

Animated GIF

Dieser Modus speichert eine kurze Bildsequenz als animiertes GIF. Im Gegensatz zu einem echten Video ist zum Anschauen kein Videobetrachter nötig, außerdem wird die Bilddatei sehr klein, sodass sie leicht online weitergegeben werden kann.

Dual Camera

Im Modus *Dual Camera* werden die Hauptkamera sowie die Frontkamera gleichzeitig ausgelöst. Auf diese Weise können Sie sich selbst in einem kleinen Bild innerhalb des Fotos abbilden. Dabei können Sie verschiedene Effekte für das Bild im Bild auswählen.

223

Surround Shot

Die Funktion *Surround Shot* erzeugt ein Kugelpanorama, in dem man sich ähnlich wie bei Google Street View interaktiv umsehen kann.

Surround Shot auf dem Samsung Galaxy S7.

Richten Sie zunächst die Kamera auf den späteren Bildmittelpunkt aus, bis der Punkt in der Bildmitte genau innerhalb des Kreises liegt. Drehen Sie sich dann um Ihren eigenen Standpunkt, neigen Sie die Kamera nach oben und unten und bringen Sie so nacheinander alle im Sucherfeld erscheinenden Punkte in die jeweiligen Kreise. Verändern Sie dabei Ihren Standort nicht, gehen Sie keinen Schritt, sondern drehen Sie sich nur um sich selbst.

Nachdem rundherum in allen Richtungen alle Punkte erfasst wurden, wird aus den Einzelbildern automatisch ein Kugelpanorama zusammengesetzt. Dieses können Sie mit der Galerie-App oder der Fotos-App interaktiv betrachten. Veröffentlichen Sie das Panorama auf Google+, können andere es im Browser auf dem PC ebenfalls interaktiv betrachten.

Beauty Face

In diesem Modus wird automatisch ein leichter Airbrush-Effekt über einen runden Bereich auf einem erkannten Gesicht gelegt. Damit erzielen Sie makellose Porträtfotos. Im Vorschaubild wird ein Kreis eingeblendet, in dem sich das Gesicht der Person befinden sollte. Achten Sie auch auf gute Lichtverhältnisse.

Rear-cam selfie

Mit diesem Modus können Sie sich selbst mit der Hauptkamera fotografieren. Die Kamera erkennt das Gesicht und stellt darauf scharf, ohne dass Sie das Bild beim Fotografieren sehen.

Selbstporträts

Sich selbst mit dem Handy zu fotografieren, war früher mit viel Zufall und akrobatischem Geschick verbunden. Auf dem Samsung Galaxy S7 können Sie über dieses Symbol in der Kamera-App die Frontkamera, die ursprünglich für Videochats gedacht war, auch zum Fotografieren nutzen. So sehen Sie sich selbst auf dem Bildschirm und können wesentlich einfacher Selbstporträts – heute vielfach als Selfies bezeichnet – aufnehmen. Ist die Frontkamera eingeschaltet, werden beim Antippen der Schaltfläche *Modus* andere Kameramodi zur Auswahl angeboten als bei der Hauptkamera.

Selfie-Modus

Im Selfie-Modus müssen Sie nicht unbedingt den Auslöser der Kamera antippen, da dann möglicherweise Ihr Arm mit ins Bild käme. Tippen Sie einfach auf den Herzfrequenzsensor auf der Rückseite des Samsung Galaxy S7 neben der Hauptkamera, um die Frontkamera auszulösen.

Mit diesem Symbol oben rechts können die erkannten Gesichter aufgehellt und weichgezeichnet werden, um schönere Porträts zu erzeugen. Auch Gesichtsformen und die Größe der Augen lassen sich optimieren. Die Stärke der Effekte wird mit einem Schieberegler links im Bild festgelegt.

Gruppen-Selfie

Im Gruppen-Selfie-Modus können Sie eine größere Gruppe von Personen fotografieren, die nicht auf einmal auf das Bild passen würden. Drehen Sie dazu das Smartphone ähnlich wie bei einer Panoramaaufnahme. Der Rahmen auf dem Bildschirm zeigt, welche Personen bereits aufgenommen wurden.

Wichtige Kameraeinstellungen

Über das Zahnradsymbol in der Kamera-App können Sie verschiedene wichtige Einstellungen vornehmen.

Die Kameraeinstellungen auf dem Samsung Galaxy S7.

▪ *Videogröße* bietet verschiedene Videoauflösungen von UHD bis zu VGA zur Auswahl an. Beachten Sie die Hinweise, dass nicht alle Effekte mit allen Auflösungen funktionieren.

▪ *Bewegungsaufnahme* nimmt vor einem Foto eine kurze Videosequenz auf. Diese kann in der Galerie-App automatisch vor dem Foto dargestellt werden.

▪ Um ein schnell bewegtes Objekt beim Filmen scharf zu halten, können Sie es mit der Option *Verfolgungs-AF* auf dem Vorschaubildschirm markieren und dann automatisch fokussieren und verfolgen.

▪ Die *Videostabilisierung* versucht, das Verwackeln bei Videoaufnahmen aus der freien Hand auszugleichen.

▪ *Raster* blendet ein Gitternetz im Sucherbild ein, das dabei hilft, den Horizont wirklich gerade auf das Foto zu bekommen. Natürlich werden diese Hilfslinien nicht im endgültigen Foto dargestellt.

- Die Kamera-App kann den eigenen Standort auswerten und mit dem Bild speichern, sodass Sie in Fotoalben, z. B. bei Flickr oder Google, genau auf einer Karte anzeigen lassen können, wo das Foto aufgenommen wurde. Diese Funktion wird als *Geotagging* bezeichnet.

- *Auslöser* schaltet zwischen der Auslösertaste und einer Sprachsteuerung für die Kamera um.

- *Bilder direkt anzeigen* zeigt ein aufgenommenes Foto direkt nach der Aufnahme auf dem Bildschirm an. Ist diese Funktion ausgeschaltet, wird nach einer Aufnahme wieder das Kamerabild angezeigt.

- *Schnellstart* ermöglicht es, die Kamera zu starten, indem man aus einer anderen App heraus zweimal schnell hintereinander auf die Home-Taste drückt.

- Fotos, die im Pro-Modus der Kamera aufgenommen wurden, können zusätzlich zum normalen JPEG-Format auch als unkomprimierte RAW-Datei gespeichert werden. Dazu ist allerdings eine spezielle App zum Betrachten von RAW-Dateien erforderlich.

- *Speicherort* schaltet zwischen Gerätespeicher und Speicherkarte als Speicherort für neue Fotos und Videos um.

- Mit der *Lautstärketastenfunktion* können Sie die Lautstärketasten an der Seite des Samsung Galaxy S7 beim Fotografieren als Auslöser, zum Drehen von Videos oder zum Zoomen nutzen.

- *Einstellungen zurücksetzen* setzt die Kameraeinstellungen auf die Standardwerte zurück.

Fotos online zeigen und teilen

Wer seine Fotos online speichert, kann jederzeit und von überall darauf zugreifen. Außerdem sind Onlinefotoalben eine komfortable Lösung, um die Fotos Freunden zu zeigen. So braucht man aus dem Urlaub nicht jede Menge Fotos einzeln per E-Mail zu verschicken. Ein Link auf die eigenen Fotos bei Google, OneDrive oder Flickr reicht aus. Das Samsung Galaxy S7 bietet komfortable Funktionen, um Fotos von der Handykamera in die bekannten Onlinefotoalben hochzuladen und umgekehrt die eigenen Alben oder die freigegebenen Alben von Freunden auch auf dem Smartphone zu betrachten.

Google Fotos

Google Fotos (*photos.google.com*) bietet jedem Nutzer die Möglichkeit, seine Fotos online privat zu verwalten und auf Wunsch einzelne Bilder oder ganze Alben mit anderen zu teilen. Picasa, der frühere Onlinefotodienst von Google, wurde inzwischen voll in Google Fotos integriert. Picasa-Webalben lassen sich in Google Fotos sowie auch in der Fotos-App betrachten. Bei Google Fotos können Sie Bilder von Freunden kommentieren oder auch direkt als Beiträge auf Ihrem Google+-Profil veröffentlichen. Die alte Picasa-Webseite *picasaweb. google.com* funktioniert weiterhin für Fans der alten Darstellung, zeigt aber die gleichen Fotos an wie Google Fotos. Auf diese Weise können auch ältere Freigabelinks, die früher einmal an Freunde verschickt wurden, weiterhin genutzt werden. Google kündigte Anfang 2016 an, Picasa im Mai des gleichen Jahres noch abzuschalten.

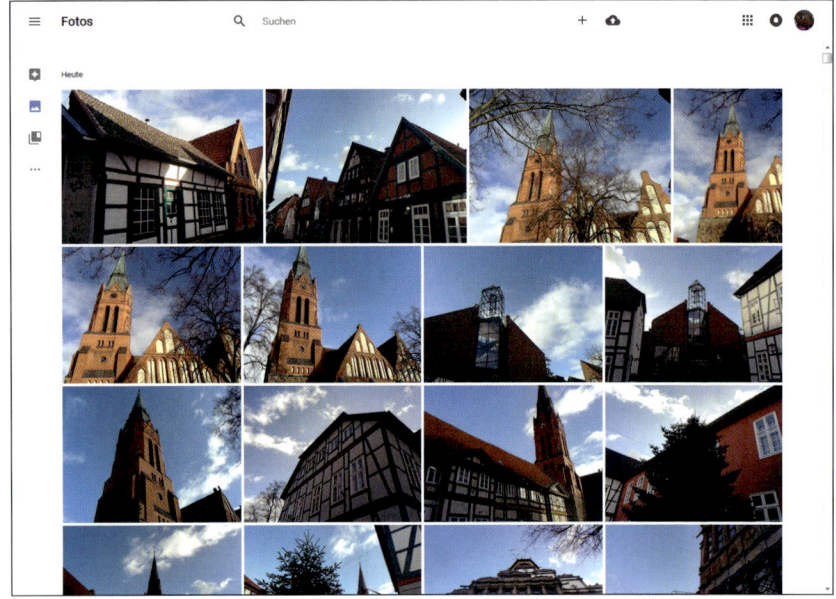

Private Fotos bei Google Fotos im Browser auf dem PC.

ACHTUNG: Die persönlichen Webalben werden automatisch in der Fotos-App des Smartphones angezeigt, auch Fotos, die mit anderen Kameras fotografiert wurden. Dies gilt auch für Alben, die nur persönlich freigegeben sind und der Öffentlichkeit verborgen bleiben – auf dem Smartphone sind die Bilder alle zu sehen. Denken Sie daran, wenn Sie Ihr Smartphone aus der Hand geben.

Handyfotos automatisch sichern

In den Einstellungen der Fotos-App lässt sich festlegen, dass alle mit dem Smartphone aufgenommenen Fotos automatisch bei Google in einem privaten Album gesichert werden. Auf diese Weise haben Sie jederzeit vom PC aus Zugriff auf Ihre Fotos, ohne sie manuell übertragen zu müssen. Legen Sie dabei fest, dass die Fotos in der Auflösung *Hohe Qualität* (Breite: 2.048 Pixel) und nicht in Originalgröße gespeichert werden. Dann haben Sie unbegrenzt Speicherplatz bei Google zur Verfügung.

Fotos mit Freunden über E-Mail oder Google+ teilen

Die Fotos-App und auch die meisten anderen Android-Apps, die Fotos anzeigen, haben eine Funktion zum Senden von Fotos über verschiedene Kommunikationswege integriert. Tippen Sie dazu in der Anzeige eines Bildes auf das *Teilen*-Symbol unten links.

Automatisch hochgeladenes Foto in ein Album kopieren und teilen.

Wählen Sie *Link abrufen*, wird ein Link zum Foto erzeugt, der auf beliebigen Wegen weitergegeben werden kann. Der Empfänger kann den Link in jedem Browser auf Smartphones, PCs oder anderen Geräten öffnen und so das Bild sehen. Im Gegensatz dazu wird das Bild beim Teilen über Gmail nicht als Link, sondern wirklich als – möglicherweise sehr großer – Dateianhang an die E-Mail gehängt.

Fotos, die bereits automatisch hochgeladen wurden, können auf die gleiche Weise aus der Fotos-App heraus geteilt oder in ein anderes Album aufgenommen werden, ohne dass sie erneut hochgeladen werden müssen.

Beim Teilen über Google+ wählen Sie einzelne Personen oder Kreise, die das Bild sehen dürfen. Hier können Sie mit dem Hochladen auch direkt ein Album anlegen, was aber nicht mehr unbedingt nötig ist. Bildunterschriften sind bei Google+ optional. Wer möchte, kann vor dem Hochladen noch etwas zu den Bildern schreiben. Wenn Sie ein neues Album anlegen, können Sie dabei einstellen, ob es öffentlich sichtbar sein soll oder nicht.

OneDrive

Die auf dem Samsung Galaxy S7 vorinstallierte Microsoft-App *OneDrive* bietet auch eine automatische Kamerasicherung für Fotos von Android-Smartphones. Sie finden diese Option in den Einstellungen der OneDrive-App unter *Kamerasicherung*. Dabei können Sie wählen, ob die Fotos nur per WLAN oder auch über das Mobilfunknetz automatisch gesichert werden sollen.

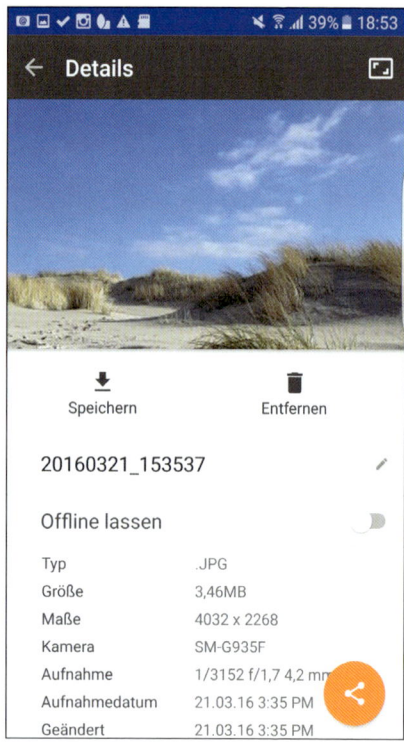

Fotos per OneDrive synchronisieren und Links teilen.

Durch die gute Integration von OneDrive in Windows 8.1 und Windows 10 hat man die Fotos vom Smartphone auf dem PC automatisch sofort zur Verfügung. OneDrive bietet umfangreiche Möglichkeiten, Ordner und Alben anzulegen sowie Fotos für Freunde oder öffentlich freizugeben. Dabei kann entweder ein Bild oder ein Link verschickt werden. Auch später noch kann zu jedem Foto angezeigt werden, wer dafür eine Freigabe erhalten hat.

Bilder über die Samsung-Freigabefunktion versenden

Samsung bietet einen eigenen Cloud-Dienst zum Freigeben von Fotos an. Dabei wird per SMS ein kurzer Link verschickt, den der Empfänger im Browser öffnen kann. Das empfangende Gerät muss kein Samsung-Smartphone sein.

Wählen Sie beim Versenden eines Fotos in der Galerie die Option *Einfache Freigabe* ganz oben. Jetzt können Sie eine oder mehrere Personen aus dem Adressbuch auswählen, denen Sie das Bild online zeigen möchten. Später erscheinen die zuletzt verwendeten Kontakte direkt neben dem Symbol *Einfache Freigabe*. Die Empfänger erhalten eine SMS mit einem Kurzlink. Beim Öffnen dieses Links muss man aus Sicherheitsgründen die letzten vier Ziffern der eigenen Handynummer eingeben. Danach wird das Bild angezeigt und kann auch im Browser heruntergeladen werden.

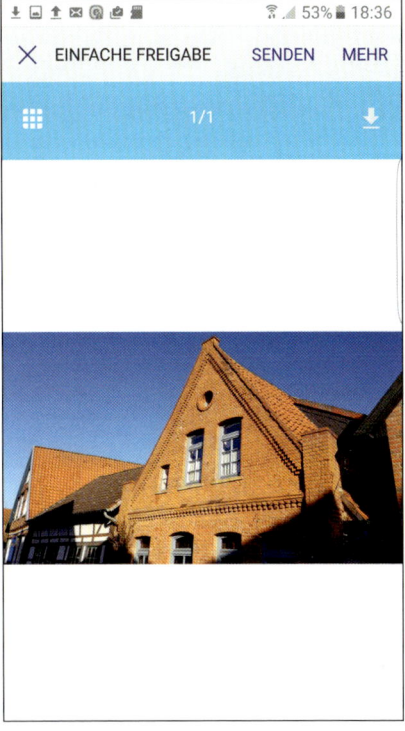

Das Bild beim Empfänger im Browser öffnen.

Flickr

Flickr (*www.flickr.com*) ist eine der bekanntesten Onlineplattformen für Fotos. Hier können
Sie selbst Onlinefotoalben anlegen und Ihren
Freunden Bilder präsentieren. Flickr bietet viele
Funktionen eines sozialen Netzwerks, man
kann Fotos kommentieren, Gruppen mit Freun-
den gründen und sich gegenseitig über neue Fotos auf dem Laufenden halten.
Flickr hat nach eigenen Angaben 77 Millionen registrierte Nutzer, und etwa
5.000 neue Fotos werden pro Minute hochgeladen. Flickr gehört zu Yahoo!, um
eigene Fotos hochzuladen, benötigen Sie eine kostenlose Yahoo!-ID.

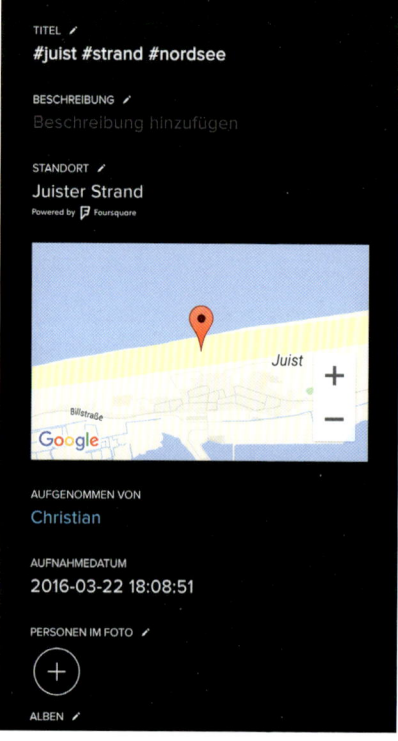

Fotos in der Flickr-App.

Flickr liefert eine eigene App für Android-Smartphones, mit der man jederzeit Zugriff auf seine Fotoalben bei Flickr und die von Freunden hat. Natürlich kann man auch direkt vom Smartphone neue Fotos bei Flickr hochladen.
Beim Aufruf der mobilen Flickr-Seite *m.flickr.com* mit einem Android-Smartphone erscheint automatisch eine Frage, ob man nicht lieber die App verwenden möchte.

Nach der Anmeldung mit der persönlichen Yahoo-ID zeigt die Flickr-App den eigenen Fotostream, eigene Fotoalben sowie die letzten Aktualisierungen der Freunde auf einen Blick an. Die Navigation in der App ist intuitiv und weitgehend an das vertraute Design der Flickr-Webseite angelehnt.

Fotografieren mit der Flickr-App

Mit der Flickr-App kann man auch direkt fotografieren. Man braucht nicht die Standard-Kamera-App aufzurufen. Einfach oben rechts in der Flickr-App auf das Kamerasymbol tippen und es startet eine eigene Kamerafunktion, in der Sie die neuen Fotos auch direkt benennen können, da bei Flickr jedes Bild einen Namen braucht. Auf der Seite *Details* können Sie noch einen Bildkommentar hinzufügen.

Filter in der Kamerafunktion der Flickr-App.

Besonders interessant sind die Filter im rechten Bildschirmbereich, mit denen man den Fotos eine persönliche Note oder auch ein besonders kitschiges Aussehen verpassen kann. Tippen Sie links auf das Symbol mit dem Pinsel, können Sie Belichtung, Weißabgleich, Helligkeit, Kontrast und andere Bildeigenschaften vor dem Hochladen noch anpassen.

Im nächsten Schritt laden Sie das Foto bei Flickr hoch. Es erscheint dann automatisch in Ihrem persönlichen Fotostream. Je nachdem, welche Privatsphäre-Einstellungen Sie festgelegt haben, können nur Sie, Ihre Freunde oder jeder das Foto sehen. Um mehr Übersicht bei Ihren Fotos zu haben, ordnen Sie das Bild gleich in ein Album ein. Natürlich können Sie auch über die bekannte *Teilen*-Funktion der meisten Android-Apps Fotos auf Flickr veröffentlichen, wenn die Flickr-App installiert ist.

Facebook

Auch Facebook bietet seinen Nutzern Onlinefotoalben an, die unterwegs vom Smartphone aus genutzt werden können, und macht damit den klassischen Onlinefotoalben wie Google Fotos und Flickr Konkurrenz. Allerdings sind die Möglichkeiten bei Facebook deutlich begrenzter.

Wenn die Facebook-App auf dem Smartphone installiert ist, können Sie darüber Fotos auf Facebook hochladen. Noch einfacher wählen Sie in der Fotos-App die *Teilen*-Funktion. Facebook ist hier automatisch eingetragen. Sie brauchen es nur noch auszuwählen, danach startet die Facebook-App mit einem Formular, in dem Sie noch einen Text für den neuen Beitrag eintragen können. Zusätzlich können Sie den Ort angeben, wo dieses Foto ausgewählt wurde, sowie Facebook-Freunde markieren, die mit dabei waren.

Die neuste Version der Facebook-App verfügt über einfache Bearbeitungsfunktionen für Fotos. Hier können Sie das Foto zuschneiden, einen Farbfilter anwenden oder auch Texte, Sticker oder handgekritzelte Linien auf das Foto malen, bevor Sie es mit einem Klick auf *Posten* bei Facebook veröffentlichen.

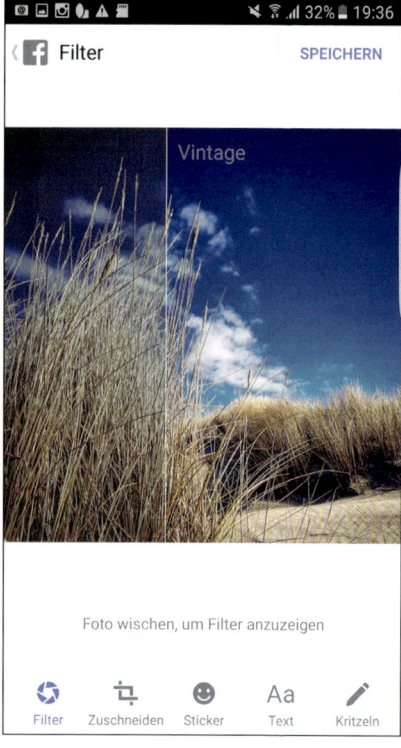

Links: Foto auf Facebook veröffentlichen, rechts: die neuen Bearbeitungsfunktionen.

Instagram

Fotos vom Smartphone in ein soziales Netzwerk hochzuladen, ist nichts Neues mehr. Mit Instagram (*www.instagram.com*) gibt man dem Bild Stil und veröffentlicht gleich die passende Stimmung mit dazu. Die Instagram-App ist auf dem Samsung Galaxy S7 vorinstalliert.

Bei Instagram sind jede Menge Farbfilter, Rahmen und Effekte bereits in der App vorgegeben. Weiterhin enthält Instagram eine eigene verbesserte Kamerafunktion, mit der man direkt fotografieren oder auch nachträglich Effekte auf bereits auf dem Smartphone oder in der Cloud gespeicherte Fotos legen kann. Gerade die Vielzahl und grafische Qualität dieser Effekte und Filter unterscheiden Instagram von ähnlichen Apps und Netzwerken. Bei Instagram veröffentlicht fast niemand ein Foto unbearbeitet, so wie es fotografiert wurde.

Foto auf dem Smartphone auswählen, mit Filtern aufbessern und auf Instagram und anderen sozialen Netzwerken posten.

Instagram enthält eigene Funktionen eines sozialen Netzwerkes. Hier kann man direkt dem Fotostream von Freunden folgen, die auf diese Weise ihr Leben erzählen. Beim Veröffentlichen auf Instagram kann man seine Fotos auch direkt in anderen sozialen Netzwerken teilen, die mit dem eigenen Instagram-Konto verknüpft sind.

Fotos bearbeiten

Die Kamera-App auf dem Samsung Galaxy S7 enthält bereits einfache Bearbeitungsfunktionen, um Fotos nachträglich mit Effekten zu versehen. Verschiedene Apps bieten noch weitere Möglichkeiten, Bilder auf dem Smartphone nachträglich zu bearbeiten.

Bildbearbeitung in der Galerie-App

Die Galerie-App liefert Funktionen zum Zuschneiden und Ausrichten von Fotos sowie Farbfilter, Effekte und Zeichenfunktionen mit. Tippen Sie dazu in der Ansicht eines Bildes auf *Bearbeiten*.

Anpassung und Farbton in der Galerie-App.

Das Symbol *Anpassung* bietet Werkzeuge zum Zuschneiden und Drehen von Fotos. Mithilfe eines Rasters lassen sich schief aufgenommene Fotos gerade ausrichten, um zum Beispiel einen schiefen Horizont, der sehr unprofessionell wirkt, nachträglich zu korrigieren.

Das Symbol *Ton* bietet verschiedene Regler, um Helligkeit, Kontrast, Sättigung, Farbton und Temperatur zu korrigieren oder auch komplett zu verfremden.

Das Symbol *Effekte* liefert verschiedene Effekte, die mit einstellbarer Effektstärke über ein Foto gelegt werden können. Ganz rechts in der Liste finden Sie das Symbol *Download*, um weitere Effekte aus dem Samsung Galaxy Apps Store herunterzuladen.

Das Symbol *Zeichnung* öffnet ein einfaches Malprogramm mit unterschiedlichen Stiften, mit denen Sie auf ein Foto malen oder Anmerkungen anbringen können. Mit dem Radierer löschen Sie einzelne gemalte Linien wieder. Das ursprüngliche Foto bleibt vom Radierer verschont.

Mit dem Symbol *Bild hinzufügen* erstellen Sie Collagen. Hier können Sie weitere Fotos in das Bild einbauen und dabei auch frei verschieben oder drehen.

Bildbearbeitung in der Fotos-App

Tippen Sie in der Fotos-App auf ein Bild, wird dieses im Vollbildmodus angezeigt und Sie können es auch direkt bearbeiten. Hier werden über das Stiftsymbol unten ein paar Filter sowie einfache Bearbeitungswerkzeuge angeboten.

Bei den Werkzeugen zur Bildkorrektur wie auch bei den Filtern lässt sich die Stärke des Effektes mit Schiebereglern interaktiv einstellen. Die Filter sind hier nicht nach technischen Details, sondern nach Planeten und deren Monden benannt, um sie sich leichter merken zu können. Als Hilfestellung haben die Filter noch eine farbliche Kennzeichnung, die einen Hinweis gibt, in welche Richtung der Filter das Bild verändert.

Alle Filter und Werkzeuge werden erst über die Schaltfläche *Speichern* wirklich auf das Bild angewendet. Über das Menü oben rechts können Sie auch eine Kopie speichern, um das Originalfoto zu behalten.

Mit der Winkelskala unter *Anpassung* lassen sich schiefe Bilder gerade ausrichten. Als Hilfestellung wird ein Gitternetz über das Bild geblendet, das natürlich nicht mit gespeichert wird.

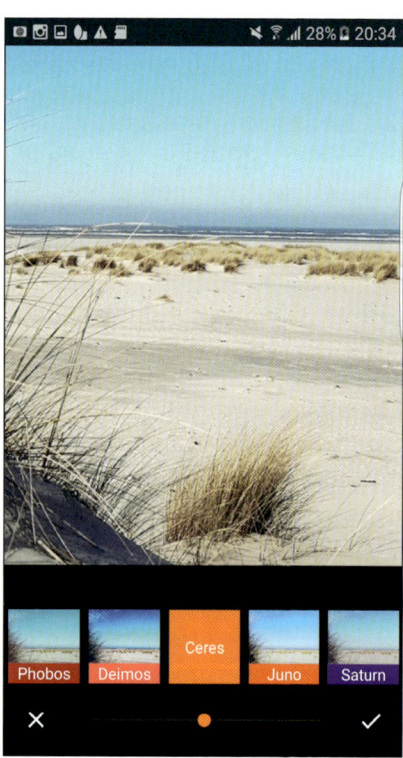

Korrekturwerkzeuge und Filter in der Fotos-App.

Snapseed

Google liefert mit *Snapseed* eine komfortable App zur Bildbearbeitung und Korrek-
tur mit äußerst intuitiver Bedienung. Bilder
lassen sich ausrichten, drehen, zuschneiden
sowie mit vielerlei Effekten und Korrekturen
versehen. *Snapseed* kann auf dem Smart-
phone gespeicherte Fotos bearbeiten sowie auf solche aus Google-Fotos-Alben
oder von Google Drive, OneDrive, Dropbox und anderer Cloud-Speicher zugreifen, deren Apps auf dem Smartphone installiert sind. Veränderte Bilder werden
im Ordner *Snapseed* auf dem Smartphone gespeichert und können von dort
aus geteilt oder auf Google Fotos hochgeladen werden. Aus vielen Apps heraus
lassen sich Fotos direkt nach *Snapseed* teilen, um sie dort weiterzubearbeiten.

Tippen Sie unten rechts im Foto auf das Stiftsymbol, wird eine Palette mit
Werkzeugen und Filtern eingeblendet. Unter den Werkzeugen finden Sie unter anderem Funktionen, um einen Bildausschnitt zu wählen. Diesen Bildausschnitt können Sie mit den dargestellten Griffen auf die gewünschte Größe

ziehen. Dabei werden verschiedene Vorgaben für das Seitenverhältnis angeboten. Das Werkzeug zur Feinabstimmung bietet verschiedene Einstellungen wie Helligkeit, Kontrast und Sättigung, zwischen denen man mit einer senkrechten Wischbewegung hin- und herwechselt. Eine horizontale Wischbewegung justiert anschließend die Stärke der jeweiligen Einstellung.

Links: Werkzeugpalette, rechts: Snapseed-Werkzeug in Aktion.

Alle Änderungen werden erst durch Antippen des Symbols mit dem Häkchen unten rechts auf das Bild angewendet. Über das Kreuz unten links kommen Sie jederzeit zurück, ohne dass das Bild verändert wird.

Das Vergleichssymbol oben rechts zeigt das Originalbild im Vergleich zum veränderten Bild.

Bei den Filtern finden Sie einige der typischen Effekte, die man von vielen Bildbearbeitungsprogrammen kennt, aber auch interessante Filter, die nicht jede Bildbearbeitung in dieser Form kennt. Hier können Sie das ganze Bild klassisch alt, in Pop-Art oder anderen Darstellungsweisen erscheinen lassen.

Die meisten Filter bieten unterschiedliche Parameter, die sich mit einer vertikalen Wischbewegung auswählen lassen. Eine horizontale Wischbewegung ändert dann die Stärke des jeweiligen Effektes.

Bildeffekte und Vignettierung mit Snapseed.

Spezialfilter mit vielfältigen Einstellungen.

Einige Filter bieten noch weitere Einstellungen. So können Sie beim Fokuseffekt, der einen bestimmten Teil des Bildes zur Hervorhebung scharf belässt, während der Rest mehr oder weniger verschwimmt, nicht nur die Stärke, sondern auch die Form des Effektes einstellen. Durch interaktives Ziehen und Drehen verändern Sie den Effektbereich. Das Kartensymbol in der unteren Symbolleiste bietet neben einem kreisförmigen Fokusbereich auch verschiedene andere Formen an.

Der *Grunge*-Filter erzeugt den Eindruck von alten, leicht beschädigten Fotos. Hier können Sie unterschiedliche Effektmuster wählen und diese über eine horizontale Wischbewegung interaktiv anpassen.

Musik auf dem Samsung Galaxy S7

Digitale Musik unterwegs zu hören, gehört zum Alltag. Portable MP3-Player haben längst Walkman und tragbare CD-Spieler abgelöst. Inzwischen geht das Interesse an klassischen MP3-Playern auch schon wieder zurück. Fast jeder hört seine Musik nur noch auf dem Smartphone über Kopfhörer, deren Musikqualität mit dem, was man aus Walkman-Zeiten kannte, nicht mehr zu vergleichen ist.

Auf dem Samsung Galaxy S7 verzichtet Samsung erstmals auf seinen eigenen Musikplayer und liefert nur noch Google Play Music vorinstalliert mit.

Google Play Music

Google Play Music ist eine Musikplayer-App, die in Android 6 Marshmallow den ehemaligen Musikplayer ersetzt. Google Play Music spielt lokal auf dem Smartphone gespeicherte Musik ab sowie auch Musik aus dem Cloud-Speicher. Der Google Play Music Store ist integriert. Gekaufte Musiktitel werden direkt im Player angezeigt und abgespielt.

Achtung Kostenfalle

Tippen Sie beim ersten Start der Google-Play-Music-App auf *Nein danke* und nicht auf *Jetzt starten*, da Sie sonst den Google-Musik-Dienst abonnieren, der zwar 30 Tage lang kostenlos ist, aber wer denkt schon daran, so etwas rechtzeitig wieder abzumelden.

Google Play bietet seit einiger Zeit auch in Deutschland einen Downloadshop für Musik an. Zusammen mit diesem Angebot startete auch ein Cloud-Dienst, auf dem jeder Nutzer kostenlos bis zu 50.000 eigene Songs speichern und dann auf jedem Gerät über sein persönliches Google-Konto anhören kann. Beim ersten Start der App erscheint eine Werbung für einen kostenpflichtigen Dienst. Diese können Sie überspringen, die App funktioniert auch in der kostenlosen Version. Lediglich das Streaming-Angebot von Google ist kostenpflichtig.

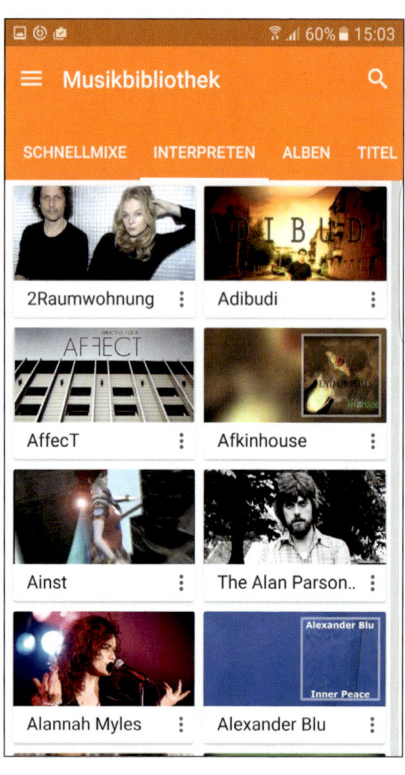

Google Play Music auf dem Samsung Galaxy S7.

Die Bedienung ähnelt den bekannten Musikplayern auf anderen Plattformen: In jeder Ansicht ist ganz unten der gerade laufende Titel zu sehen. Mit den Bedienelementen lassen Sie die Musik pausieren oder springen zum nächsten Titel der aktuellen Wiedergabeliste. Sie können beliebige Titel zu einer Wiedergabeliste zusammenfassen, indem Sie auf das Symbol mit den drei Punkten rechts in einem Musiktitel tippen. Mit dem Lupensymbol oben rechts finden Sie jeden Titel Ihrer Musiksammlung. Mit der Funktion *Schnellmixe* lassen sich Playlisten automatisch nach Interpreten erzeugen und abspielen.

Während die Musik läuft, können Sie andere Apps nutzen. Drücken Sie einfach die Home-Taste. Der Musikplayer verschwindet in den Hintergrund, die Musik läuft weiter. In der Benachrichtigungsleiste ist ein Symbol für den Musikplayer zu sehen. Ziehen Sie die Benachrichtigungsleiste nach unten, erscheint der gerade abgespielte Titel. Ein Klick darauf bringt Sie wieder in den Musikplayer zurück.

Das Widget *Google Play Music* zeigt den aktuellen oder zuletzt gespielten Titel und stellt die Steuerelemente des Medienplayers direkt auf dem Startbildschirm dar.

Der Medienplayer Google Play Music in der Benachrichtigungsleiste und als Widget auf dem Startbildschirm.

Falsche Albumbilder

Wundern Sie sich nicht, wenn der Musikplayer falsche Albumbilder bei lokal gespeicherter Musik anzeigt. Dies ist leider ein gängiges Problem aller Musikplayer-Apps, wenn Musik auf verschiedenen Plattformen verwendet wird. In der MP3-Datei eingebettete Grafiken werden korrekt angezeigt. Einige Systeme verwenden aber zusätzliche Albumbilder im JPEG-Format. Wenn sich solche Bilder auf der Speicherkarte befinden, werden sie von den Musikplayern unterschiedlich und oft falsch zugeordnet.

Um unterwegs Datenvolumen zu sparen, sollten Sie in der Seitenleiste die Option *Nur heruntergeladen* aktivieren. Damit verhindern Sie, dass über Playlisten oder die zufällige Wiedergabe Musik aus dem Cloud-Speicher heruntergeladen wird. Die Seitenleiste blenden Sie ein, indem Sie auf das Menüsymbol oben links in der Ecke tippen.

Neue Musik aus dem Google Play Store kaufen

Der Google Play Store bietet Musik zum Kauf direkt auf dem Smartphone an. Sie erreichen dieses Musikangebot sowohl über die Google-Play-App als auch direkt aus der Seitenleiste des Google Music Players.

Lassen Sie sich auf der Startseite inspirieren oder suchen Sie gezielt nach Musiktiteln oder Alben. Die meisten Titel werden einzeln verkauft. In viele Titel kann man online hineinhören, ohne sie gleich kaufen zu müssen. Beim Kauf mehrerer Titel ist das ganze Album oft günstiger. Gekaufte Musik steht automatisch auf allen Geräten zur Verfügung, die mit demselben Google-Konto angemeldet sind.

Einige wenige Alben werden auch kostenlos angeboten. Allerdings sind zum Download wie auch bei kostenlosen E-Books Zahlungsinformationen im Google-Konto notwendig, wie zum Beispiel gültige Kreditkartendaten oder ein Prepaid-Guthaben.

DRM in Google Play Music

Musik, Filme und E-Books aus dem Google Play Store sind durch ein DRM (**D**igital **R**ights **M**anagement) geschützt. Das bedeutet, die Medien sind nur auf bestimmten Geräten nutzbar und können nicht auf andere Geräte übertragen werden. In den meisten Fällen heißt das, man kann gekaufte Inhalte auf allen Geräten nutzen, die über das eigene Google-Konto angemeldet sind, aber nicht an andere Nutzer weitergeben.

Eigene Musik in der Cloud speichern und auf dem Smartphone erleben

Der Cloud-Dienst Google Play Music bietet jedem Nutzer kostenlosen Speicherplatz für 50.000 Songs. Laden Sie auf dem PC über *play.google.com/music* Ihre Musikbibliothek hoch, um mit allen Geräten darauf zugreifen zu können. Hier können Sie auch direkt im Browser Ihre gekauften oder selbst gespeicherten Musiktitel anhören.

Laden Sie über die Schaltfläche *Musik hochladen* den Google Music Manager herunter. Das Programm läuft im Hintergrund und ist als Symbol im Infobereich der Taskleiste zu finden.

Der Google Music Manager auf dem PC.

Fügen Sie hier die Ordner hinzu, aus denen Sie Musik in Ihr Google-Konto hochladen möchten. Dabei können Sie festlegen, dass neue Titel in diesen Ordnern ebenfalls automatisch hochgeladen werden. Nach dem Hochladen können die Musiktitel auf allen Geräten, die mit dem eigenen Google-Konto angemeldet sind, angehört werden.

> **Achtung Datenvolumen**
>
> In den Einstellungen der Google-Play-Music-App können Sie festlegen, dass Musik aus dem Cloud-Speicher nur über WLAN-Verbindungen gestreamt oder heruntergeladen wird.

Videos und YouTube

YouTube ist mehr denn je die beliebteste Quelle für Videos aller Art im Internet. You-Tube bietet zwar die für mobile Geräte opti-mierte Webseite *m.de.youtube.com*. Deutlich komfortabler ist aber die YouTube-App, die eine speziell für Android-Smartphones   optimierte Darstellung bietet. Ist diese App installiert, was bei den meisten Android-6-Smartphones der Fall ist, wird beim Besuch der mobilen YouTube-Webseite automatisch die App gestartet.

Nach der Anmeldung mit dem auf dem Smartphone installierten Google-Konto hat man in der YouTube-App direkten Zugriff auf eigene Playlisten und Favoriten. Die Suchfunktion sowie die Listen mit Videos des gleichen Anbie-ters oder ähnlichen Videos anderer Anbieter stehen so, wie man sie vom PC kennt, auch in der YouTube-App zur Verfügung.

INFO: Pro Tag werden über zwei Milliarden Videos auf YouTube betrachtet, und pro Minute wird über 100 Stunden neues Videomaterial hochgeladen. YouTube verursacht etwa 10 % des gesamten Internetdatenverkehrs. Bedenken Sie bei der Nutzung von YouTube über das Mobilfunknetz das zu übertragende Datenvolumen von Videos. Hier kommt man schnell an die Grenzen der Smartphone-Flatrates.

Die YouTube-App auf dem Samsung Galaxy S7.

Natürlich lassen sich alle Videos auch im Vollbildmodus abspielen. Dazu braucht man das Smartphone nur quer zu halten. Auch die Funktionen, Videos zu bewerten oder Links an Freunde zu verschicken, sind in der App enthalten. Dabei werden alle installierten Kommunikations-Apps wie E-Mail, Facebook, Twitter, Google+ und weitere unterstützt.

Mit der YouTube-App können Sie auch eigene Videos, die mit der Smartphone-Kamera aufgenommen wurden, direkt auf YouTube hochladen, ohne dass Sie einen PC dafür benötigen.

KAPITEL 8

Coole Apps

Jeder Computer wird erst durch die installierten Programme interessant. Das gilt natürlich auch für Android-Smartphones. Immer wieder veröffentlichen Zeitschriften und Webseiten die angeblich besten Apps. Aber welche sind die besten? Niemand installiert sich Apps aus Sammlerleidenschaft nur um der Apps willen. Man installiert das, was man braucht, und da muss jeder für sich selbst beurteilen, was wichtig ist und was nicht. Große Teile dieses Buches handeln von Apps und natürlich nur von den besten zu jedem Thema. In diesem Kapitel werden noch einige Apps zu Themen vorgestellt, die bisher unerwähnt blieben.

Dateimanager

Was dem Android-Betriebssystem bis heute fehlt, ist ein leistungsfähiger Dateimanager. Offenbar gehen die Entwickler der Plattform davon aus, dass Anwender sich für die einzelnen Dateien auf ihren Geräten nicht interessieren, früher heruntergeladene Dateien einfach wieder neu herunterladen, und wenn der Speicher voll ist, ein neues Smartphone kaufen.

Der Samsung-Dateimanager – Eigene Dateien

Samsung liefert auf dem Galaxy S7 einen Dateimanager mit Namen *Eigene Dateien* mit, der zwar nicht den Funktions- umfang externer Dateimanager bietet, aber für die meisten all- täglichen Aufgaben völlig ausreicht. Hier können Sie Dateien löschen, kopieren, verschieben, über verschiedene Kommu- nikationskanäle senden oder auch neue Ordner anlegen.

Der Dateimanager erhielt gegenüber früheren Versionen ein verbessertes Design und unterstützt auch Verbindungen zu Google Drive. Dazu muss man einmal seine Zugangsdaten eingeben. Da der Dateimanager keine Google- App ist, werden diese nicht automatisch übernommen.

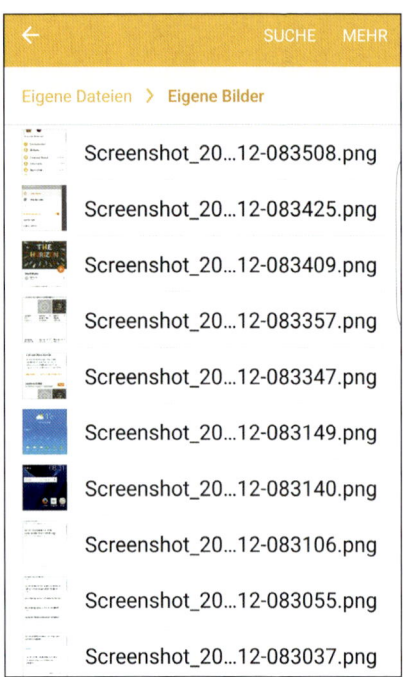

Der Dateimanager Eigene Dateien auf dem Samsung Galaxy S7.

Halten Sie den Finger länger auf einer Datei, schaltet der Dateimanager in einen Auswahlmodus um, in dem Sie mehrere Dateien markieren können. Tippen Sie dann oben rechts auf *Mehr*, können Sie die ausgewählten Dateien kopieren, verschieben, löschen oder über die Schaltfläche *Senden* verschicken. Dabei werden alle für diesen Dateityp geeigneten Kommunikationskanäle zur Auswahl angeboten.

Büro-Apps

In den Anfangszeiten der Smartphones waren es im Wesentlichen Geschäftsleute, die diese Geräte nutzten. Heute sieht das anders aus, ein Smartphone ist ein alltäglicher Begleiter der mobilen Internetgeneration. Dennoch gibt es auch diverse nützliche Apps für büroähnliche Funktionen auf dem Samsung Galaxy S7.

Microsoft Office für Android

Wer öfter längere Texte schreibt, möchte diese auch unterwegs korrigieren oder in einer Besprechung Änderungen einfügen. Das ist oftmals schwierig, weil der Computer mit dem Originaltext gerade nicht zur Hand ist. Microsoft liefert eine vereinfachte Form von Microsoft Office für Android, mit der sich

Dokumente auf dem Smartphone lesen und auch bearbeiten lassen. Diese Office-Apps sind auf dem Samsung Galaxy S7 vorinstalliert.

Über die Office-Apps können Sie gleichermaßen auf lokal auf dem Smartphone gespeicherte Dateien wie auch auf Dokumente auf OneDrive zugreifen. Auf diese Weise können Sie ganz einfach Ihre Dokumente vom PC auf dem Smartphone bearbeiten, Sie brauchen sie nur zu Hause in den persönlichen OneDrive-Ordner zu legen und haben dann unterwegs jederzeit Zugriff darauf. Beim ersten Start der Office-Apps müssen Sie sich dazu einmal mit Ihrem Microsoft-Konto anmelden, da einige Funktionen ein Office-365-Abonnement voraussetzen und Sie sich damit außerdem bei OneDrive identifizieren.

Word

In der Textverarbeitung stehen einfache Bearbeitungsfunktionen zur Verfügung, um schnell an einem Text etwas zu korrigieren oder Schrift und Farbe zu ändern. Fortgeschrittene Funktionen wie Verknüpfungen, Indexerstellung oder auch den Überarbeitungsmodus sucht man dagegen vergebens.

Textansicht und Formatierungen in Word auf dem Samsung Galaxy S7.

Dieses Symbol in der oberen Symbolleiste schaltet zwischen Layoutdarstellung und einer zum leichteren Bearbeiten optimierten Fließtextdarstellung um.

Über das Personensymbol können Sie aus allen Office-Apps auf dem Samsung Galaxy S7 Dokumente, die auf OneDrive gespeichert sind, für andere Benutzer freigeben. Bei jeder Freigabe können Sie wählen, ob die Empfänger der E-Mail das Dokument nur anzeigen lassen oder auch bearbeiten dürfen. Zusätzlich ist es auch möglich, lokal gespeicherte Dokumente aus den Office-Apps heraus als E-Mail-Anhang zu verschicken.

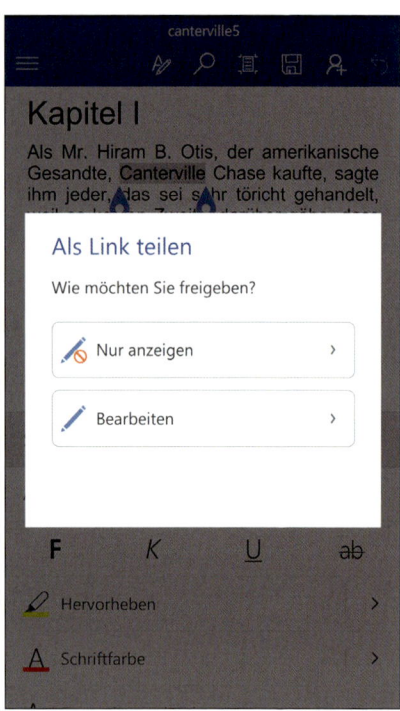

Office-Dokumente für andere Personen freigeben.

Excel

Auch die Tabellenkalkulation ist vorinstalliert, mit der Sie Excel-Tabellen anzeigen und bearbeiten können. Die Bedienung und auch die Syntax der Funktionen in Excel für Android entsprechen denen der PC-Version. Tippen Sie oben links auf das Symbol *fx*, wird eine Liste aller verfügbaren Funktionen angezeigt.

Trigonometrische und finanzmathematische Berechnungen sind in der Tabellenkalkulation ebenso möglich wie die Statistik oder Umrechnung zwischen Zahlensystemen. Selbst die Logik- und Verweisfunktionen aus Excel zum Bezug zwischen verschiedenen Bereichen einer Tabelle wurden umgesetzt. Enthält eine Tabelle Funktionen, die von der mobilen Version nicht unterstützt werden, kann die Tabelle nur angezeigt, aber nicht bearbeitet werden, damit keine Inhalte verloren gehen.

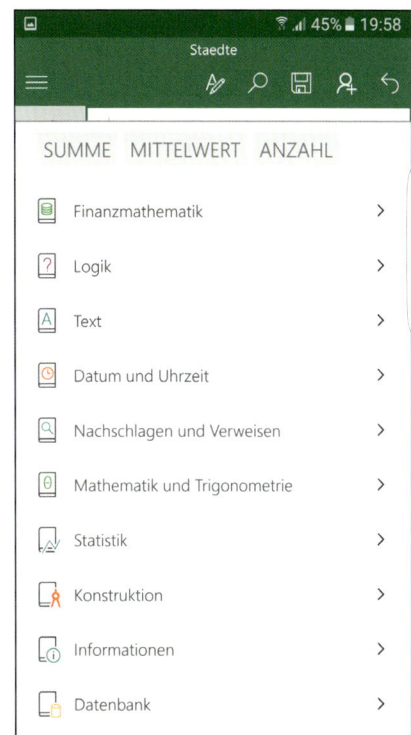

Die Tabellenkalkulation Excel für Android.

> **INFO:** Manche alles besser wissenden Medien werfen den mobilen Office-Lösungen eingeschränkte Funktionalität vor. Gerade bei Tabellenkalkulationen gilt aber die alte Administratorenweisheit: Weniger als 10 % der Anwender nutzen mehr als 10 % der Funktionen eines Programms. Dass Excel für Android keine Pivot-Tabellen und keine Was-wäre-wenn-Analysen mit verschiedenen Datenszenarien verarbeitet, wird nur einen sehr kleinen Anwenderkreis stören.

Rechner

Samsung liefert auf dem Samsung Galaxy S7 einen einfachen Taschenrechner mit, der für den Alltag in den meisten Fällen ausreicht. Dieser bietet sogar ein paar wissenschaftliche und trigonometrische Funktionen. Sie erscheinen, wenn man das Smartphone quer hält.

Der Standard-Taschenrechner auf dem Samsung Galaxy S7.

Notizen

Lange vor der Ära der Smartphones hatte Ernest Hemingway einen Notizblock neben seinem Bett liegen, um, wenn er nachts aufwachte, Ideen und Kommentare zu seinen unvollendeten Werken niederzuschreiben. Diese musste er dann am nächsten Morgen allerdings mühsam in seine Manuskripte nachtragen. Heute kann man Tag und Nacht und überall Notizen auf dem Smartphone machen. Allerdings beinhaltet Android standardmäßig keine App für Notizen.

Memo

Samsung liefert mit *Memo* einen ganz einfachen Notizblock auf dem Galaxy S7 mit, in dem Sie Textnotizen erstellen können. Diese Notizen lassen sich nach Stichwörtern durchsuchen und auch versenden, Sie können Fotos, Freihandzeichnungen und kurze Sprachnotizen anfügen.

OneNote

Auf dem Samsung Galaxy S7 ist die Android-App für Microsoft OneNote vorinstalliert. Notizen, die auf dem Windows-PC im Microsoft-Konto oder über *onenote.com* online abgelegt wurden, werden automatisch mit dem Smartphone synchronisiert und können dort auch bearbeitet werden.

Die App liefert ein sogenanntes Badge für den Startbildschirm mit, einen Button, der frei verschiebbar im Vordergrund schwebt, um schnell eine Notiz erstellen zu können.

Memos können in Kategorien geordnet werden und man kann Fotos einfügen.

OneNote auf dem Smartphone.

Sprachnotizen mit der App Diktiergerät

Die vorinstallierte App *Diktiergerät* bietet eine einfache Möglichkeit, kurze Sprachnotizen aufzuzeichnen. Dabei gibt es
drei verschiedene Betriebsarten. Im Standardmodus werden
Sprachnotizen als Audiodateien aufgenommen, die jederzeit
in der App wieder abgespielt werden können. Der Modus *Inter-
view* reagiert auf Sprache aus beiden Richtungen, der Ober- und
Unterseite des Smartphones.

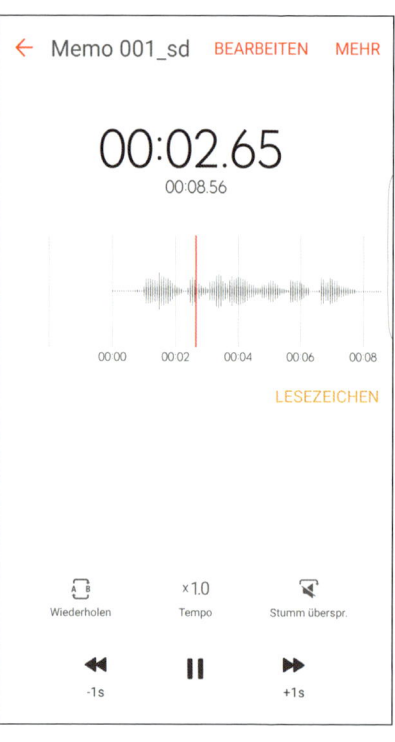

Sprachnotizen auf dem Samsung Galaxy S7.

Im Modus *Sprachmemo* versucht die App, den gesprochenen Text direkt in
geschriebenen Text umzuwandeln, anstatt als Audiodatei aufzuzeichnen.
Sprechen Sie hier besonders deutlich und halten Sie das Smartphone etwa
20 cm vom Mund entfernt.

E-Books

Das Samsung Galaxy S7 mit seinem hochauflösenden Bildschirm eignet sich
geradezu ideal, um unterwegs E-Books zu lesen. Die digitalen Bücher wiegen
nichts, verbrauchen keinen Platz in der Tasche, und man braucht auch nicht

daran zu denken, ein Buch für längere Bahnfahrten oder Wartezeiten mitzu-
nehmen – das Smartphone hat man sowieso immer dabei.

Amazon Kindle

Der Onlinebuchhändler Amazon machte mit seinem E-Book-
Lesegerät Kindle das Lesen von E-Books erst richtig populär.
Anstelle eines »echten« Kindle kann man auch die Kindle-App
nutzen, um seine bei Amazon gekauften E-Books unterwegs
zu lesen. Amazon verwendet für den Kindle ein eigenes Datei-
format, das die anderen E-Book-Reader nicht lesen können. Diese App bietet
natürlich auch Zugang zum Onlineshop, der innerhalb der App in einem für
Smartphones optimierten Format dargestellt wird, sowie zu den kostenlosen
Büchern.

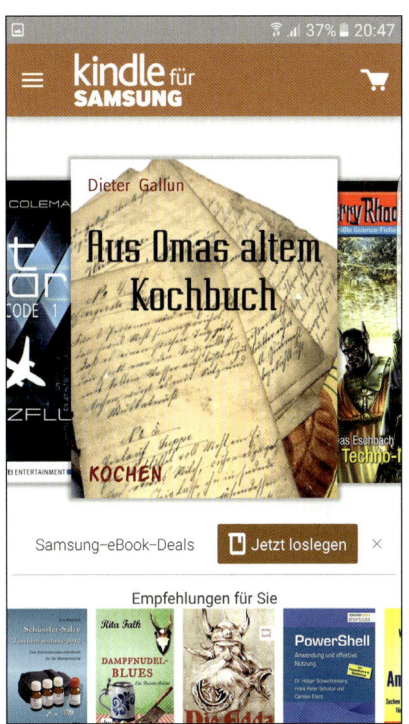

Die Kindle-App auf dem Samsung Galaxy S7.

Auch die kostenlosen Bücher muss man bei Amazon »kaufen«. Dazu ist ein
Amazon-Kundenkonto erforderlich, das man aber auch schnell im Kindle-
Shop anlegen kann, wenn man noch nie bei Amazon eingekauft hat. Nach der
»Bestellung« wählt man nur noch das Gerät aus, auf dem man das Buch lesen
möchte, falls man mehrere Kindle oder Geräte mit Kindle-App in Verwendung
hat. Die Bücher werden automatisch über Amazons eigene Whispersync-

Technologie direkt auf das Smartphone zugestellt, ohne dass Sie noch irgendetwas dazu tun müssen.

Kindle für Samsung

Laden Sie die Kindle-App nicht aus dem Google Play Store, sondern aus dem
Samsung Galaxy Apps Store herunter. Hier wird eine spezielle Kindle-App im
hellen, schlichten Samsung-Design angeboten. Das Besondere an dieser Version ist, dass Nutzer jeden Monat ein Kindle-E-Book von Amazon kostenlos
bekommen. Dazu stellt Amazon nur in dieser App-Version jeweils vier Bücher
aus seinem Abo-Programm »Kindle Unlimited« zur Verfügung, die sonst kostenpflichtig sind. Der Benutzer kann sich eines davon aussuchen und kostenlos
lesen. Nach dem kostenlosen »Kauf« steht das Buch auch auf anderen Kindle-
Geräten oder in Apps mit demselben Amazon-Benutzerkonto zur Verfügung.
Natürlich können Sie auch mit der Samsung-Version der Kindle-App Ihre bisher
bei Amazon gekauften E-Books auf dem Samsung Galaxy S7 lesen.

In der Kindle-App finden Sie alle gekauften sowie die kostenlos heruntergeladenen Bücher. Bei den bereits angelesenen Büchern zeigt eine kleine
Prozentzahl die aktuelle Leseposition im Buch.

Tippen Sie auf ein Buch, öffnet sich dieses in einem angenehm zu lesenden
Vollbildmodus auf dem Bildschirm. Im Buch kann man mit Fingergesten blättern. Statt mit dem Finger über den Bildschirm zu wischen, reicht auch ein
kurzes Antippen am rechten Bildschirmrand, um eine Seite weiterzublättern.
Tippt man auf den linken Bildschirmrand, kommt man wieder eine Seite zurück. Tippt man kurz in die Bildschirmmitte, werden oben Bedienelemente
der App und unten die aktuelle Position im Buch angezeigt.

Das Symbol oben links öffnet eine Seitenleiste mit Buchinformationen. Hier
finden Sie auch das Inhaltsverzeichnis, um schnell zu einem bestimmten
Kapitel zu springen.

Fahren Sie mit zwei Fingern gleichzeitig von oben nach unten über den Bildschirm, stellen Sie damit die Helligkeit ein. Beim Lesen in der Nacht schalten
Sie am besten auf den augenfreundlichen Nachtmodus um, der helle Schrift
auf dunklem Grund zeigt und so den Leser nicht so stark blendet. Außerdem
können Sie je nach Lesegewohnheit die Schriftgröße auf ein angenehmes
Maß einstellen.

Sie können jederzeit die aktuelle Position als Lesezeichen speichern, um so
wichtige Textstellen schnell wiederzufinden. Tippen Sie dazu in die aller-
äußerste rechte obere Bildschirmecke. Die Lesezeichen erreichen Sie später
über den Menüpunkt *Notizen und Markierungen*.

Suche, Wörterbuch, Übersetzer und Wikipedia im Kindle

Markieren Sie ein einzelnes Wort durch längeres Antippen, können Sie dieses in Wikipedia nachschlagen. Über die Symbolleiste können Sie diesen Begriff auch per Volltextsuche im Buch suchen oder über den Browser im Internet.

Wikipedia und Duden Universalwörterbuch in der Kindle-App.

Amazon bietet das *Duden Universalwörterbuch* kostenlos für alle Kindle-Nutzer an. Beim ersten Mal müssen Sie es nur herunterladen, brauchen dazu aber Ihr gerade geöffnetes E-Book nicht zu verlassen.

Schieben Sie den Wikipedia-Kasten nach links, erscheint ein Kasten für die Übersetzung mit Bing, schieben Sie ihn nach rechts, das Wörterbuch. Der Link *Vollständige Definition* in der Kurzbeschreibung, nach dem Herunterladen des Wörterbuches, blendet das *Duden Universalwörterbuch* mit der ausführlichen Begriffsbeschreibung ein. Mit der Zurück-Taste kommen Sie aus dem *Duden Universalwörterbuch* wieder zurück ins E-Book. Im Gegensatz zur Wikipedia-Suche kann das *Duden Universalwörterbuch* nach dem erstmaligen Download offline genutzt werden.

Gesundheit und Fitness

Ein Smartphone, das man immer bei sich hat, ist ideal dafür geeignet, Fitness- und Gesundheitsdaten zu erfassen.

Samsung liefert auf dem Galaxy S7 die App *S Health* vorinstalliert mit, mit der man Fitnessziele festlegen und die erzielten Fortschritte überprüfen kann. Durch regelmäßiges Erfassen von Gesundheitsinformationen kann man seinen eigenen Gesundheitszustand im Blick behalten. *S Health* beinhaltet einen Schrittzähler, der über den Bewegungssensor die gelaufenen Schritte mitzählt, wenn das Samsung Galaxy S7 in der Tasche steckt. Weitere Fitness- und Trainingsdaten können direkt in der App eingetragen werden. Zusätzlich besteht die Möglichkeit, Daten eines Fitnessarmbands automatisch zu erfassen oder die App mit einer Samsung Gear Smartwatch zu verbinden.

Die App S Health auf dem Samsung Galaxy S7.

Im Samsung Galaxy S7 ist auf der Rückseite neben der Kamera ein Herzfrequenzsensor eingebaut. Legen Sie einen Finger auf diesen Sensor und halten Sie das Smartphone möglichst ruhig, um einen genauen Wert zu messen. Die Messwerte werden automatisch in der App gespeichert und können jederzeit als Tabelle oder Grafik – wie die anderen Fitnessdaten auch – angezeigt werden.

Die App kann auch die täglich gegessenen Lebensmittel auswerten. Allerdings besteht die mitgelieferte Lebensmitteldatenbank vorrangig aus Fertiggerichten der großen Supermarktketten. Auch Nutella und Coca-Cola weit oben in den Favoritenlisten der Lebensmittelvorschläge lassen doch deutliche Zweifel an der Seriosität dieser Gesundheits-App aufkommen.

Das Samsung Galaxy Game Pack

Für alle, die gern auf dem Smartphone spielen, bietet das Samsung Galaxy S7 zwei neue Funktionen, den *Game Launcher* und die *Game Tools*. Beide Optionen finden Sie in den *Einstellungen* unter *Erweiterte Optionen/Spiele*.

Game Launcher

Der *Game Launcher* erscheint nach seiner Aktivierung als spezielles Ordnersymbol auf dem Startbildschirm. Neu installierte Spiele werden automatisch in diesem Ordner angezeigt. Über einen Link lassen sich weitere Apps, die nicht automatisch als Spiele erkannt wurden, mit aufnehmen. Der Werbelink *Top Charts* führt zu Spielen im Google Play Store, die von Samsung beworben werden.

Der Game Launcher auf dem Samsung Galaxy S7.

Möchten Sie während eines Spiels die volle Leistung des Smartphones zur Verfügung haben, können Sie über die Zeile *Beim Spiel Energie sparen* alle Energiesparfunktionen während eines Spiels abschalten oder aber umgekehrt ein Spiel mit geringerer Leistung laufen lassen, um Energie zu sparen.

Game Tools

Game Tools ist ein schwebendes Symbol, das frei auf dem Bildschirm verschoben werden kann und verschiedene nützliche Funktionen für Spieler liefert. So lassen sich zum Beispiel die Tasten sperren, um nicht versehentlich das Spiel zu verlassen, oder es lässt sich ein Spiel minimieren, wenn zwischendurch eine wichtige Nachricht beantwortet werden will, ohne dass das Spiel dazu abgebrochen wird.

Game Tools für Spieler.

In Spielen können alle Benachrichtigungen außer Anrufen ausgeblendet werden, damit Spiele nicht unterbrochen werden. Einige grafisch aufwendige Spiele haben auch Probleme, wenn Bildschirmnachrichten oder Benachrichtigungstöne während des Spiels erscheinen.

Kapitel 9

Insidertipps zur Bedienung

Die Bedienung der TouchWiz-Oberfläche auf dem Samsung Galaxy S7 erfolgt weitgehend intuitiv, sodass man kaum etwas falsch machen kann. Aber natürlich gibt es wie bei jedem System einige Tricks, auf die man nicht sofort kommt, zumal Samsung die Oberfläche gegenüber dem klassischen Android deutlich verändert hat.

Hintergrundbilder

Das Hintergrundbild des Bildschirms, sei es auf dem PC oder auf dem Smartphone, ist ein höchst emotionales Thema. Die einen vertreten äußerst vehement die Meinung, der Bildschirmhintergrund sei das Unwichtigste überhaupt, anderen liegt dieses Bild so am Herzen, dass es je nach Tageslaune ständig geändert werden muss.

Auf dem Samsung Galaxy S7 stehen einige vorinstallierte Hintergrundbilder zur Auswahl, aber wer möchte schon, dass sein Handy aussieht wie alle?

Tippen Sie etwas länger auf den Startbildschirm und dann auf das Symbol *Hintergrund*. Oben links legen Sie fest, ob das neue Hintergrundbild für den Startbildschirm oder den Sperrbildschirm verwendet werden soll. Wählen Sie dann in der Leiste am unteren Bildschirmrand ein Hintergrundbild aus und tippen Sie auf *Als Hintergrundbild einstellen*. Damit wird es automatisch als Hintergrundbild übernommen.

Der Hintergrundbewegungseffekt bewegt das Hintergrundbild bei Bewegung des Smartphones leicht mit. Die App-Symbole und Widgets auf dem Bildschirm bleiben dabei stehen.

Mitgelieferte Hintergrundbilder auf dem Samsung Galaxy S7 auswählen.

Eigene Hintergrundbilder aus der Galerie

Noch wesentlich persönlicher ist ein eigenes selbst fotografiertes Hintergrundbild auf dem Smartphone. Wählen Sie dazu bei den Hintergrundbildern ganz links das Symbol *Aus Galerie*. Jetzt werden alle auf dem Smartphone gespeicherten Fotos angezeigt.

Wählen Sie das gewünschte Foto aus. Die meisten Fotos haben ein anderes Seitenverhältnis, als für das Hintergrundbild benötigt wird. Wählen Sie den passenden Bildausschnitt, indem Sie das Bild einfach waagerecht verschieben. Jetzt brauchen Sie nur noch auf *Fertig* zu tippen und das Foto wird als Hintergrund auf dem Startbildschirm übernommen.

Betrachten Sie gerade Fotos in der Galerie und finden dabei eines, das Sie gern jeden Tag als Bildschirmhintergrund sehen möchten, brauchen Sie nicht den Umweg über den Startbildschirm zu gehen.

Foto aus der Galerie als Hintergrundbild verwenden.

Tippen Sie oben rechts auf *Mehr* und wählen Sie den Menüpunkt *Als Hinter-grundbild festlegen*. In der Auswahlliste können Sie den *Startbildschirm*, den *Sperrbildschirm* oder gleich beide wählen. Auch hier haben Sie noch die Mög-lichkeit, den Bildausschnitt durch Verschieben genau festzulegen.

Neue Bildschirmthemen

Über Bildschirmthemen lässt sich die Oberfläche des Samsung Galaxy S7 noch stärker verändern als nur über Hintergrundbilder. Themen verändern Farben, Symbole und Schriftarten und wirken sich nicht nur auf den Startbild-schirm und die Apps-Liste aus, sondern auch auf einige der vorinstallierten Samsung-Apps.

Tippen Sie etwas länger auf den Startbildschirm und dann auf das Symbol *Themes*. Hier werden zunächst nur ein paar wenige Themen angezeigt. Tip-pen Sie oben auf *Weitere Themes*, können weitere Themen heruntergeladen werden.

Bildschirmthemen auswählen und herunterladen. Alle Apps und Einstellungen mit einem neuen Symbol werden durch das ausgewählte Thema verändert.

Widgets für schnelle und persönliche Infos

Widgets sind kleine interaktive Elemente, die bestimmte Informationen oder Daten zum schnellen Zugriff auf den Startbildschirm bringen. Android liefert eine Liste nützlicher Widgets bereits mit. Viele Apps installieren weitere Widgets, wie zum Beispiel Facebook, Twitter, diverse Wetter-Apps oder Google+.

Widgets auf den Startbildschirm legen

Tippen Sie länger auf den Startbildschirm und dann auf das Symbol *Widgets*. Jetzt erscheint eine mehrere Bildschirmseiten lange Liste von Widgets. Um ein Widget auf den Startbildschirm zu bringen, ziehen Sie es einfach wie eine App aus der Liste heraus und platzieren es an der gewünschten Stelle auf einem der Startbildschirme.

Widgets auf den Startbildschirm legen.

Bei jedem Widget ist die Größe in Rastereinheiten angezeigt, die dieses Widget belegt. Eine Rastereinheit entspricht der Größe eines App-Symbols. Einige Widgets sind in verschiedenen Größen verfügbar, manche lassen sich auch interaktiv in der Größe verändern. Je nach freiem Platz auf dem Startbildschirm können Sie bei einigen Widgets unterschiedlich viele Informationen anzeigen lassen.

Rastergröße ändern

Um mehr App-Symbole gleichzeitig auf dem Startbildschirm zu sehen, können Sie die dort verwendete Rastergröße ändern. Tippen Sie länger auf den Startbildschirm und dann auf das Symbol *Raster*. Jetzt können Sie zwischen drei Rastergrößen wählen, die statt der üblichen maximal 16 App-Symbole 20 oder gar 25 darstellen können. Diese Einstellung wirkt sich nur auf die Startbildschirmseiten aus, nicht auf die Apps-Liste.

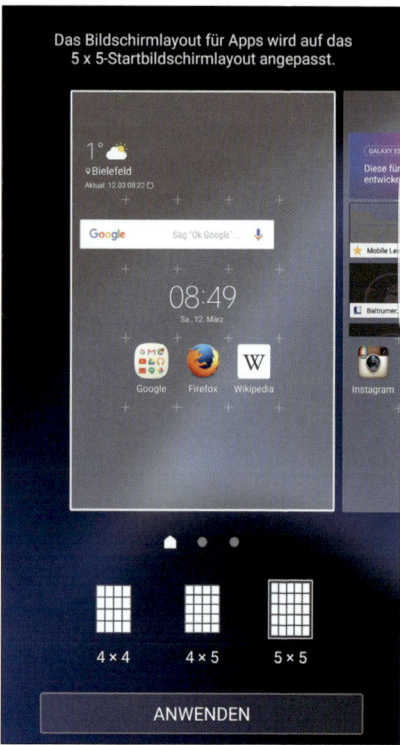

Raster des Startbildschirms ändern.

Tipps zur schnellen Texteingabe

Anstatt auf der Bildschirmtastatur einen Text einzutippen, bietet das Samsung Galaxy S7 noch weitere Texteingabemethoden an.

Wischen statt tippen

Nach einer gewissen Eingewöhnungszeit schreibt man mit Wischbewegungen auf der Tastatur noch viel schneller, als jeden Buchstaben einzeln anzutippen. Tippen Sie auf der Tastatur unten links auf das Zahnradsymbol, auf dem nächsten Bildschirm auf *Tastatur wischen* und schalten dann die *Durchgehende Eingabe* ein.

Schreiben Sie jetzt ein Wort, indem Sie den ersten Buchstaben antippen, dann den Finger auf der Tastatur lassen und einfach von Buchstabe zu Buchstabe wischen. Die Texterkennung erkennt meist recht schnell das gewünschte Wort, selbst wenn Sie die Buchstabentasten nicht genau treffen, sodass Sie längst nicht alle Wörter zu Ende schreiben müssen.

- Zur Eingabe eines doppelten Buchstabens wischen Sie mit dem Finger auf der Taste kurz hin und her oder verlassen sich auf die Texterkennung, die viele Wörter auch erkennt, wenn doppelte Buchstaben nur einfach geschrieben werden.

- Am Ende eines Wortes wird automatisch ein Leerzeichen eingefügt.

- Zur Eingabe von Großbuchstaben am Wortanfang brauchen Sie keine ⬆-Taste mehr. Tippen Sie auf den ersten Buchstaben, wischen Sie kurz aus dem Tastaturfeld in den oberen Bildschirmbereich und dann, ohne abzusetzen, auf den nächsten Buchstaben.

 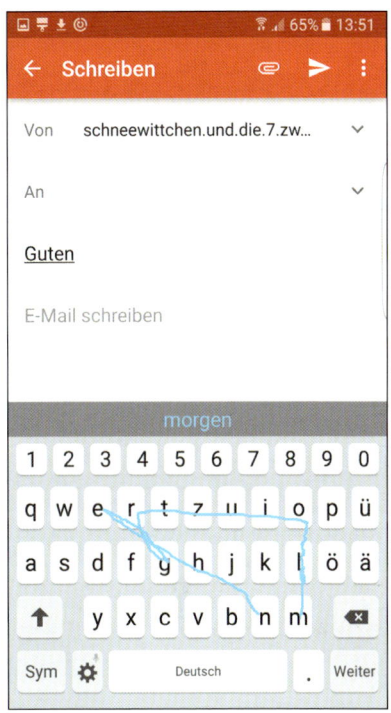

Mit durchgehender Eingabe schreibt es sich schneller.

Einfachere Cursorsteuerung zum Markieren

Oftmals ist es schwierig, den Anfangspunkt richtig zu setzen, um einen Textbereich genau zu markieren. Zu leicht trifft man mit dem Cursor daneben. Das Samsung Galaxy S7 hat zwar auf der Tastatur keine Cursortasten wie manche andere Android-Smartphones, bietet aber eine komfortable Möglichkeit, über Wischbewegungen auf der Tastatur den Cursor zu versetzen.

Schalten Sie in den Tastatureinstellungen unter *Tastatur wischen* die *Cursorsteuerung* ein. Wischen Sie dann mit dem Finger über die Tastatur, um den

Cursor genau zu positionieren. Natürlich lässt sich diese Art der Cursorsteuerung nicht nutzen, wenn die *Durchgehende Eingabe* verwendet wird.

Handytastatur wie früher

Auf klassischen Handys mit Zifferntastatur gibt es wahre Künstler, was das schnelle – und oft auch fehlerfreie – Tippen von SMS-Texten angeht. Jede Zifferntaste war damals mit drei bis vier Buchstaben belegt. Mithilfe der Texterkennung T9 (Text mit 9 Tasten) brauchte trotzdem jede Taste nur einmal gedrückt zu werden, die passenden Wörter wurden automatisch erkannt. Ein bestimmtes der vier Zeichen gibt man an der Worterkennung vorbei durch langes Antippen einer Taste ein. Auf die gleiche Weise werden auch Umlaute eingegeben.

Für diese Schnelltipper bietet das Samsung Galaxy S7 anstelle der typischen QWERTZ-Computertastatur auch eine T9-Handytastatur an, die zusätzlich den Vorteil deutlich größerer Tasten hat.

Die Zifferntastatur als Alternative zur Standardtastatur.

Tippen Sie auf der Tastatur unten links auf das Zahnradsymbol und schalten Sie auf dem nächsten Bildschirm bei *Eingabesprachen/Deutsch* von *Deutsche Tastatur* auf *3x4-Tastatur* um. Jetzt wird die Zifferntastatur jedes Mal automatisch angezeigt, wenn man in ein Texteingabefeld tippt. Mit der Taste $\boxed{\text{Sym}}$ kommt man zur Eingabe von Sonderzeichen kurzfristig zurück zur QWERTZ-Tastatur.

Verbesserungen der TouchWiz-Oberfläche

Die TouchWiz-Oberfläche war auf früheren Samsung-Smartphones bei vielen Nutzern unbeliebt. Sie galt als träge und mit unnützen Funktionen überfrachtet. Samsung hat die Benutzeroberfläche auf dem Samsung Galaxy S7 nochmals schlanker gestaltet und wenig gebrauchte Funktionen weggelassen. Einige davon werden jetzt über *Galaxy Apps* zum nachträglichen Download angeboten. Gegenüber der Standard-Android-Oberfläche bietet TouchWiz einiges an zusätzlichem Bedienkomfort.

Mehrere Apps gleichzeitig sehen

Die TouchWiz-Oberfläche auf dem Samsung Galaxy S7 bietet die Möglichkeit, mehrere Apps gleichzeitig auf dem Bildschirm zu nutzen. Allerdings muss diese Funktion von der jeweiligen App unterstützt werden.

 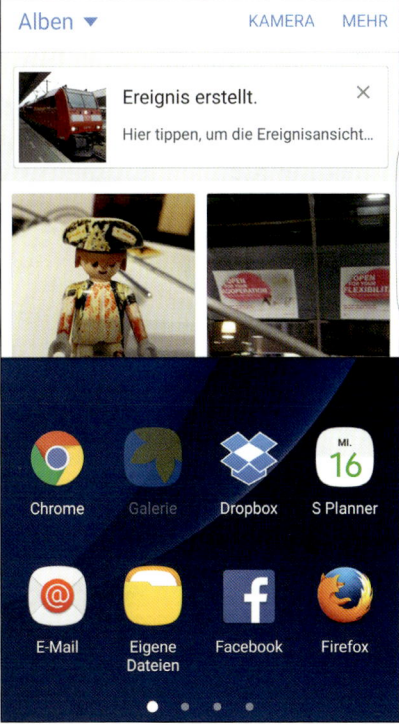

Zwei Apps in geteilter Bildschirmansicht.

269

Tippen Sie unten links auf die Taste zur Anzeige der Apps-Liste. Bei Apps, die die sogenannte Multi-Window-Ansicht unterstützen, wird ein Symbol mit zwei gestapelten Rechtecken angezeigt. Tippen Sie darauf, erscheint diese App in der oberen Bildschirmhälfte. Jetzt können Sie in der unteren Hälfte eine weitere App wählen.

Alternativ können Sie auch den Finger länger auf der Taste zur Anzeige der Apps-Liste halten. Die aktuell dargestellte App wird in der oberen Bildschirmhälfte angezeigt. Unten erscheint eine Liste kompatibler Apps, die in der unteren Hälfte geöffnet werden können.

Tippen Sie auf den Kreis zwischen den Apps, um eine Symbolleiste mit fünf Symbolen einzublenden:

- Zwischen Apps wechseln
- Inhalte von einer App in die andere verschieben (wenn von den Apps unterstützt)
- App-Fenster minimieren
- App-Fenster maximieren
- App schließen

Symbolleiste beim Antippen des Kreises. Größen der App-Fenster ändern.

Durch Verschieben des Kreises lassen sich die Größen der App-Fenster ändern, indem die Trennlinie zwischen beiden Fenstern verschoben wird. Halten Sie den Finger länger auf dem Kreis, wird die App zu einem frei auf dem Bildschirm verschiebbaren Fenster. Auf diese Weise lassen sich sogar mehr als zwei Apps gleichzeitig anzeigen.

Durch Ziehen von der linken oberen Bildschirmecke in Richtung Bildmitte lässt sich eine App auch als verschiebbares Fenster darstellen. Diese Geste lässt sich in den *Einstellungen* unter *Erweiterte Funktionen/Geste für Pop-up-Ansicht* ein- und ausschalten.

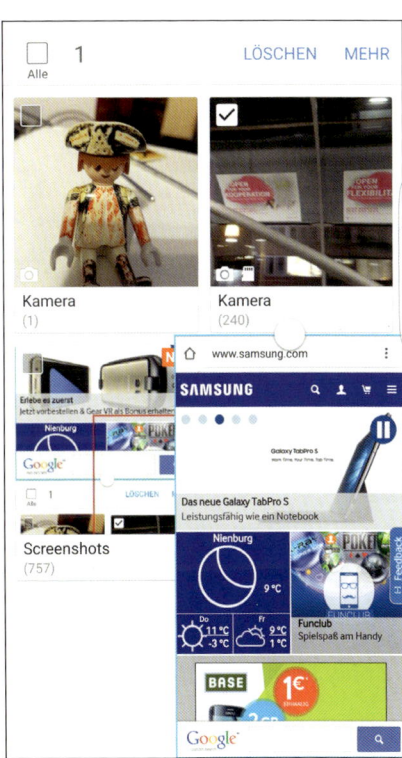

App als verkleinertes Fenster darstellen.

Einhändiger Betrieb

Sehr große Smartphones wie das Samsung Galaxy S7 lassen sich nur schwer mit einer Hand bedienen. Spezielle Einstellungen erleichtern den einhändigen Betrieb, indem der ganze Bildschirm oder auch die Eingabefelder der Bildschirmtastaturen verkleinert in der unteren rechten Ecke dargestellt werden.

Bildschirmoptionen für einhändigen Betrieb.

S Finder

Der *S Finder* bietet eine globale Suchfunktion auf dem Smartphone. Damit finden Sie Kontakte, Apps, besuchte Webseiten, Dokumente und vieles mehr. Ziehen Sie die Schnelleinstellungsleiste nach unten und tippen Sie auf das Symbol *S Finder*.

Geben Sie jetzt einen Suchbegriff ein. Schon während des Tippens werden mögliche Ergebnisse angeboten. Der *S Finder* sucht nicht bei Google, sondern lokale Inhalte auf dem Smartphone. Webseiten werden über gespeicherte Lesezeichen oder den Browserverlauf gefunden.

S Finder

Über die Filtersymbole ganz oben können Sie die Suchergebnisse nach Kategorien filtern, um das Gesuchte besser zu finden.

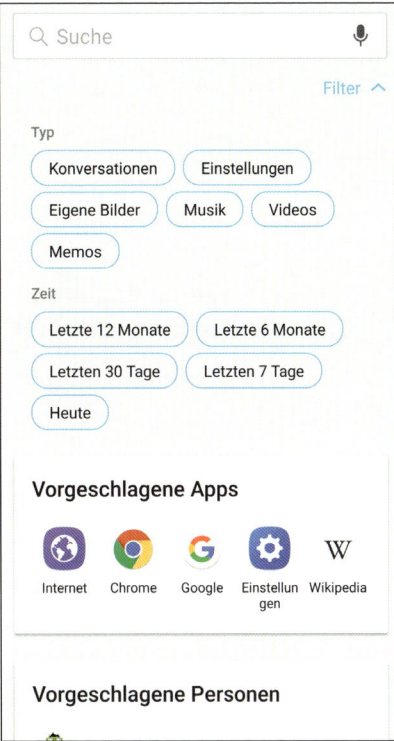

Suche mit dem S Finder.

Neue Einstellungen mit Suchfunktion

Die *Einstellungen* wurden schon auf dem Samsung Galaxy S6 grundlegend überarbeitet und auf dem Samsung Galaxy S7 nochmals übersichtlicher gestaltet. Ziehen Sie die Benachrichtigungsleiste vom oberen Bildschirmrand herunter und tippen Sie oben rechts auf das *Einstellungen*-Symbol.

Nicht immer ist es ganz einfach, eine bestimmte Einstellung innerhalb der verschachtelten Struktur zu finden. Auf dem Hauptbildschirm der *Einstellungen* finden Sie oben rechts das Symbol *Suche*. Tippen Sie darauf, können Sie einen Suchbegriff eingeben. Schon während der Eingabe werden passende Einstellungen vorgeschlagen.

Wichtige Einstellungen ganz oben

Der Startbildschirm der *Einstellungen* zeigt standardmäßig oben sechs Symbole zum Schnellzugriff auf häufig benötigte Einstellungen. Tippen Sie oben rechts auf *Bearbeiten*, können Sie selbst festlegen, welche Einstellungen hier zu sehen sein sollen.

Schnelleinstellungen auf dem Einstellungen-Bildschirm anpassen.

Der Offline-Modus oder Flugmodus

Der Offline-Modus kann über ein Symbol in der erweiterten Benachrichtigungsleiste aktiviert werden. Er schaltet alle Funkverbindungen des Handys ab. Das gilt für Telefon, WLAN und auch Bluetooth. Der Offline-Modus wird mit einem Flugzeugsymbol in der
Statusleiste dargestellt und oft auch als Flugmodus bezeichnet, da

Offline-
Modus

man ihn überall dort verwenden kann, wo die Nutzung von Handys nicht zulässig ist, wie zum Beispiel in wissenschaftlichen Labors, Krankenhäusern oder
eben in Flugzeugen. Das Smartphone kann im Offline-Modus weiterhin als
Terminkalender, Uhr, E-Book oder Taschenrechner genutzt werden. Nur Apps,
die eine Onlineverbindung benötigen, funktionieren nicht.

Download-Booster

Das Samsung Galaxy S7 unterstützt drahtlose Internetverbindungen über
LTE, die schneller sind als manche WLAN-Verbindung. Normalerweise wird
die Mobilfunk-Datenverbindung getrennt, wenn sich das Handy im WLAN be-

findet. Mit dem Download-Booster können Sie über 30 MByte große Dateien schneller herunterladen, wenn Sie WLAN und LTE gleichzeitig nutzen. Allerdings wird das verbrauchte Datenvolumen dann auch auf Ihre LTE-Flatrate angerechnet.

Der Download-Booster kann in den *Einstellungen* unter *Weitere Verbindungseinstellungen/Download-Booster* jederzeit ein- und ausgeschaltet werden. Wenn diese Funktion aktiviert ist, nutzen auch alle Apps, die auf *Nur über WLAN herunterladen* eingestellt sind, WLAN und LTE gleichzeitig. Das gilt jedoch nicht für Downloads aus Google Play oder dem Samsung Apps Store.

Der Smart Manager

Der *Smart Manager* liefert auf einen Blick eine Übersicht über den Akkuladestand sowie den freien und verfügbaren Speicherplatz. Zusätzlich sind Funktionen enthalten, die das Smartphone auf Malware und Phishing-Angriffe prüfen. Der *Smart Manager* wird nicht mehr, wie auf früheren Samsung-Galaxy-Smartphones, als App, sondern aus den *Einstellungen* heraus aufgerufen.

Der Smart Manager lässt sich auch über ein vorinstalliertes Widget starten, das die Daten direkt auf dem Startbildschirm zeigt.

Akkuverbrauch anzeigen

Wie bei jedem batteriebetriebenen Gerät ist auch auf dem Samsung Galaxy S7 der Akku immer viel zu schnell leer. Bei keiner anderen Zahl in den Datenblättern oder der Werbung für Smartphones beweisen Hersteller so viel Fantasie wie bei Stand-by- und Gesprächszeiten. Angaben von mehreren Hundert Stunden können nur unter extremen Laborbedingungen gelten, wenn optimaler Netzempfang besteht und keine einzige App sich im Hintergrund Daten holt. Um im Alltag Laufzeiten von mehr als einem Tag zu erreichen, ist bewusstes Akkusparen mit den richtigen Einstellungen wichtig.

Der *Smart Manager* zeigt sehr detailliert an, welche Apps oder Systemkomponenten den Akku leer saugen. Neben den großen Stromfressern GPS, Bluetooth und WLAN sorgen auch die Hintergrundbeleuchtung sowie einige Apps mit viel Hintergrundaktivität, wie zum Beispiel Live-Hintergründe, dafür, dass der Akku nicht so lange hält wie erwartet. Mehr als in den meisten anderen Smartphones trägt im Samsung Galaxy S7 die Kamera erheblich zum Stromverbrauch bei.

Die Akkuverbrauchsanzeige im Smart Manager.

Auf diese Weise lassen sich Stromfresser gezielt abschalten oder betreffende Apps bei Akkuknappheit nicht mehr nutzen. Nur eingeschränkt nützlich ist die Vorhersage, wie lange es noch dauern wird, bis der Akku voraussichtlich wieder voll aufgeladen ist, da sie von einem konstant gleichbleibenden Stromverbrauch ausgeht, was im Alltag aber nie gegeben ist. Sie finden diese Anzeige auch in den *Einstellungen* unter *Akku*.

Tipps für sparsamen Akkuverbrauch

- Wenn Sie sich außerhalb eines WLANs befinden, schalten Sie die WLAN-Funktion aus. Wer nicht immer daran denken will, WLAN ein- und auszuschalten, sollte zumindest in den WLAN-Einstellungen den Schalter *WLAN immer erlauben* ausschalten.

- Der Flugmodus spart noch mehr Strom. Schalten Sie das Smartphone in Regionen mit schlechter Mobilfunkabdeckung in den Flugmodus, da die Sendeleistung stark erhöht wird, um zu versuchen, eine Mobilfunkverbindung aufzubauen.

- Schließen Sie die App *Maps* und andere Karten-Apps, wenn Sie sie nicht nutzen. Laufen diese Apps im Hintergrund, verwenden sie GPS und verbrauchen somit mehr Strom.

- Verringern Sie die Bildschirmhelligkeit. Ziehen Sie dazu die Benachrichtigungsleiste herunter und schieben Sie den Helligkeitsregler ein Stück nach links.

- Schalten Sie die automatische Synchronisation in den Einstellungen des Google-Kontos für alle Dienste ab, die Sie nicht so oft benötigen. Das spart Strom, allerdings zulasten des Komforts, da Sie jetzt die Datensynchronisierung manuell vornehmen müssen.

- Laden Sie größere Dateien, vor allem System-Updates nur herunter, wenn das Smartphone an die Stromversorgung angeschlossen ist.

Der App-Energiesparmodus

Das Samsung Galaxy S7 versetzt Apps, die länger als drei Tage nicht verwendet wurden, in einen speziellen Energiesparmodus, in dem sie kaum noch Hintergrundaktivitäten ausführen und daher meistens auch keine Benachrichtigungen über neue Ereignisse mehr empfangen.

Den *App-Energiesparmodus* finden Sie in den *Einstellungen* unter *Akku*. Hier können Sie für jede App einzeln festlegen, ob sie automatisch nach drei Tagen Inaktivität, immer oder nie Energie sparen soll. Über das Menü *Mehr* lässt sich die automatische Energiesparverzögerung auf bis zu sieben Tage hochsetzen.

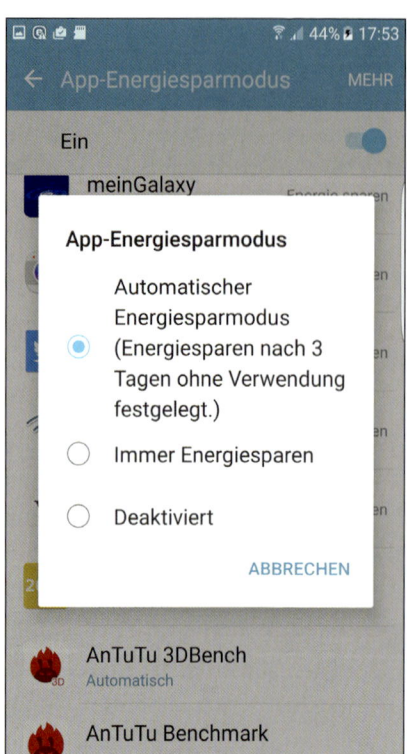

Einstellungen für den App-Energiesparmodus.

Speicherauslastung optimieren

Der *Smart Manager* bietet zwei Speicheranzeigen, die grundsätzlich unterschiedliche Daten anzeigen:

▪ **Speicher** – gespeicherte Dateien im Gerätespeicher, Apps, Bilder, Musik, zwischengespeicherte Dateien.

▪ **RAM** – Speicherauslastung des Arbeitsspeichers durch laufende Apps.

Im Bereich *Speicher* können Sie sich detailliert anzeigen lassen, welche Arten von Dateien wie viel Platz im Benutzerspeicher verbrauchen. Die Schaltfläche *Löschen* löscht nur den Cache und Temporärdateien. Hier gehen keine persönlichen Daten verloren. Allerdings ist der Speicherplatzgewinn im Verhältnis zum Gesamtspeicher auch sehr gering. Deutlich mehr bringt es, in regelmäßigen Abständen nicht mehr benötigte große Dateien wie z. B. Videos über den Dateimanager zu löschen.

Von Apps belegten Arbeitsspeicher freigeben zu können, hört sich auf den ersten Blick gut an und wird von Samsung auch werbewirksam vermarktet, bringt aber kaum etwas. Beim Beenden von Apps wird der Speicher kurzfristig freigegeben, Apps mit Hintergrundaktivitäten starten aber gleich danach automatisch wieder neu und belegen den Speicherplatz wieder. Die einzige erkennbare Wirkung ist ein deutlich erhöhter Akkuverbrauch durch den Neustart der Apps und die vermehrten Schreibzugriffe auf das RAM.

Speicher- und RAM-Anzeige im Smart Manager.

Der Energiesparmodus

Um Akku zu sparen, kann auf dem Samsung Galaxy S7 ein Energiesparmodus eingerichtet werden, bei dem je nach persönlichem Nutzerverhalten bestimmte Funktionen abgeschaltet werden.

Energie
sparen

Tippen Sie lange auf das Symbol *Energie sparen* in der erweiterten Benachrichtigungsleiste oder auf *Energiesparmodus* in den *Einstellungen* unter *Akku*, um den Energiesparmodus einzurichten.

Der *Smart Manager* schätzt die Zeit, wie lange das Smartphone im Energiesparmodus noch genutzt werden kann. Allerdings ist diese Schätzung sehr ungenau und zeigt oft eine nur unwesentlich längere Laufzeit als im normalen Modus.

Schätzung und Einstellungen für den Energiesparmodus.

Im Energiesparmodus wird die maximale CPU-Leistung eingeschränkt, die Bildschirmhelligkeit und Bildwiederholfrequenz werden herabgesetzt, die Touchtastenbeleuchtung sowie Vibrationsrückmeldung werden ganz abgeschaltet.

Sie können den Energiesparmodus manuell ein- und ausschalten oder auch festlegen, dass dieser bei schwacher Akkukapazität automatisch aktiviert wird. Sowie das Samsung Galaxy S7 an ein Ladegerät angeschlossen wird, wird der Energiesparmodus wieder deaktiviert.

Der Ultra-Energiesparmodus

Das Samsung Galaxy S7 bietet einen sogenannten Ultra-Energiesparmodus an, mit dem Sie noch einige Stunden erreichbar sind, selbst wenn der Akku schon fast leer ist. In diesem Modus zeigt der Startbildschirm nur noch Graustufen in einer stark vereinfachten Darstellung, die mobile Datenverbindung wird ausgeschaltet, solange der Bildschirm aus ist, und WLAN sowie Bluetooth werden

Ultra-
sparen

komplett deaktiviert. Weiterhin wird die Nutzung auf wenige vorher ausge-wählte Apps begrenzt, um im Hintergrund laufende Stromfresser abzuschalten.

Der *Ultra-Energiesparmodus* kann über ein Symbol in der erweiterten Benach-richtigungsleiste oder in den *Einstellungen* unter *Akku* aktiviert werden. Beim Antippen dieses Symbols werden zunächst die aktuelle Akkuladung und die geschätzte maximal mögliche Stand-by-Zeit im Ultra-Energiesparmodus an-gezeigt.

Der Ultra-Energiesparmodus.

Im Ultra-Energiesparmodus kann das Smartphone auch bei geringer Akku-kapazität noch mehrere Stunden eingeschränkt verwendet werden. In den *Einstellungen* können Sie Netzwerkverbindungen und die Bildschirmhelligkeit begrenzen, um noch weiter Strom zu sparen.

Der schlanke Startbildschirm ist extrem stromsparend gestaltet. Tippen Sie auf eines der Plussymbole, um weitere Apps zuzulassen. Hier werden nur wichtige Apps angeboten, die zur Kommunikation nötig sein könnten, sowie Memo, Rechner und Uhr, die keine Internetverbindung brauchen und damit sehr stromsparend laufen.

Der Notfallmodus

Ich wünsche keinem, in einen derartigen Notfall zu geraten und möglicher-weise tagelang auf das Handy angewiesen zu sein, ohne die Möglichkeit zu haben, an eine Steckdose zu kommen. Manövrierunfähig auf See oder verletzt in einer unwegsamen Gegend kann ein Handy lebensrettend sein – nur halten die Akkus heutiger Smartphones im Fall der Fälle oft nicht mal mehr einen Tag.

Samsung hat dieses Problem erkannt und einen eigenen Notfallmodus in das Samsung Galaxy S7 eingebaut. Der Notfallmodus kombiniert die Akkuspar-funktionen des Ultra-Energiesparmodus mit wichtigen Funktionen, die in einem Notfall lebensrettend sein können und die man unter Stress auf dem Smartphone nur mühsam findet.

Wenn Sie in einen Notfall geraten, drücken Sie länger auf den Ausschalter. Auf diesem Bildschirm kann der *Notfallmodus* aktiviert werden.

Notfallmodus aktivieren.

Notruf

Probieren Sie den Notfallmodus einmal in Ruhe aus, damit er in einem tat-sächlich Notfall vertraut ist, aber tippen Sie auf keinen Fall zum Ausprobie-ren auf das Notrufsymbol. Hier wird ein echter Notruf ausgelöst!

SOS-Nachrichten

Wenn Sie in den *Einstellungen* unter *Datenschutz & Sicherheit* die Option *SOS-Nachrichten senden* aktivieren, können Sie, indem Sie schnell dreimal hintereinander auf den Ein-/Ausschalter drücken, automatisch einen Hilferuf an wichtige Kontaktpersonen senden. Dies funktioniert auch im Normalmodus. Dazu muss nicht eigens der Notfallmodus aktiviert sein. Diese Hilfenachricht kann auch Bild- und Tonaufnahmen enthalten. Dazu werden automatisch Kamera und Mikrofon aktiviert.

Einstellungen für SOS-Nachrichten.

Die SOS-Nachrichten sind kein Ersatz für einen Notruf an eine Notrufzentrale. Sie dienen nur dazu, eine vertraute Person über die eigene Notlage zu informieren. Diese Person kann dann weitere Hilfsmaßnahmen einleiten.

Der Notfallmodus zeigt einen äußerst stromsparenden Schwarz-Weiß-Bildschirm und schaltet WLAN, Bluetooth und andere Stromfresser aus. Solange der Bildschirm ausgeschaltet ist, wird auch sämtlicher Datenverkehr im Hintergrund deaktiviert.

Der Startbildschirm im Notfallmodus gleicht weitgehend dem Ultra-Energiesparmodus und zeigt unten jederzeit die verbleibende Akkukapazität sowie die geschätzte Stand-by-Zeit an. Wichtige Funktionen für den Notfall sind bereits auf dem Startbildschirm angeordnet.

- Die *Taschenlampe* schaltet die Foto-LED ein. Diese sollte allerdings mit Bedacht verwendet werden, da sie relativ viel Strom verbraucht.

- Der *Notfallalarm* lässt eine laute Sirene ertönen, mit der man sich in einer unübersichtlichen Umgebung, wie zum Beispiel nach einem Erdbeben, Brand oder Hochwasser, den Hilfskräften bemerkbar machen kann.

- Das Symbol *Eigener Standort* sendet eine SMS mit den Google-Maps-Koordinaten des eigenen Standorts an vorher festgelegte Notfallkontakte. Hier können Sie auch selbst noch andere Personen auswählen, die diese SMS bekommen sollen.

- Über das Pluszeichen können Sie eine weitere App auf den Startbildschirm bringen. Hier werden nur Apps angeboten, die im Notfall wichtig sein könnten, unter anderem Google Maps oder Facebook.

Legen Sie über das Menü *Mehr* die wichtigsten Kontakte fest, die die Standortnachricht im Notfall durch einfaches Antippen bekommen, ohne dass Sie extra noch Kontakte auszuwählen brauchen.

Gesten- und Bewegungssteuerung

Das Samsung Galaxy S7 lässt sich nicht nur über den Touchscreen steuern, sondern auch mit verschiedenen Bewegungsgesten. Je nach persönlichen Vorlieben schalten Sie nur bestimmte Steuerungsmöglichkeiten ein oder aus. Ungewohnte Steuermechanismen können leicht zu unbeabsichtigten Reaktionen des Gerätes führen.

Mit Gesten steuert man das Smartphone, ohne den Bildschirm zu berühren. Oberhalb des Bildschirms neben der LED befindet sich der Sensor für die Gestenerkennung. Gesten werden aus einer Entfernung von etwa 7 cm am besten erkannt. Bei größerem Abstand oder bei dunklen Handschuhen versagt die Gestenerkennung.

Tippen Sie in den *Einstellungen* unter *Erweiterte Funktionen*, kommen Sie zum Einstellungsbildschirm, über den Sie einzelne Gesten aktivieren oder deaktivieren können.

Direktanruf

Wird auf dem Bildschirm gerade eine Seite mit Kontaktdetails einer Person angezeigt, kann man diese Person direkt anrufen, indem man das Samsung

Galaxy S7 ans Ohr hält. Haben Sie bei einer Person mehrere Telefonnummern eingetragen, wird die Standardnummer gewählt.

Tippen Sie in der Kontakte-App länger auf die gewünschte Telefonnummer einer Person. Hier erscheint ein Auswahlmenü. Wählen Sie dort *Als Standard markieren*. Bei der Nummer wird ein blaues Häkchen angezeigt, das sie als Standard kennzeichnet.

Smart Alert

Lag das Gerät mit ausgeschaltetem Bildschirm auf dem Tisch, meldet sich ein Vibrationsalarm, wenn Sie Anrufe oder Nachrichten verpasst haben und Sie es das nächste Mal in die Hand nehmen.

Smart Alert und einfache Stummschaltung aktivieren.

Einfache Stummschaltung

Klingelt das Telefon in einer unpassenden Situation, legen Sie es einfach mit dem Bildschirm nach unten auf den Tisch. Damit verstummt das Klingeln, ohne dass der Anrufer etwas davon bemerkt. Mit der gleichen Bewegung lassen sich auch Alarmtöne des Weckers und laufende Musik zum Schweigen bringen. Musik wird dabei nicht nur stumm geschaltet, sondern pausiert automatisch. Sie können später an der gleichen Stelle weiterhören.

Bildschirm drehen

Die automatische Bildschirmdrehung wird über ein Symbol in der erweiterten Symbolleiste ein- und ausgeschaltet. Drehen Sie das Gerät in die Waagerechte, dreht sich der Bildschirminhalt abhängig von der angezeigten App automatisch. Wer im Liegen auf dem Smartphone Texte liest, kennt das Problem, dass sich der Bildschirm oft ungewollt dreht, wenn die automatische Bildschirmdrehung aktiviert ist. Hier können Sie diese Funktion einfach ausschalten.

Bildschirm drehen

Smart Stay

Smart Stay in den *Einstellungen* unter *Anzeige* sorgt dafür, dass der Bildschirm sich nicht ausschaltet, solange man darauf blickt. Zur Augenerkennung wird die Frontkamera verwendet. Es muss also ausreichend Umgebungslicht vorhanden sein, damit die Option *Smart Stay* funktioniert.

Bildschirm leicht aktivieren

Wenn das Samsung Galaxy S7 auf dem Tisch liegt und sich der Bildschirm automatisch ausgeschaltet hat, können Sie ihn mit einer Bewegung der flachen Hand über dem Annäherungssensor wieder einschalten.

Aktivieren Sie dazu in den *Einstellungen* über das Symbol *Eingabehilfe/Geschicklichkeit und Interaktion* die Option *Bildschirm leicht aktivieren*.

Screenshot

Mit dieser Einstellung können Sie Screenshots des aktuellen Bildschirminhalts erstellen, indem Sie mit der Handkante quer über den Bildschirm streichen. Mit der Einstellung *Smart Aufnahme* legen Sie fest, ob nach dem Screenshot automatisch einfache Bearbeitungsfunktionen eingeblendet werden sollen.

Sprachsteuerung S Voice

Steuerungsbefehle für häufig verwendete Apps lassen sich auf dem Samsung Galaxy S7 auch einfach sprechen – ganz ohne den Touchscreen zu verwenden. Tippen Sie dazu auf das Symbol *S Voice*.

Beim ersten Start von S Voice müssen Sie einen Aktivierungsbefehl einrichten, indem Sie diesen viermal sprechen. Dieser Aktivierungsbefehl aktiviert die Sprachsteuerung auch ohne einen Tastendruck. Standardmäßig wird der Weckbefehl *Hallo Galaxy* vorgeschlagen.

Die Sprachsteuerung S Voice einrichten.

Die Sprachsteuerung zeigt bei der Einrichtung am Anfang ein paar Beispielsätze, die Sie verwenden können. Sprechen Sie jetzt klar, deutlich und dialektfrei eine kurze Anweisung, was Sie tun möchten, z. B. *SMS an...*, *Neues Ereignis*, *Wie ist das Wetter heute*, *Browser öffnen*. Die Erkennung funktioniert relativ gut. Sollte eine Anweisung nicht erkannt werden, wird automatisch eine Suche nach dem erkannten Wort bei Google durchgeführt.

Nachdem Sie den Aktivierungsbefehl gesprochen haben, erscheint am unteren Bildschirmrand eine Leiste, die erkannte Geräusche zeigt. Über das Zahnradsymbol links kommen Sie in die *Einstellungen*, in denen Sie unter anderem die Sprache festlegen. Sollte hier etwas anderes als *Deutsch* ausgewählt sein, ist das der Grund, warum Ihre Anweisungen nicht erkannt werden.

Da das ständige Warten auf den Aktivierungsbefehl viel Akkuleistung verbraucht, sollten Sie die Option *Mit Sprache wecken*, wenn Sie sie nicht wirklich nutzen, einfach deaktivieren. Über den Schalter *An mit Sicherheitssperre* können Sie S Voice auch nutzen, wenn der Bildschirm gesperrt ist, ohne das Gerät mit der Hand entsperren zu müssen. Diese Option verbraucht allerdings noch mehr Strom.

Um einen Sprachbefehl zu wiederholen oder etwas anderes zu sagen, wenn ein Sprachbefehl nicht erkannt wurde, tippen Sie auf das Mikrofonsymbol. Die Leiste verschwindet automatisch, nachdem Sie einige Zeit nicht gesprochen haben.

Google Sprachsuche

Neben S Voice enthält das Samsung Galaxy S7 wie alle aktuellen Android-Smartphones auch noch eine Google-Sprachsuche, die im Wesentlichen zur Suche im Browser verwendet wird.

Die versteckten Einstellungen für die Sprachsuche finden.

Das Google-Suchfeld auf dem Startbildschirm zeigt ganz rechts ein Mikrofonsymbol. Tippen Sie darauf und sprechen Sie den Suchbegriff ins Mikrofon. Google setzt das gesprochene Wort in Text um und sucht den Begriff. Dazu wird automatisch die Google-Suche geöffnet. Anstatt auf das Mikrofonsymbol zu tippen, können Sie die Sprachsuche auch aktivieren, indem Sie einfach *Ok Google* sagen.

Achtung Datenvolumen

Die Sprachsuche erfolgt bei Google wie auch bei S Voice nicht direkt auf dem Smartphone, sondern das gesprochene Wort wird als Audiodatei an einen Google-Server übertragen, wo die Auswertung stattfindet. Hier fällt erheblich mehr Datenvolumen an als bei der Eingabe eines Suchbegriffs mit der Bildschirmtastatur. Die gesprochenen Antworten stammen aus einer lokal installierten Sprachdatei.

Die Einstellungen der Sprachsuche finden Sie in den *Einstellungen* unter *Anwendungen*, dort ganz unten unter *Google/Suche & Google Now/Sprache*. Achten Sie darauf, dass hier *Deutsch* als Sprache eingestellt ist, sonst wird die Sprachsuche alles fehlerhaft erkennen. Zusätzlich können Sie hier anstößige Wörter aus der Suche ausblenden.

Daten zwischen zwei Smartphones übertragen

Für die Verbindung zweier Geräte per WLAN braucht man üblicherweise einen Router, der unterwegs allerdings nicht überall vorhanden ist. Es gibt jedoch auch Möglichkeiten, Daten zwischen zwei Smartphones ohne Internetverbindung zu übertragen.

Daten per Bluetooth übertragen

Bluetooth ist eine drahtlose Übertragungstechnik mit einer Reichweite von wenigen Metern, mit der Sie Daten zwischen verschiedenen Geräten übertragen können. Fast alle Smartphones unterschiedlichster Betriebssysteme und selbst ältere Handys unterstützen Bluetooth. Per Bluetooth können Sie auch Daten auf PCs oder die Fotodruckautomaten in Drogerie- und Elektronikmärkten übertragen.

Bei Bluetooth verwendet jedes Gerät einen eigenen Namen, unter dem es von anderen Geräten identifiziert werden kann. Damit sich die Geräte gegenseitig finden, müssen sie auf sichtbar geschaltet werden.

Da Bluetooth viel Strom frisst, empfiehlt es sich, es nur einzuschalten, wenn es wirklich benutzt wird. Ein Symbol in der erweiterten Benachrichtigungsleiste ermöglicht es, Bluetooth jederzeit ein- und wieder auszuschalten.

Bluetooth

1. Um ein Foto oder eine andere Datei vom Samsung Galaxy S7 per Bluetooth auf ein anderes Handy zu übertragen, schalten Sie auf beiden Geräten Bluetooth ein und auf sichtbar.

2. Wählen Sie in der entsprechenden App das zu sendende Objekt, zum Beispiel ein Foto, und tippen Sie auf das *Teilen*- bzw. *Senden*-Symbol in der App. Wählen Sie hier *Bluetooth*.

3. Jetzt erscheint eine Liste der sichtbaren Geräte in der Nähe. Wählen Sie hier das Gerät aus, an das das Foto gesendet werden soll.

4. Auf dem empfangenden Gerät müssen Sie die Annahme der Datei noch bestätigen. So wird verhindert, dass jemand unbemerkt per Bluetooth auf das eigene Smartphone zugreift. Auf dem sendenden Gerät wird der Übertragungsstatus in einer Benachrichtigung angezeigt.

Foto per Bluetooth übertragen.

Um zu verhindern, dass vertrauenswürdige Geräte vor jeder Datenübertragung wieder sichtbar geschaltet werden müssen, tippen Sie in den Bluetooth-Einstellungen in der Liste auf das gewünschte Gerät und koppeln es. Diese Kopplung muss auf beiden Geräten noch bestätigt werden, danach können Sie jederzeit eine Verbindung herstellen, auch wenn das andere Gerät nicht sichtbar ist. Bluetooth muss natürlich eingeschaltet sein, und der Empfang von Daten muss weiterhin bestätigt werden.

Bluetooth-Einstellungen und Gerät koppeln.

Daten per Quick Connect/Umgebungsfreigabe übertragen

Da Wi-Fi Direct wie auch Bluetooth für viele Anwender immer noch umständlich zu bedienen ist, hat Samsung auf aktuellen Smartphones die Funktion *Quick Connect* eingeführt. Damit lassen sich Daten ganz einfach zwischen zwei Smartphones übertragen, ohne dass man sich Gedanken um die Übertragungstechnologie machen muss. *Quick Connect* überträgt wenn möglich über Wi-Fi Direct. Kann diese Verbindungsart zwischen den gewählten Geräten nicht genutzt werden, wird automatisch auf Bluetooth umgeschaltet.

> **WiFi Direct**
>
> Wi-Fi Direct ist ein noch relativ neuer Standard zur Übertragung von Daten direkt zwischen zwei WLAN-fähigen Geräten, ohne dass ein Router dazwischengeschaltet ist. Wi-Fi Direct ist eine schnelle Alternative zum altbekannten Bluetooth, wird aber bis jetzt noch längst nicht von allen Geräten unterstützt.

1. Ziehen Sie die Benachrichtigungsleiste herunter und tippen Sie auf *Quick Connect*.

2. Suchen Sie das gewünschte Gerät in der Nähe.

3. Wählen Sie dann die gewünschte App und die zu übertragende Datei aus. Die Datei wird übertragen. Auf dem empfangenden Gerät erscheint eine Verbindungsanfrage, die zuerst noch bestätigt werden muss.

Datenübertragung mit Quick Connect.

In einigen Apps mit Inhalten, die gesendet werden können, funktioniert *Quick Connect* auch über das Senden-Symbol. Wählen Sie hier ganz unten *Umgebungsfreigabe* und dann das gewünschte Gerät.

Daten per NFC übertragen

Die Abkürzung NFC steht für **N**ear **F**ield **C**ommunication, ein Verfahren zur Datenübertragung über wenige Zentimeter. NFC wird zum drahtlosen Bezahlen an Kassenterminals und für Zugangskontrollen verwendet. Die Deutsche Bahn nutzt dieses Verfahren für die elektronischen Fahrkarten im System Touch & Travel. Das Samsung Galaxy S7 kann wie viele aktuelle Android-Smartphones NFC nutzen, um kleine Informationen wie einen Weblink, Google-Maps-Koordinaten oder eine Visitenkarte auf ein anderes Handy zu übertragen. Zur Übertragung größerer Datenmengen ist NFC wegen seiner langsamen Übertragungsrate von nur 424 KBit/s nicht geeignet.

1. Tippen Sie auf das *NFC*-Symbol in der erweiterten Benachrichtigungsleiste oder schalten Sie in den *Einstellungen* unter *NFC und Zahlung* NFC und auch *Android Beam* ein. NFC benötigt im Ruhezustand so wenig Strom, dass es bedenkenlos immer eingeschaltet bleiben kann.

2. Starten Sie die gewünschte App und lassen Sie sich dort die Daten anzeigen, die übertragen werden sollen, beispielsweise einen Adressbucheintrag, einen Weblink oder einen Kartenausschnitt in Google Maps. Wählen Sie die *Teilen*-Funktion der App und dort *Android Beam*.

3. Halten Sie jetzt die beiden Smartphones mit den Rückseiten gegeneinander, bis sie sich berühren. Auf dem Bildschirm erscheint *Berühren Sie ein anderes Gerät…* Tippen Sie auf den verkleinerten Screenshot.

4. Auf dem anderen Smartphone erscheint eine Meldung, wie die Daten angenommen werden sollen. Gibt es nur eine Möglichkeit, weil z. B. nur ein Browser installiert ist oder ein Standardbrowser eingerichtet ist, wird dieser sofort gestartet.

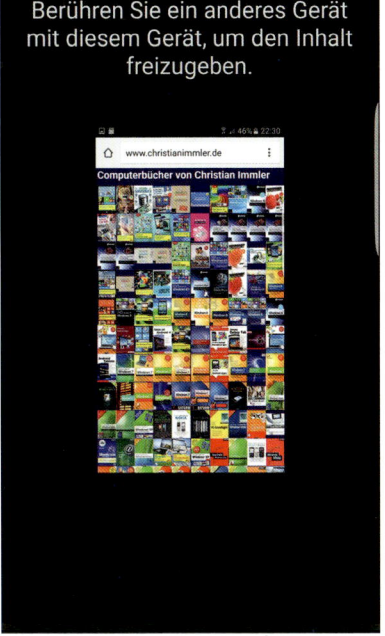

Daten per NFC übertragen – Beispiel Weblink im Browser.

NFC für Bezahlung verwenden

NFC ermöglicht sicheres Bezahlen mit dem Handy an Supermarktkassen, ohne dass eine Mobilfunkverbindung benötigt wird, da die Daten nur auf dem Smartphone gespeichert werden und über eine verschlüsselte NFC-Verbindung mit dem Kassenterminal ausgetauscht werden. Wegen der Reichweite von nur wenigen Zentimetern ist dieses Übertragungsverfahren sehr gut vor Missbrauch geschützt. Allerdings hat sich diese Bezahlweise in Deutschland noch nicht durchgesetzt. Die vier großen Mobilfunkanbieter bieten jeweils eigene Bezahldienste auf Basis von NFC an, der von Samsung mit dem Samsung Galaxy S7 gelieferte Bezahldienst *Samsung Pay* wird in Deutschland nicht unterstützt. In Berlin haben einige große Ladenketten die Initiative *www.zahl-einfach-mobil.de* gestartet und bieten in 500 Filialen das Bezahlen per NFC-Smartphone an.

Samsung Smart Switch Mobile

Für die meisten Nutzer ist das Samsung Galaxy S7 nicht ihr erstes Android-Handy, oft nicht einmal das erste von Samsung. Natürlich will man seine persönlichen Daten vom alten Smartphone auf das neue übertragen – und das gilt nicht nur für die Daten, die über das Google-Konto automatisch synchronisiert werden.

Kontakte und Termine, die nur auf dem Telefon gespeichert sind, Anrufprotokolle, SMS, Notizen, Fotos, Musik und Dokumente werden über das Google-Konto nicht synchronisiert und müssten sonst mühsam über einen PC auf das neue Handy übertragen werden.

Samsung bietet über Google Play und auch über *Galaxy Apps* das kostenlose Tool *Samsung Smart Switch Mobile* an, mit dem sich beim Umstieg von einem anderen halbwegs aktuellen Android-Smartphone die persönlichen Daten ganz einfach per Wi-Fi   Direct vom alten auf das neue Smartphone übertragen lassen – oder auch beim Umstieg von einem iPhone auf das Samsung Galaxy S7 aus Apples iCloud.

Samsung Smart Switch Mobile vereinfacht den Datenumzug auf das neue Smartphone, indem die beiden Geräte per NFC gekoppelt werden. Anschließend werden die Daten über eine deutlich schnellere Wi-Fi-Direct-Verbindung übertragen. Damit *Samsung Smart Switch Mobile* funktioniert, muss auf beiden Smartphones NFC eingeschaltet sein.

Verbindung zwischen einem älteren Android-Smartphone und einem Samsung Galaxy S7 herstellen.

1. Installieren und starten Sie die App auf dem alten Gerät. Wenn das alte Smartphone bereits Android 6 Marshmallow verwendet, müssen Sie der App alle geforderten Berechtigungen gewähren, da sonst die jeweiligen Daten nicht übertragen werden können.

2. Starten Sie das auf dem Samsung Galaxy S7 vorinstallierte Smart Switch in den *Einstellungen* unter *Sichern und zurücksetzen*.

3. Wählen Sie für eine Datenübertragung von einem alten Android-Smartphone auf dem Samsung Galaxy S7 die Option *Android* und auf dem alten Gerät die Option *Samsung-Gerät*.

4. Legen Sie dann beide Geräte unmittelbar nebeneinander, sodass sie sich am besten direkt berühren.

5. Nachdem die Geräte sich per NFC erkannt haben, ist ein Signalton zu hören. Wählen Sie auf dem alten Smartphone die Option *Sendendes Gerät*, auf dem neuen Samsung Galaxy S7 die Option *Empfangendes Gerät*.

6. Beachten Sie die Hinweise auf den Bildschirmen, wann die Geräte sich berühren sollen. Jetzt wird die Verbindung aufgebaut, was einige Sekunden

dauern kann. Sollte die Verbindung nicht automatisch erfolgen, können Sie die auf dem einen Gerät angezeigte PIN auf dem anderen Gerät eingeben.

7. Wählen Sie auf dem nächsten Bildschirm auf dem alten Gerät die Inhalte, die auf das neue Smartphone übertragen werden sollen, und tippen Sie dann auf *Senden*.

8. Bestätigen Sie danach auf dem neuen Smartphone die Meldung über zu empfangende Inhalte. Danach startet die eigentliche Datenübertragung, die je nach Datenmenge einige Minuten dauert.

Daten von einem älteren Android-Smartphone auf einem Samsung Galaxy S7 empfangen.

Mit dem Notebook über das Smartphone ins Internet

Moderne Smartphones liefern zumindest in Großstädten mit guter HSDPA- oder LTE-Versorgung Datenübertragungsraten, die mit DSL über Telefonkabel durchaus mithalten können. Da bietet es sich an, unterwegs das Handy als mobilen Internetzugang für das Notebook zu nutzen. Allgemein wird dieses Verfahren als Tethering bezeichnet, abgeleitet von dem englischen Wort für »anbinden«.

INFO: Mobilfunkbetreiber sehen das Tethering gar nicht gern, da es auf dem Handy auf einmal ein Vielfaches an Datenvolumen erzeugt. Am Anfang versuchte man, Tethering technisch zu verhindern, was aber allein über die SIM-Karte nur schwer möglich ist, da das Handy eine normale Internetverbindung aufbaut und der PC von außen nicht zu sehen ist. Einige US-amerikanische Netzbetreiber lesen den User-Agent-String des Browsers aus und verhindern damit Netzwerkdatenverkehr, der von PC-Browsern verursacht wird. Auch hierzulande kursieren Gerüchte, Mobilfunkanbieter wollten in Zukunft die Modemnutzung in den preisgünstigen Tarifen technisch unterbinden.

Bei den meisten günstigen Flatratetarifen für Smartphones wird nach wenigen Hundert MByte – zum Handysurfen in einem Monat meist ausreichend – auf unattraktive GPRS-Geschwindigkeit abgebremst. Per Tethering mit dem Notebook kann man dieses Datenvolumen schon nach wenigen Stunden erreichen. Für den Rest des Monats hat man dann keinen Spaß mehr an der Flatrate. Die teureren Datenflatrates für Surfsticks beinhalten deutlich mehr Übertragungsvolumen. Natürlich spricht nichts dagegen, eine solche SIM-Karte in ein Smartphone zu stecken und dieses für das Tethering zu nutzen. Allerdings haben die typischen Notebook-Surftarife meist höchst unattraktive Preise beim Telefonieren.

Smartphone als mobiler WLAN-Hotspot

Das Samsung Galaxy S7 bietet eine Möglichkeit, einen mobilen WLAN-Hotspot einzurichten. Sie können sich dann mit anderen Geräten wie Notebooks, Tablets, Spielkonsolen oder E-Book-Readern per WLAN am Smartphone anmelden und die Mobilfunkverbindung des Smartphones als Internetzugang nutzen.

1. Tippen Sie in den *Einstellungen* auf *Mobile Hotspot und Tethering*.

2. Schalten Sie hier die Option *Mobiler Hotspot* ein. Ein Symbol in der Statusleiste markiert den aktiven WLAN-Hotspot. Er wird sofort auf den anderen Geräten als verfügbar angezeigt.

3. Über den Menüpunkt *Mobile Hotspot konfigurieren* im Menü *Mehr* können Sie den Namen des Hotspots, die Verschlüsselung und das Passwort ändern. Wählen Sie hier WPA2-PSK, da es bei begrenztem Mobilfunkdatenvolumen besonders ärgerlich ist, wenn ein Fremder das eigene Smartphone als Hotspot nutzt.

4. Der Bildschirm zeigt anschließend den Namen des Hotspots sowie den Schlüssel an, der auf den Geräten eingegeben werden muss.

WLAN-Hotspot auf dem Smartphone einrichten.

Stromverbrauch und Reichweite

Bedenken Sie, dass die Reichweite bei Weitem nicht so groß ist wie die eines klassischen WLAN-Routers. Außerdem verbraucht die Nutzung als WLAN-Hotspot sehr viel Strom des Smartphone-Akkus. Schließen Sie am besten das Smartphone die ganze Zeit ans Ladegerät an und beenden Sie den WLAN-Hotspot, sobald Sie ihn nicht mehr benötigen.

Das Smartphone mit dem PC verbinden

Das Samsung Galaxy S7 muss nicht mehr unbedingt mit dem PC verbunden werden, um Daten zu synchronisieren. Fast alle Daten lassen sich auch drahtlos über Cloud-Dienste austauschen. Die Synchronisation von Adressbuch und Kalender erfolgt automatisch über das Google-Konto. Weitere Daten wie Anrufprotokolle, SMS oder Notizen, die Google nicht synchronisiert, lassen sich mit dem Samsung-Konto synchronisieren.

Es gibt aber auch noch Fälle, in denen eine USB-Verbindung mit einem PC durchaus nützlich sein kann, zum Beispiel um eine größere Musiksammlung vom PC aufs Handy zu bringen oder umgekehrt Fotos von der Handykamera auf den PC zu übertragen. Auch lassen sich Smartphones mit ihrer großen Speicherkapazität als tragbarer Datenspeicher statt eines USB-Sticks oder gar als Sicherungsmedium für persönliche Daten nutzen. Vom PC hat man per USB-Kabel Zugriff auf den internen Gerätespeicher wie auch die Speicherkarte im Samsung Galaxy S7.

Alle aktuellen Android-Smartphones haben einen Micro-USB-Anschluss zur Verbindung mit dem PC, der auch zum Aufladen des Akkus genutzt wird.

1. Schließen Sie das Samsung Galaxy S7 über ein USB-Kabel an den PC an. Verwenden Sie am besten das mitgelieferte Kabel. Bei Kabeln von ganz billigen USB-Ladegeräten fehlen teilweise die für die Datenübertragung notwendigen Adern.

2. Auf dem Samsung Galaxy S7 wird automatisch der Verbindungsmodus *Mediendateien übertragen (MTP)* ausgewählt.

Beim Anschluss des Samsung Galaxy S7 an einen Windows-10-PC erscheint ein Auswahldialog für eine Aktion.

In diesem Modus können Sie Fotos importieren, Dateien öffnen und auch digitale Medien zwischen PC und Smartphone synchronisieren.

USB-Verbindung auf dem Samsung Galaxy S7.

3. In der Benachrichtigungsleiste erscheint eine Benachrichtigung. Ziehen Sie diese Leiste nach unten, können Sie auf die USB-Verbindung tippen,

um alternativ das Gerät als Kamera mit dem PC zu verbinden, falls dieser MTP-Verbindungen nicht unterstützt, oder an einem fremden PC auch einfach nur aufzuladen.

4. Bei der ersten Verbindung mit dem PC werden spezielle USB-Treiber installiert. Auf dem Smartphone müssen Sie bei der ersten Verbindung eine Android-Systemberechtigung bestätigen, ohne die die USB-Verbindung nicht funktioniert.

5. Jetzt können Sie direkt Medien synchronisieren oder Fotos vom Smartphone auf den PC importieren. Das interne Speicherlaufwerk des Samsung Galaxy S7 sowie auch die Speicherkarte erscheinen im Windows-Explorer auf dem PC. Jetzt können Sie Daten in beide Richtungen kopieren.

SideSync

Das Programm SideSync, das Samsung allen Nutzern aktueller Galaxy-Smartphones kostenlos zur Verfügung stellt, bietet die Möglichkeit, das Smartphone vom PC aus zu bedienen. Umgekehrt können auch Elemente des PC-Bildschirms auf dem Smart-   phone dargestellt werden. Dateien und auch Texte aus der Zwischenablage können per Drag-and-drop zwischen PC und Smartphone ausgetauscht werden. PC und Smartphone können zur Verwendung von SideSync über ein USB-Kabel oder per WLAN miteinander verbunden werden.

SideSync besteht aus zwei Komponenten:

- Installieren Sie die App über den QR-Code oder aus dem Samsung Apps Store auf dem Smartphone.

- Laden Sie sich bei *www.samsung.com/sidesync* das Windows-Programm herunter und installieren Sie es auf dem PC.

Starten Sie anschließend SideSync auf dem PC und dem Smartphone und wählen Sie auf dem PC die gewünschte Verbindung: WLAN oder USB. Wird die Verbindung nicht automatisch gefunden, können Sie diese auch über eine PIN oder einen QR-Code herstellen. Auf dem Smartphone müssen alle geforderten Systemberechtigungen zugelassen werden, damit SideSync funktioniert. Nachdem die Verbindung hergestellt wurde, klicken Sie im SideSync-Steuerungsfenster auf *Phone screen*. Hier erscheint eine Abbildung des Smartphone-Bildschirms auf dem PC. Dort müssen Sie noch ein paar Berechtigungen bestätigen und die deutsche Tastatur auswählen. Anschließend können Sie Ihr Samsung Galaxy S7 mit Tastatur und Maus interaktiv bedienen. Das Symbol links oben blendet ein Menü ein. Hier können Sie das Smartphone ins

Querformat drehen und Screenshots anfertigen, die allerdings eine geringere Auflösung als der Originalbildschirm haben.

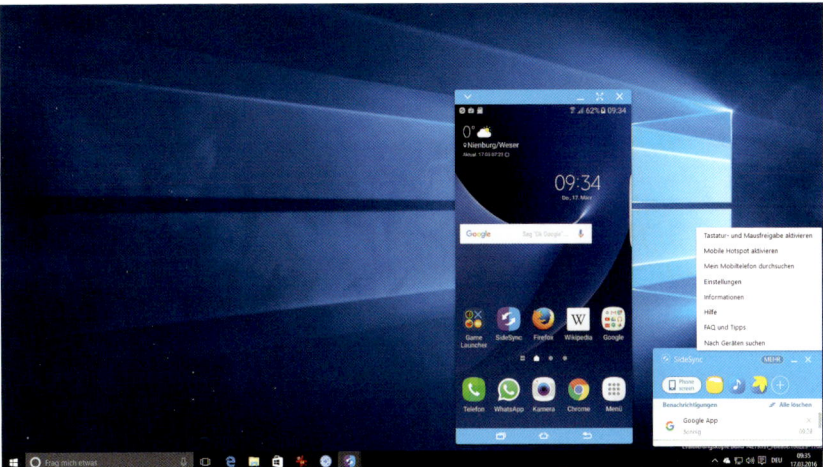

Das Samsung Galaxy S7 auf dem PC.

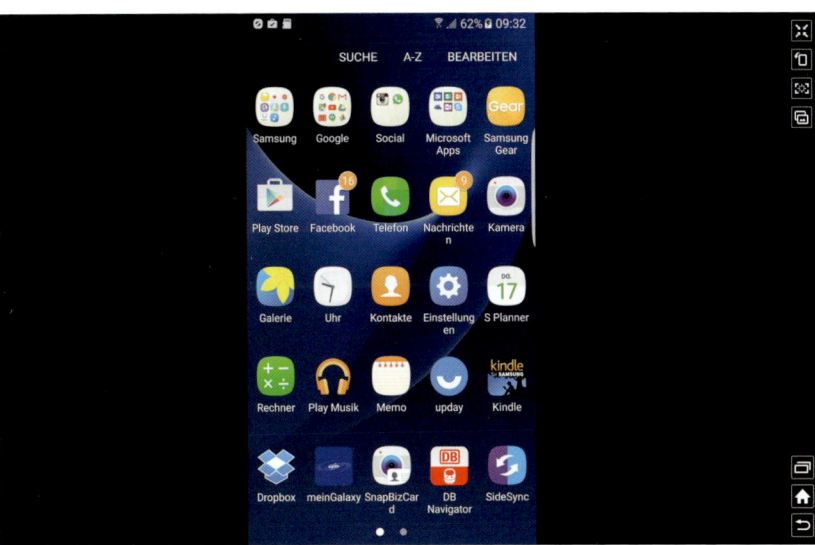

Für Bildschirmpräsentationen lässt sich der Smartphone-Bildschirm im Vollbildmodus auf dem PC anzeigen.

Im Menü *Mehr* des SideSync-Steuerungsfensters können Sie den Tastatur-/ Maus-Freigabemodus aktivieren. Hier erscheint der Mauszeiger direkt auf dem Smartphone, und Tastatureingaben werden auch direkt auf dem Gerät ausge- führt. Umgekehrt arbeiten Sie im Präsentationsmodus auf dem gespiegelten Smartphone auf dem PC und können auf dem echten Samsung Galaxy S7 die Aktionen mitverfolgen.

Hard-Reset – Zurücksetzen auf Werkseinstellungen

Möchten Sie das Smartphone verkaufen, sollten Sie es vorher auf die Werkseinstellungen zurücksetzen, um sicherzugehen, dass alle Daten gelöscht werden. Umgekehrt sollte man ein gebraucht gekauftes Smartphone auch als Erstes auf die Werkseinstellungen zurücksetzen, um eventuell darauf gespeicherte bösartige Software zu beseitigen. Tippen Sie in den *Einstellungen* auf *Sichern und zurücksetzen* und wählen Sie auf dem nächsten Bildschirm *Auf Werkseinstellungen zurücksetzen*.

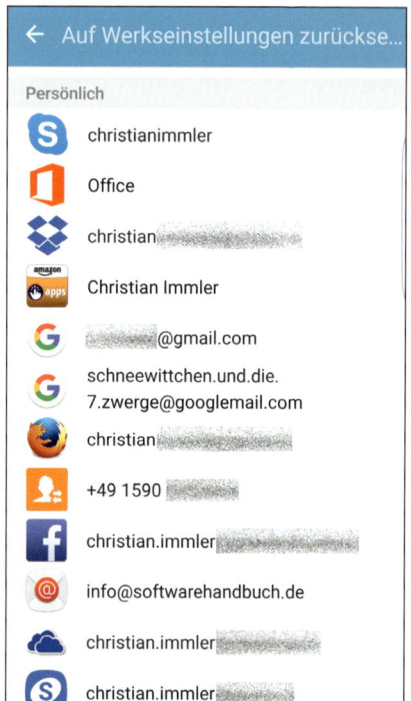

Zurücksetzen auf Werkseinstellungen.

Jetzt sehen Sie noch einmal eine Übersicht aller Konten, bei denen Sie mit dem Smartphone angemeldet sind. Die Verbindungen zu diesen Konten werden gelöscht, die Daten der Konten selbst bleiben in der Cloud erhalten. Erst nach einer weiteren Sicherheitsabfrage wird das Samsung Galaxy S7 tatsächlich unwiderruflich zurückgesetzt.

Im Gegensatz dazu setzt *Zurücksetzen von Netzwerkeinstellungen* nur die Einstellungen zurück, behält aber alle Daten und Apps auf dem Smartphone.

KAPITEL 10

Die Sicherheitsfrage bei Android

Onlinekriminelle greifen dort an, wo es sich lohnt – und das sind nicht mehr nur PCs. Daher ist es nicht verwunderlich, dass Android-Smartphones und -Tablets immer stärker in den Fokus der Malware-Autoren rücken, denn nur wenige Anwender haben eine Sicherheitslösung installiert. Das macht es den Tätern leicht, Angriffe mit relativ geringem Aufwand erfolgreich umzusetzen und persönliche Daten und wertvolle Firmeninformationen zu stehlen.

Die Angreifer setzen auf Varianten von Schadcode-Apps, die bereits in Umlauf waren, und auf manipulierte Kopien von eigentlich harmlosen Applikationen. Die Kriminellen versenden Kurznachrichten an teure Rufnummern und haben es auf persönliche Daten der Nutzer abgesehen, beispielsweise Kontakte und Telefonnummern, sowie das Anmelden bei kostenpflichtigen Diensten. So kann ein Angriff auf dem Smartphone sehr schnell viel teurer werden als ein Virus auf dem PC. In letzter Zeit hat sich die Anzahl gefährlicher Apps für Android nach Medienberichten um ein Vielfaches erhöht. Allerdings sind diese Berichte mit Vorsicht zu lesen, dort werden häufig schon Werbe-Apps, die Standortdaten auslesen, als gefährlich eingestuft.

Android macht es Malware-Autoren deutlich leichter als andere Plattformen, Schadcode zu verbreiten. Google bietet mit seinem Play Store zwar eine wichtige und von einem Großteil der Anwender auch vorrangig genutzte Quelle zur Installation von Apps. Hersteller können Apps aber auch über eigene Webseiten oder alternative Downloadportale anbieten. Im Gegensatz zu anderen Plattformen ist auch eine Installation von Apps über einfache Downloadlinks im Browser, E-Mail-Anhänge, Speicherkarten oder per USB-Kabel vom PC möglich. Sicherheitskritische und bösartige Anwendungen können ungehindert ihren Weg auf die Geräte finden. Keine zentrale Qualitätskontrolle kann das verhindern oder solche Apps gar nachträglich von den Geräten entfernen. Google prüft auch im Play Store hochgeladene Apps nicht automatisch auf technische Risiken – erst dann, wenn ein konkreter Verdachtsfall vorliegt. Selbst wenn der Google Play Store eine App sperrt, heißt das noch lange nicht, dass sie damit von allen Handys dieser Welt verschwindet.

Da jeder Gerätehersteller selbst für die Betriebssystem-Updates verantwortlich ist, kommt es hier teilweise zu erheblichen Verzögerungen beim Schließen kritischer Sicherheitslücken.

Neue Sicherheitspatch-Anzeige

Android 6 Marshmallow zeigt in den *Einstellungen* unter *Geräteinformationen/Softwareinfo* in der Zeile *Android-Sicherheitspatch-Ebene* das Datum der aktuellsten Sicherheits-Updates an. Auf diese Weise lässt sich der aktuelle Update-Stand bei neu aufgetauchten Sicherheitslücken feststellen, da nicht jedes kleine Update bereits eine höhere Versionsnummer zeigt. Google plant, etwa monatlich aktuelle Sicherheits-Updates für Android 6 Marshmallow zur Verfügung zu stellen.

Die größten Sicherheitsprobleme

- Das größte Sicherheitsproblem bei Smartphones sind die Nutzer und weniger die Technik. Installieren Sie nicht, ohne nachzudenken, irgendwelche Apps. Besonders kostenlose Apps, die Funktionen versprechen, die das Smartphone technisch gar nicht leisten kann, sind extrem verdächtig.

Stille SMS

Stille SMS sind SMS, die auf dem Smartphone nicht angezeigt werden und auch keine Benachrichtigung erscheinen lassen. Diese spezielle Art von SMS wird im großen Stil von Polizei, Zoll und Verfassungsschutz eingesetzt, um die Standorte von Smartphones zu ermitteln. Obwohl sie auf den Endgeräten nicht angezeigt werden, erscheinen diese stillen SMS natürlich in den Versandprotokollen der Mobilfunkprovider, einschließlich Angaben zur Funkzelle, in der sie an das dort eingebuchte Handy zugestellt wurden. Die Behörden lassen sich diese Protokolle aushändigen und werten die Daten ihrer versendeten SMS entsprechend aus. Da die stillen SMS direkt mit dem Mobilfunkmodul des Smartphones kommunizieren, ohne Betriebssystemfunktionen zu nutzen, lassen sie sich auch mit externen Apps nicht anzeigen oder gar blockieren.

- Auch ein zweites Problem ist eher menschlich: Phishing in E-Mails und sozialen Netzen. Auf dem Smartphone sind gefälschte Links schwerer zu erkennen als in einem E-Mail-Programm auf dem PC. Lesen Sie E-Mails noch genauer. Besonders falsche Rechtschreibung und einfältiges Deutsch deuten auf Phishing hin.

- Das größte Sicherheitsrisiko ist Rooting. Viele Medien versprechen unbedarften Nutzern damit Wunder. Tatsächlich öffnen Sie mit Rooting alle sicherheitskritischen Bereiche des Smartphones und machen es damit extrem anfällig für Malware.

Gestohlenes oder verlorenes Handy wiederfinden

Die Gefahr eines Virus ist bei Android sehr gering, wesentlich höher ist das Risiko, dass das neue Smartphone gestohlen wird oder man es einfach irgendwo liegen lässt. Sie können sich einigen Ärger sparen und die Chance erhöhen, das Gerät wiederzubekommen, wenn Sie rechtzeitig Vorsorge treffen.

- Schreiben Sie die Seriennummer und die IMEI des Smartphones auf. Diese brauchen Sie, um es im Notfall eindeutig zu identifizieren. Sie finden diese Angaben meistens auf dem Strichcode-Aufkleber auf der Schachtel sowie in den *Einstellungen* unter *Geräteinformationen/Status*.

- Schreiben Sie für ehrliche Finder Ihren Namen, die E-Mail-Adresse sowie eine Telefonnummer, unter der Sie auch ohne dieses Gerät erreichbar sind, auf den Sperrbildschirm. Android bietet dazu in den *Einstellungen* unter *Gerätesicherheit/Info- und App-Shortcut/Info über Besitzer* eine Möglichkeit, einen persönlichen Text als Laufschrift auf dem Sperrbildschirm einzublenden, auch wenn eine Bildschirmsperre aktiv ist, der Finder das Gerät also nicht in Betrieb nehmen kann.

- Schalten Sie in den *Einstellungen* unter *Anwendungen/Google/Standort* den *Standortzugriff* und *Standortverlauf* ein, um die Ortung über Google optimal nutzen zu können. Unter *Standortverlauf* sehen Sie die Zeitpunkte, wann Ihre Geräte zum letzten Mal den Standort gespeichert haben.

- Schalten Sie in den *Einstellungen* unter *Anwendungen/Google/Sicherheit* die Option *Remote-Ortung* ein. Möchten Sie im äußersten Notfall das Smartphone aus der Ferne auf die Werkseinstellungen zurücksetzen, wenn Sie nicht mehr davon ausgehen können, es zurückzubekommen, aktivieren Sie auch die Option *Remote-Sperre und Löschen zulassen*. Dazu müssen Sie auch noch Geräteadministrator-Berechtigungen zulassen. Bedenken Sie dabei: Nach dem Zurücksetzen auf die Werkseinstellungen kann das Smartphone über Google nicht mehr geortet werden.

Auf der Seite *android.com/devicemanager* finden Sie nach der Anmeldung mit dem persönlichen Google-Konto auf dem PC alle Android-Geräte, die für dieses Google-Konto registriert sind. Mit einem Klick auf *Klingeln lassen* können Sie das Gerät klingeln lassen, um es zu finden, wenn Sie es irgendwo in der

Nähe verlegt haben. Das funktioniert auch, wenn das Smartphone lautlos gestellt ist. Voraussetzung ist natürlich, dass das Gerät eine Internetverbindung
hat. Aus Sicherheitsgründen muss – auch wenn Sie im PC mit Ihrem Google-
Konto angemeldet sind – das Passwort noch einmal eingegeben werden.

Sicherheitseinstellungen und Standortverlauf in den Google-Einstellungen.

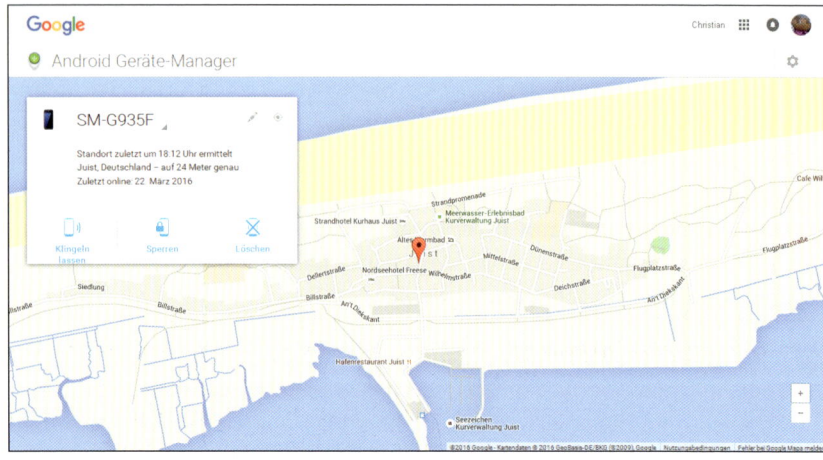

Smartphone über den Android-Geräte-Manager auf dem PC orten.

Der *Geräte-Manager* von Android ist auch als App erhältlich. Damit können Sie vom Smartphone aus Ihre anderen Android-Geräte finden, die mit demselben Google-Konto angemeldet sind. Über den Gastzugang in der App können Sie Freunden helfen, ihre Geräte zu finden. Hier können Sie sich zeitweilig mit einem anderen Google-Konto anmelden, das nur auf den Geräte-Manager, nicht aber auf die anderen Daten Zugriff hat.

Android Smart Lock

Smart Lock ist eine seit Android 5 Lollipop neue Methode zum sicheren Zugriff auf ein Gerät, ohne jedes Mal ein Passwort oder ein Entsperrmuster einzugeben.

Links: vertrauenswürdigen Ort hinzufügen, rechts: automatisches Entsperren mit Smart Lock.

Zunächst muss ein Passwort oder ein Entsperrmuster eingerichtet sein, da sonst das Gerät nicht gesperrt ist. Nur dann ist in den *Einstellungen* unter *Gerätesicherheit/Sichere Sperreinstellungen* die Option *Smart Lock* aktiv. Hier können

Sie vertrauenswürdige Bluetooth-Geräte wie zum Beispiel Smartwatches hinzufügen. Wenn diese in der Nähe sind, entsperrt sich das Smartphone automatisch. Zusätzlich können auch Orte über Google Maps festgelegt werden, an denen das Gerät automatisch entsperrt wird.

Um Smart Lock zu aktivieren, verlassen Sie die *Einstellungen* und drücken einmal auf den Einschalter, um das Gerät zu sperren. Jedes Mal, wenn Sie an den Smart-Lock-Einstellungen etwas verändern, müssen Sie das Entsperrmuster oder Passwort eingeben.

> **ACHTUNG:** Damit Smart Lock funktioniert, muss wie beim Geräte-Manager in den *Einstellungen* unter *Anwendungen/Google/Standort* der *Standortzugriff* eingeschaltet sein. Weiterhin muss in den *Einstellungen* unter *Gerätesicherheit/ Andere Sicherheitseinstellungen/Trust Agents* der Schalter *Smart Lock* aktiviert sein.

Die Option *Mit Ein/Aus sofort sperren* unter *Sichere Sperreinstellungen* legt fest, ob ein kurzes Drücken des Ausschalters das Gerät direkt sperrt oder ob erst eine Weile gewartet wird, bis die Sperre zuschlägt. Manchmal kann es auch lästig sein, jedes Mal wieder eine PIN oder ein Passwort einzugeben, wenn man das Smartphone kurz ausgeschaltet hat.

Der private Modus

Smartphones sind sehr persönliche Geräte, die man besonders wegen der darauf befindlichen Informationen nur ungern aus der Hand gibt. Das Samsung Galaxy S7 bietet einen privaten Modus an, in dem man den Zugriff auf bestimmte Daten begrenzen kann. Solange der private Modus aktiv ist, haben Sie vollen Zugriff, im normalen Modus bleiben private Daten unsichtbar.

Der private Modus kann über ein Symbol in den Schnelleinstellungen oder über *Datenschutz & Sicherheit/Privater Modus* in den *Einstellungen* eingeschaltet werden.

Privater Modus

Wenn Sie den privaten Modus zum ersten Mal aktivieren, müssen Sie ein Entsperrmuster, PIN, Passwort oder einen Fingerabdruck festlegen, um den privaten Modus später aktivieren zu können.

In den *Einstellungen* können Sie auch festlegen, dass der private Modus automatisch deaktiviert wird, wenn der Bildschirm gesperrt wird. So sind Ihre privaten Daten immer geschützt, wenn das Smartphone irgendwo herumliegt, wo jemand anders Zugriff haben könnte.

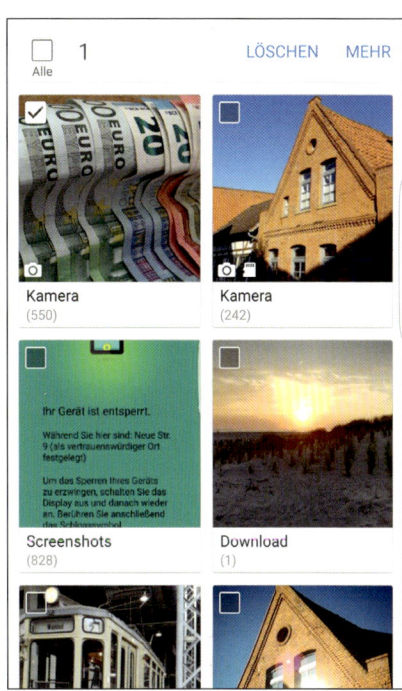

Privaten Modus aktivieren und Fotos »Nach Privat verschieben«.

Um Fotos, Videos, Musik oder eigene Dateien im öffentlichen Modus auszublenden und nur noch im privaten Modus anzuzeigen, markieren Sie in der jeweiligen App die entsprechenden Daten, z. B. ein Fotoalbum in der Galerie, tippen auf *Mehr* und dann auf *Nach Privat verschieben*. Wenn Sie jetzt den privaten Modus beenden, sind diese Daten nicht mehr sichtbar. Auf dem gleichen Weg können Sie diese Daten im privaten Modus wieder allgemein zugänglich machen.

Apps sperren – Fenster anheften

Möchten Sie das Smartphone aus der Hand geben, um eine andere Person ein Spiel spielen, ein E-Book lesen oder Musik hören zu lassen, und möchten Sie dabei verhindern, dass diese Person – mehr oder weniger versehentlich – in einer anderen App landet, sperren Sie den Wechsel zwischen Apps mit der Funktion *Fenster anheften*.

1. Wählen Sie in den *Einstellungen* unter *Gerätesicherheit* den Punkt *Andere Sicherheitseinstellungen* und schalten Sie dort die Option *Fenster anheften* ein.

2. Wechseln Sie jetzt in die App, die Sie zur einzigen Verwendung freigeben möchten.

3. Tippen Sie auf die *Aktuelle Apps*-Taste und danach in der Übersicht der Apps auf das Pinsymbol.

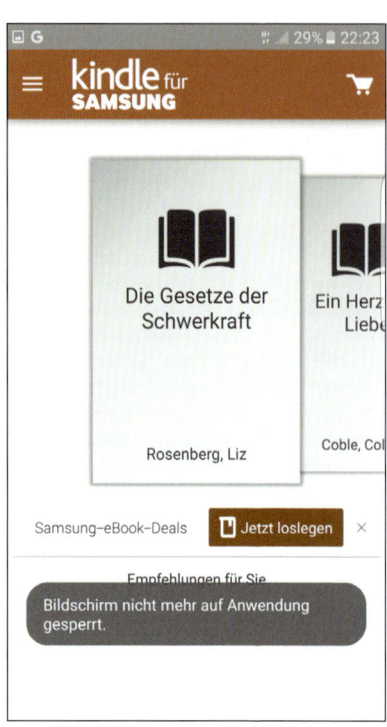

»Fenster anheften« aktivieren und die Funktion in Aktion.

4. Bevor Sie die App auf dem Bildschirm fixieren, können Sie noch festlegen, dass zum Freigeben das Sperrmuster eingegeben werden muss. Diese zusätzliche Sicherheit brauchen Sie nur, wenn Sie verhindern wollen, dass eine andere Person bewusst die Sperre umgehen und zu einer anderen App wechseln möchte. Um nur versehentliches Verlassen der angehefteten App zu verhindern, reicht das einfache Anheften.

5. Möchten Sie das Anheften später wieder aufheben und wieder andere Apps nutzen, tippen Sie gleichzeitig mit zwei Fingern auf die Aktuelle-Apps-Taste und die Zurück-Taste.

Vor gefährlichen Apps warnen

Android 6 Marshmallow beinhaltet einen eigenen Malware-Scanner, der das Smartphone regelmäßig auf gefährliche Apps untersucht, da selbst bei Apps aus dem Google Play Store nicht auszuschließen ist, dass sie nach einiger Zeit bösartige Daten nachträglich herunterladen und ausführen, die bei der Einstellung und Überprüfung im Google Play Store noch nicht bekannt waren.

Aktivieren Sie in den *Einstellungen* unter *Anwendungen/Google/Sicherheit* den Schalter *Gerät nach Sicherheitsbedrohungen*. Damit wird das Smartphone automatisch auf bekannte, gefährliche Apps überprüft. Um vor bisher unbekannten Apps besser geschützt zu werden, sollten Sie die Option *Erkennung schädlicher Apps verbessern* ebenfalls eingeschaltet lassen.

 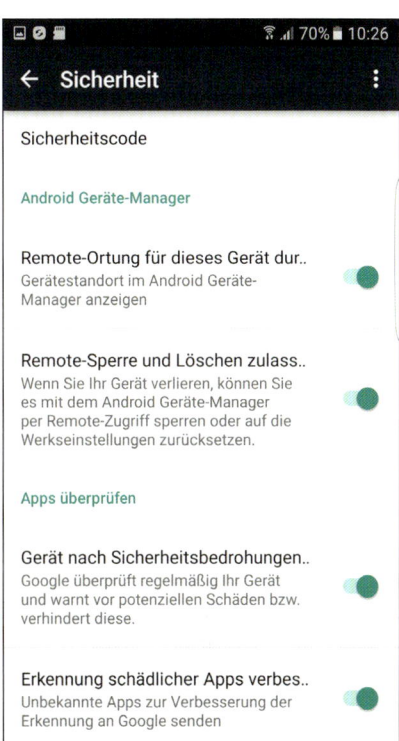

App-Überprüfung in den Google-Einstellungen.

Sicherheitsüberprüfung im Smart Manager

Samsung liefert im *Smart Manager* einen einfachen Malware-Scanner mit, der nicht autorisierte Systemänderungen erkennt und meldet. Hier können Sie bei Bedarf die zusätzliche App *My KNOX* installieren, die einen sicheren Arbeitsbereich für geschäftliche Daten und Apps anlegt und damit verhindert, dass kritische Daten durch Malware-Angriffe oder nicht autorisierte Benutzer beschädigt werden.

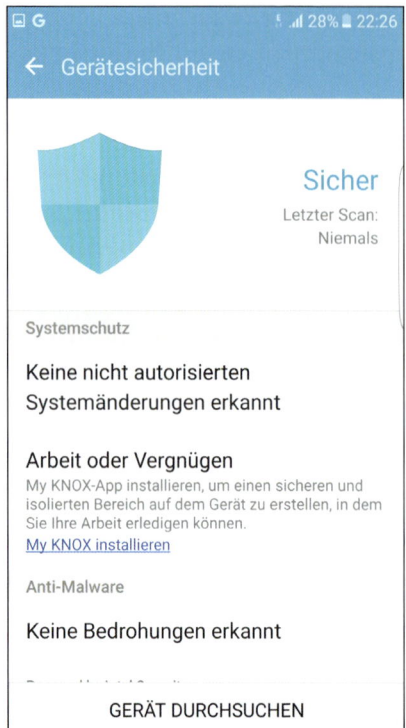

KNOX-Systemschutz im Smart Manager.

Eset Mobile Security & Antivirus

Eset, ein bekannter Hersteller von Sicher-
heitssoftware für PCs, liefert auch eine
Sicherheitslösung für Android. Eset Mobile Security & Antivirus schützt Android-
Smartphones vor Viren, Trojanern, Spy-
ware, Backdoors und anderer Malware
und auch gegen Diebstahl.

Kostenlose Premium-Version für Leser

Als Leser dieses Buches bekommen Sie für ein Jahr die Premium-Version von
Eset Mobile Security & Antivirus für ein Smartphone kostenlos. Tippen Sie
dazu in der App auf eine der Premium-Funktionen und wählen Sie die Option
Ich habe eine Lizenz. Hier geben Sie dann Ihren persönlichen Aktivierungscode ein, den Sie am Ende dieses Buches finden.

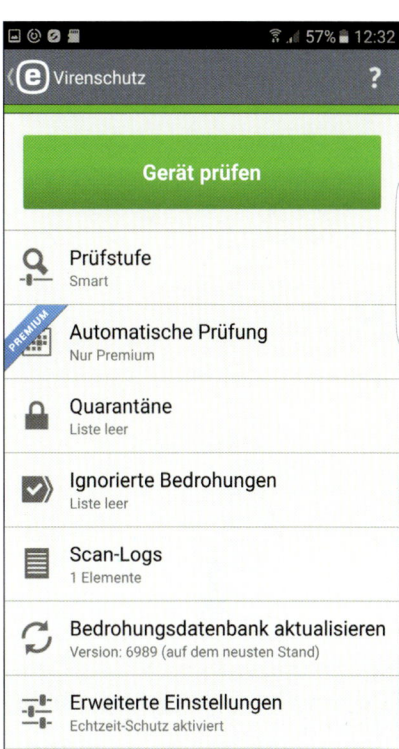

Hauptbildschirm und Prüfung auf verdächtige Apps.

Eset Mobile Security & Antivirus scannt jede App bei der Installation und überprüft auch im Hintergrund das Smartphone auf gefährliche Aktivitäten. Aktivieren Sie dazu beim ersten Start die Erkennung unerwünschter Anwendungen. Zusätzlich kann man jederzeit bei Verdacht einer Malware-Infektion das Gerät komplett überprüfen lassen.

Neben dem relativ geringen Risiko eines Virus überprüft die Funktion *Sicherheits-Audit* das Smartphone auch auf Einstellungen und Apps, die möglicherweise ein Risiko für die Sicherheit darstellen. Es werden Apps angezeigt, die die Berechtigung haben, gebührenpflichtige Dienste zu nutzen, Standortinformationen, Identitätsdaten, Nachrichten oder Kontakte auszulesen. In den meisten Fällen sind diese Apps allerdings nicht bedenklich, sondern die jeweiligen Daten sind für das Funktionieren der Apps erforderlich.

Eset Mobile Security & Antivirus kann in den meisten Browsern einen Phishing-Schutz installieren, der aber nur gegen bekannte Phishing-Seiten helfen kann und keineswegs dem Benutzer die Verantwortung abnimmt.

Anwendungsaudit und Phishing-Schutz.

Diebstahlschutz installieren

Das Modul *Anti-Theft* bietet einen erweiterten Diebstahlschutz, der auf einem als vermisst gemeldeten Smartphone verdächtige Aktivitäten wie zum Beispiel den Wechsel der SIM-Karte oder die mehrfache Falscheingabe eines Entsperr-passworts protokolliert und das Gerät auch aus der Ferne sperren kann. Dabei wird der Gerätestandort aufgezeichnet, um das Gerät zu orten, und die Front-kamera fotografiert den unrechtmäßigen Benutzer. Über ein Web-Interface bei *my.eset.com* kann man das Smartphone als vermisst melden und die gesam-melten Daten einsehen.

Dieser Diebstahlschutz muss einmal installiert werden, um im Fall der Fälle zur Verfügung zu stehen. Die App benötigt dazu erweiterte Berechtigungen, die im Betriebssystem als *Geräteadministrator* bezeichnet werden. Damit kann verhindert werden, dass ein Dieb die Software deinstalliert.

Geben Sie dann noch die Telefonnummer eines vertrauenswürdigen Freundes an, dessen Handy berechtigt ist, per SMS das Passwort zurückzusetzen, falls Sie es selbst einmal vergessen haben sollten. Zusätzlich können weitere SMS-Codes definiert werden, mit denen das Smartphone aus der Ferne gesperrt oder gesucht werden kann oder auch die Daten gelöscht werden können, wenn Sie davon ausgehen, das Gerät nicht mehr zurückzubekommen.

Hoffen wir, dass Sie diese Funktion niemals wirklich brauchen – in diesem Sinne viel Spaß mit Ihrem Samsung Galaxy S7!

Stichwortverzeichnis

ESET®

MOBILE
SECURITY

*Schützt Smartphones
und Tablets*

Android

1 Jahr Premium
kostenlos

- ✔ Antivirus
- ✔ Anti-Phishing
- ✔ Proaktives Anti-Theft
- ✔ GPS-Ortung
- ✔ SMS- und Anruffilter

Ihr Aktivierungscode für Premium-Features:

DEAS-W33C-KGE5-5NVD-KXSW

Hier downloaden:
www.ESET.de/EMS-TABLET

71 x×